A*t*V

ERWIN STRITTMATTER wurde 1912 in Spremberg als Sohn eines Bäckers und Kleinbauern geboren. Beendete das Realgymnasium mit 17 Jahren und begann eine Bäckerlehre. Arbeitete als Bäckergeselle, Kellner, Chauffeur, Tierwärter und Hilfsarbeiter. Im Zweiten Weltkrieg Soldat, desertierte er gegen Ende des Krieges. Ab 1945 arbeitete er erneute als Bäcker, war daneben Volkskorrespondent einer Zeitung und seit 1947 Amtsvorsteher in sieben Gemeinden, später Zeitungsredakteur in Senftenberg. Lebte seit 1954 als freier Schriftsteller in Dollgow/Gransee. Er starb am 31. Januar 1994.

Romane: Ochsenkutscher (1951), Tinko (1955), Der Wundertäter I–III (1957/1973/1980), Ole Bienkopp (1963), Der Laden I–III (1983/1987/1992). *Erzählungen und Kurzprosa:* Pony Pedro (1959), Schulzenhofer Kramkalender (1966), Ein Dienstag im September (1969), ¾hundert Kleingeschichten (1971), Die Nachtigall-Geschichten (1972/1977/1985), Selbstermunterungen (1981), Lebenszeit (1987), Vor der Verwandlung. Aufzeichnungen (hg. von Eva Strittmatter, 1995), Geschichten ohne Heimat (hg. von Eva Strittmatter, 2002), Kalender ohne Anfang und Ende. Notizen aus Piešťany (hg. von Eva Strittmatter, 2003). *Aus Tagebüchern:* Wahre Geschichten aller Ard(t) (1982), Die Lage in den Lüften (1990). *Dramen:* Katzgraben (1953), Die Holländerbraut (1959).

»Strittmatter gibt sich in diesen Notizen als kauziger, älterer Herr, der, durchaus zeitgemäß und ostwestkompatibel, die Natur der Zivilisation vorzieht.«   *Frankfurter Allgemeine Zeitung*

»Strittmatter verzeichnet die Verrichtungen des Tages, beschreibt amüsiert die kosmopolitische Versammlung der Kurgäste und konstruiert poetische Versuchsanordnungen für seinen ›Wundertäter‹-Roman. Vor allem aber erinnert er sich. [...] Strittmatter war kein Dissident, aber auch kein Lobhudler. Seine Geschichten handeln von so genannten kleinen Leuten in der so genannten Provinz. Aufgelesen hat er sie in seinem Geburtsort in der Niederlausitz, im heimischen Schulzenhof oder eben in Piešťany.«   *Die Welt*

Erwin Strittmatter

Kalender
ohne Anfang
und Ende

Notizen aus Piešťany

Herausgegeben
und mit einem Nachwort
von Eva Strittmatter

Aufbau Taschenbuch Verlag

ISBN 3-7466-5438-6

1. Auflage 2005
Aufbau Taschenbuch Verlag GmbH, Berlin
© Aufbau-Verlag GmbH, Berlin 2003
Umschlaggestaltung Torsten Lemme
unter Verwendung eines Fotos
von Stephen Simpson, Getty Images
Druck GGP Media GmbH, Pößneck
Printed in Germany

www.aufbau-taschenbuch.de

Piešťany 1975

WIR GEHEN UMHER, machen *Entdeckungen* in den Räumen, in denen wir ein zwölftel Jahr unseres Lebens verbringen werden. Wir leben hoch, *in den Wipfeln* von blühenden Kastanien, im dritten Stock (Zimmer 321) des *Thermia-Palastes*. (Das Jahr zuvor hatte ich Zimmer 325.)

Eva entdeckte eine Tür hinter einer roten Portiere aus Plüsch. Die Tür geht auf einen ausgiebigen Balkon mit Liegestühlen. Ich probiere aus, wie es sich in dieser vorläufigen Bleibe schreibt.

Heute feiert der Vater daheim (fünfter Mai) seinen sechsundachtzigsten Geburtstag.

Wir kamen gestern abend an. Das waren die Eindrücke des Tages: (Vierter Mai)

BERLIN: Ein Berliner *Partei-Spießer* ging mit Angelzeug unter einem und die Frau am anderen Arm *int Jrüne*. Er grüßte mich herausfordernd, als hätte ich – als volkseigener Schriftsteller – ihn unbedingt zu kennen.

Durch die verglaste Tür und die großen Fenster lugte ich in die Ausstellung von Paul Schultz-Liebisch im Bersarin-Turm. Nach Ebert – und nun auch Giebe – glaubte ich, seine Bilder würden nichts mehr in mir wecken – aber doch! Da waren die Bilder, die er jüngst in Bulgarien und Rußland malte!

Fahrer R. vom Schriftsteller-Verband bringt uns zum Flugplatz. Ein unaufdringlicher, höflicher Fahrer.

Prag: (Vierter Mai)

Einige Kellnerinnen und Kellner im Flughafen-Restaurant

kannte ich noch vom vorigen Jahr. Ich dachte: Wie mögen sie Weihnachten, wie Neujahr gefeiert haben. Merkwürdig, daß hier alles weiterlief, ohne daß ich da war, es sah. Das denkt man auch, wenn man an idyllische Plätze im Wald kommt und auf Vögel und Tiere *vom vorigen Mal* stößt. Aber so wirds auch nach meinem Tode sein: Alles wird weitergehen, ohne daß ichs begutachte. Manchmal regt mich dieser Gedanke schon nicht mehr auf. Ich mache vielleicht doch Fortschritte mit der Verinnerlichung.

Prag: (Vierter Mai)

Mit dem Omnibus ohne Fahrschein in die Stadt. Der Fahrer setzt uns nicht hinaus. Man muß hier Scheine vor der Fahrt an Zeitungskiosken lösen. Im Omnibus macht man sie sich dann mit Hilfe eines Apparates selber ungültig. Auf was für umständliche verwaltungstechnische *Maßnahmen* die Menschen verfallen, damit man sie mit *öffentlichen Verkehrsmitteln* ein Stück Weges befördert! Alles unter dem Motto: Fortschritt.

Prag: (Vierter Mai)

Nach meinem Brieftauben-System finden wir zum Wenzelsplatz. Ich will nicht recht an ihn glauben. Vor sechzehn Jahren war ich zum ersten und letzten Mal in Prag. Damals erschien mir der Platz länger. Ich kam aus einer anderen Straße auf ihn. Polizeiliche Absperrung. Militärischer Aufmarsch. Überall feiern die Staaten ihre Feiertage, indem sie Massen ihrer Bürger uniformiert und im Gleichschritt laufen lassen. Das gehört zum leichten Regieren, wähnt man.

(Vierter Mai)

Die Prager Bürger lächeln, belächeln den Aufmarsch am vierten Mai. Obs der Prager *Befreiungstag* ist?

Die *Geheimen* erkennt man an weißen Sommermänteln. Die Aufmarschvorbereitungen der Militärs spiegeln Unsicherheit, wenn nicht Ängstlichkeit.

(Vierter Mai)

Wir *genießen* die alten Häuser in der Prager Altstadt, die kunstsinnige Architektur, und bewundern wie Kinder die Passagen und die Tatsache, daß man in der Altstadt unter den Häusern hindurchgehen kann. Man verkürzte sich die Fußwege. Hielt sich den Regen vom Kopf!

Heut freilich in der *fortschrittlichen* Zeit möchten die Häuser einstürzen und ihre Bewohner wahnsinnig werden, wenn die Lastkrafter und andere Autos oder gar Panzer unter den Häusern hindurchführen.

(Vierter Mai)

Aus dem Flugzeugfenster: Piešťany stellt sich uns tintig-blau vor: Der beginnende Abend, und es ist Wasserdunst in der Luft.

(Vierter Mai)

Eine Überraschung ist das Zimmer, ein geräumiges Appartement. Weiß möbliert, rote Plüsch-Portieren. Man kommt in eine Kindheit zurück. Die Erinnerung an den weißen Waschtisch der Mutter.

Irgendwo (auf Besuch) ankommen ist wie ein kleines Versprechen. Ein neues Leben fängt an, und wenn auch das nicht – ein Leben unter neuen Bedingungen.

Ich finde eine Anzahl Gäste vor, die auch voriges Jahr um die gleiche Zeit mit mir hier waren. Gibts noch mehr Leute als mich mit der Lust, den Mai anderswo als daheim zu verbringen?

Dienstag, sechster Mai

(Da ich in der Regel morgens einschreibe, bezieht sich das Beschriebene auf den Tag vorher.)

Am Fahrstuhl eine Frau Neureich aus Berlin. Etwa fünf-undfünfzig Jahre alt. Der agile Typ. *Madame du Titre!* Ich beobachtete sie voriges Jahr. Sie saß zwei Tische weit von mir. Sie erkannte mich dieses Jahr wieder: Oh, da sind Sie ja wieder, Kolinsky oder ähnlich, der herrliche Klavierspieler. Oh, ich erinnere mich!

Eva staunt. Ich auch, aber Eva mehr als ich, denn daß ich kein *guter Klavierspieler* bin, weiß sie nun wirklich.

Auch Herr *Mai* aus Blumenhaus ist wieder da, der Viehhändler, Sohn eines katholischen Milchhändlers und Zentrum-Antifaschisten. Er ist gealtert in dem Jahr, da wir uns nicht sahen, geht krummer, nach vorn geneigt.

Nun muß er ja wohl wissen, wenn er die *Nachtigall* wirklich gelesen hat, die ich ihm voriges Jahr gab, daß ich politisch mit den Kommunisten sympathisiere. Er läßt sichs, wenn ers gelesen hat, nicht ankennen.

Auch den neureichen *Sudetendeutschen* treff ich wieder, dem nichts Besseres hätt passieren können als die Aussiedlung nach Westdeutschland.

Er protzt nicht nur mit der Größe seines Grundstücks, sondern auch mit dessen *zentraler Lage*: Ich ho mich wieder kaputt gemacht das Jahr. Mei Grundstück (er nennt die Hektarzahl) liegt so *zentral*. Die Leit gucken nein. Man muß' in Ordnung halden. Ich machs ja ne selber, aber dabei möchte ma schon immer sein, und das macht än so fertig allemal.

Ich weiß nicht, wo er wohnt in Westdeutschland, weiß nicht, was er tut und wie er heißt.

Er nennt mich *Herr Doktor*, nachdem er im Vorjahr erfuhr, daß ich Schriftsteller bin. Natürlich nimmt er an, daß ich aus Westdeutschland bin. Wie kann man anderswoher sein!

Mittwoch, siebenter Mai

DIE AUS DEM SÜDEN (aus dem noch südlicheren Süden) heraufgeholten Bäume werden dieses Jahr nicht blühen. Es sind die mit den schönsten Blüten. Ein Spätfrost hat sie krank gebissen.

Auch die Nüsse und die Kirschen müssen ein zweites Mal Blätter treiben. Da haben sie Arbeit genug und werden die Früchte auslassen müssen.

Tiere aus warmen Ländern kann man zur Not in temperierten Ställen, Fische in temperiertem Wasser halten, aber kann man südliche Bäume in Massen in Warmhäusern halten? Bei ihnen läßt man sich aufs Risiko ein. Und der Mensch ist dabei unentwegt, pflanzt immer wieder Sträucher und Bäume an Orten an, an denen mißliche Witterung sie in einer Nacht töten kann.

Was veranlaßt den Menschen dazu?

Ein anderer Gast vom Vorjahr, ein Fahrstuhlbekannter. Aus Wien. Eva stellt er sich dieses Jahr vor: Herzog heißt er. Ich stelle mich nicht vor. Er findets nicht taktlos. Er findets nur uncharmant, daß er meinen Namen vergaß. Aber ich habe mich auch voriges Jahr nicht vorgestellt.

Er ist das neunte Mal in Piešťany. Mit seinem Rheuma ist er fertig. Jetzt macht er die Kur nur noch prophylaktisch. Aber ein neues Leiden stellte sich dann ein. Am großen Zeh, den er sich einst brach. Er kann eine Viertelstunde lang von diesem Zeh erzählen. Ein charmanter Mann und ein schöner Mann für sein Alter (etwa meines). Einen grauen englisch gestutzten Bart hat er. Ein Wiener, wie er im Naturkunde-Buch stehen könnte.

Aber sie sind bei aller gesellschaftlicher Anmut (in jeder Situation das rechte Verhalten, das recht Wort) geistige Krämerseelen. Im Gespräch geben sie ihre kleinen, oft nicht fundierten Lebenserfahrungen aus, nehmen von Gesprächspartnern welche ein und verausgaben die mit den ihren zusammen später wieder an andere Gesprächspartner. So gehts weiter, und nach ihrer *Matura* (oder dem Studium) kommt

9

bei ihnen nichts mehr hinzu. Sie lernen von Kind an anderen Erkenntnisse ab, haben selber aber nur wenige.

Die Kleinen Türkentauben sind wieder um uns, gurren und sirren und avisieren uns die Morgen, wenn sie hinter der *Waag* oder hinter den *Kleinen Beskiden* heraufkommen. Viele Stimmungen erinnern an die Maistimmungen vor zwei Jahren in Ungarn.

Ich bin froh, daß es Eva gefällt; denn ich wars, der daheim die Werbetrommel für Piešťany schlug.

Eine lange Hannoveranerin mit Brille, Typ: Lehrerin. Auch sie war schon voriges Jahr mit derselben *Badefreundin* hier. Voriges Jahr nickten wir uns nur von Tisch zu Tisch zu. Heute Gespräche im Fahrstuhl: Sie ist das siebente Mal hier. Wir fragen nicht, was sie hat. Die Kur hält nicht ganz ein Jahr vor. Sie lobt P. und alles, was hier mit den Rheuma-Kranken getrieben wird, und doch fällts ihr von Jahr zu Jahr schwerer, hierher zu fahren, aber die Ärztin sagt ihr: Fahren Sie, fahren Sie, sonst wirds noch schlimmer.

Schwimmen im Becken draußen unter blühenden Kastanien. Was ich so *schwimmen* nenne. Aber die Bewegung im schwefelhaltigen Wasser tut gut. Unsere Holzpritschen, auf denen wir uns vor dem Bad sonnen, stehen vor einem Spierstrauch, der so ausgelassen blüht, wie das Spiersträucher eben können. Die Rasenfläche weiß von Gansblumen. Es ist, als wär das ganze Gänseblumen-Weiß vom weiße Blüten überkochenden Spierstrauch hergekommen.

Voriges Jahr habe ich dieses temperierte Freibad im Park-Hof des Hotels nicht *frequentiert*. Da war ich allein. Der kleine Bauernmensch muß in der Fremde einen zweiten dabei haben, damit sie zusammen gegen die Anmaßlichen stärker aufkommen und sich behaupten.

DAS ZWEITE MAL gings mit dem Schwimmen schon besser. Lern ichs doch noch? Ich kanns gleich besser, wenn ich
– der alte self-made-man – alleiniger im Bassin bin, und
wenn diese Weiber-Kränzchen nicht da sind, die im Wasser
stehen, über Moden reden, über die lieben Nächsten. Ach,
diese *Weibesen ohne Geist*, die zum Kinderkriegen nicht
mehr taugen, aber noch immer lüstern sind!

TRINKGELDER
Man kann nicht sagen, daß die Bediensteten im Hotel oder
im Bad danach gieren, aber sie erwarten sie. Das ist hier in
diesem Bad Tradition.

Freitag, neunter Mai

ICH FÜHL MICH wie eine Taube, die im Fluge abgeschossen
wurde, doch noch lebt.

DIE KASTANIENBLÜTEN, zwischen denen wir auf unserem
Balkon leben, verwandeln sich täglich, natürlich auch stündlich, aber bis dahin reicht unser Gesichtssinn nur, wenn wir
ihn besonders bemühen.

Nie ward mir so bewußt wie heute, daß die Baumblüten
uns bescheiden einen kleinen Zyklus von der Ewigkeit des
Lebens vorführen. Auch die Blumen, wenn sich ihr Leben
in den Stamm, in den Wurzelstock oder in den Samen (für
eine Zeitspanne) zurückzieht. Aber das Leben, wie spielt es
sich in dieser Reduzierung ab? Ruht es? Ich kanns mir nicht
denken.

MAN HAT HIER IM PARK Sterne aus Linden, auch aus Flieder-
bäumen gezogen; man setzte die Pflänzlinge und Stecklinge
im Kreise, einen neben den anderen. Nun sind sie erwach-

sen und stehen auf den von Gänseblumen weiß gesprenkelten Rasenflächen wie Domkuppeln ohne Unterbau, aber Kuppeln aus Blüten.

Zehnter Mai (Freitag)

Nochmals Trinkgelder

Ich muß auf sie zurückkommen:

1954 reiste ich das erste Mal in die Sowjetunion, genau gesagt – nach Moskau. Jahre zuvor (wohl 1948) hatte ich den Vorabdruck von K.s Buch *Ich lebe in Moskau* gelesen. Da lebte ich noch in der Niederlausitzer Heimat. Nach Moskau fuhr ich ausgerechnet mit K. Ich werde dein Cicerone sein, stotterte er. Er hielt nicht Wort. Er hielt niemals Wort. Das wußte ich da noch nicht. Er sagte etwas und tat etwas ganz anderes.

So konnte ich in seinem Buche lesen: In der Sowjetunion sind die Trinkgelder abgeschafft. Man beleidigt damit die *Werktätigen*! Sie sind keine Lakaien und Dienstboten mehr. Sie haben ihren eigenen Staat.

Ich war bemüht, niemand zu beleidigen, gab keine Trinkgelder, mußte jedoch feststellen, daß bei K. in allen Taschen Kleingeld klimperte. Er gab überall Trinkgelder; dem Fahrstuhlführer, der Garderobiere, den Kellnern, den Zimmermädchen ... Ich konnts nicht glauben, daß einer öffentlich das Gegenteil von dem tat, was er als ein *Gesetz* beschrieben hatte.

Als man mir in der Garderobe vor meinen Augen mutwillig den Aufhänger vom Mantel abriß, fing auch ich an, Trinkgelder zu geben. Ich wollte nicht schlechter behandelt werden als K. Und was war mit denen, die sichs finanziell nicht *leisten* konnten, Trinkgelder zu geben?

K. wurde dieser Tage achtzig Jahre alt. Gratulations-Cour in der Akademie undsoweiter. Ich geh da niemals hin, zu K.

schon gar nicht. Reden und Handeln waren bei ihm entgegengesetzt. Er war nur freundlich ins Gesicht, aber er haßte mich. Erstens, weil er in mir einen Anhänger Brechts sah, mit dem er seit den zwanziger Jahren verfeindet war. Zweitens, weil er merkte, daß ich ihn scharf beobachtete und seine *Hampeleien* erkannte. Das war schlimm für mich, als er Macht hatte. Er hatte sie eine Weile, saß als Kandidat im Polit-Büro und *leitete die Kultur.*

Einmal (in dieser Zeit) hatte er sich eine neue Literatur-Theorie ausgedacht, die Theorie vom *Mittleren Helden*, und er wollte, daß man sie anerkannte, wollte es erzwingen. Ich lächelte, als er darüber in der Akademie referierte. Er unterbrach seine Ausführungen und beschimpfte mich öffentlich, sein Haß gegen mich trat zutage.

Als meine *Holländerbraut* Premiere hatte und von den *Pressianern* nicht sanft behandelt wurde, hatte K. als *höchster Kulturmann* mir nichts weiter zu sagen als: Nun siehst du erst richtig wie ein Bauernknecht aus! Ich hatte mir zum ersten Mal von Eva das Randhaar meiner Glatze abscheren lassen.

Er war Kulturpapst, inthronisierte die *Bewegung schreibender Arbeiter*, ließ zu, daß Ulbricht die *schreibenden Arbeiter* gegen die Schriftsteller ausspielte, aber gleichzeitig schrieb er im Vorwort zu einem italienischen Roman *(Lampedusa, Leopard)* etwa so: Vergessen Sie, bevor Sie diesen Roman lesen, alles, was Ihnen bis heute über Kunst bekannt wurde, dann werden Sie den rechten Genuß von diesem Roman haben.

K. ließ sich zwar mein erstes Buch *Ochsenkutscher* signieren, doch er hat nie eine Zeile von mir gelesen. Er verachtete das *Landproletariat*, war *Urbanist* und blieb im Grunde sein Leben lang ein bürgerlicher *Links-Intellektueller*, der nach Experimenten in der Kunst gierte und das für revolutionär hielt. So lange er sich *Richtungen* anschloß, die andere in die Welt setzten, ging das an: er konnte abspringen. Als er selber *Richtungen* bestimmen wollte, gings schief: er flog als einziger Kandidat bisher aus dem *deutsch-demokratischen Polit-Büro*. Der Fußtritt Ulbrichts.

K. war und blieb auf allen Geistesgebieten und allen Kunstgebieten Dilettant, immer Dilettant. Er malte zuerst und behauptete allen Ernstes noch im Alter, er hätte gut und gern ein Picasso werden können, wenn ihm nicht die politische Laufbahn dazwischengekommen wäre. Er dilettierte als Politiker, als Gesellschaftswissenschaftler, als Philosoph, als Maler und als Schriftsteller. Er war ein *intellektueller Amateur*. Einige Bücher, die er schrieb, mochte niemand lesen. Einige seiner philosophischen Schriften *Der Mensch als Schöpfer seiner selbst* undsoweiter waren eine Weile *obligat* für Parteischulen, aber nur eine Weile.

Eine seiner belehrenden Reden vor dem Vorstand des Schriftsteller-Verbandes, bei der man ihn mit Zwischenfragen aus dem Konzept brachte (er hatte übrigens nie eines), endete mit dem gestotterten Satz: Bitte, helfen Sie mir, ein Schriftsteller zu werden!

Das stenografische Protokoll dieser Rede des damaligen Kulturpapstes wurde *kassiert*; es sollte von K. überarbeitet werden. Es erschien nie wieder vor den Augen der Menschen, obwohl ich es damals (als Sekretär des Schriftsteller-Verbandes) mehrmals anforderte.

Es hat K. nichts genutzt, Lenin besucht zu haben, Sekretär Dimitroffs, sogar Sekretär der Kommunistischen Jugend-Internationale gewesen zu sein; in seinem *Nachruf* zum achtzigsten Geburtstag sparte man im *Polit-Büro* sogar die sonst übliche Floskel aus: Wir wünschen dir noch lange Jahre aktiver Arbeit im Kampf um die gemeinsame Sache oder ähnliches. Nein, es hieß: Wir danken dir. Weiter nichts. Das hieß: Wir kennen dich, wir danken bestens!

Das wird ihn gewurmt haben, den agilen K., den Willi Bredel den *intellektuellen Hans Dampf in allen Gassen* nannte, den Hans, der nichts Eigentliches vor sich bringt.

Als ich, damals 1954, mit ihm durch den Kreml ging, bat ich ihn, mir das Fenster zu zeigen, hinter dem *Stalin* zu arbeiten pflegte, das Fenster, hinter dem, nach *Weinert*, stets Licht war, hinter dem der *Vater* die ganze Nacht für alle Völker der Welt arbeitete. K. aber kannte dieses Fenster plötzlich nicht. Er hatte von seinen Moskauer Bekannten längst erfahren, daß *Stalin* hinter diesem Fenster Tausende Todesurteile unterschrieb und Tag und Nacht sann, welche Genossen noch umzubringen wären. K. hatte also von der *Kommunistischen Inquisition* erfahren, die den Kommunisten anhängen wird, wie die *Katholische Kirchliche Inquisition* den Katholiken bis heute anhängt; aber mir sagte er natürlich nichts von dieser Unglaublichkeit, der große Lehrer und Jugenderzieher K., und am liebsten wärs ihm – wie allen *Ideologen* unter den *Genossen* –, wenn ichs bis heute nicht wüßte.

EINE WOCHE PIEŠŤANY wird gleich herum sein. Wir haben sie verschlafen, vertändelt, sind spaziert, und die Geschichte, die ich zu schreiben vorhatte, fängt an, mich zu belagern. Nicht, daß die Lust dazu allmächtig wäre, dazu habe ich daheim zu oft über sie nachgedacht, aber das Pflichtgefühl ist da und stößt mich mit kleinen, noch weichen Hörnern, wie sie ein Jährlingsziegenbock herumträgt.

Elfter Mai (Sonnabend)

DIE NACHTIGALL kam an. Die erste hörten wir abends am Damm. Sie sang in den Pappeln auf der Angler-Insel in der Waag.

Heute nacht kam unsere *eigene*, die für den kleinen Parkgarten vor dem Balkonfenster zuständige. Sie weckte uns, gab ihre Flöter und Triller zu den Klein-Waldhorntönen der Türken-Tauben hinzu, und sie sang auch, als wir um sechs Uhr morgens schon im Thermal-Becken badeten. Beides war für mich erstmalig, daß ich um sechs Uhr in der Frühe schon badete, und daß eine Nachtigall dazu sang.

GESTERN ABEND arbeitete ich an der Fabel der Erzählung, die ich dieses Jahr hier zu schreiben beabsichtige. Eine *Nachtigall-Geschichte*, und ich nenne sie zunächst *Wie das Schreiben zu mir kam.*

Es war, als ob ich ein Fäßchen anzapfte. Ich dachte und dachte mich weiter in die Geschichte hinein, veränderte die Fabel, die ich vor Monaten daheim entwarf, und ich schlief die Nacht wenig, und die wenigen Stunden, die ich schlief, waren von abartigen Träumen zerschlissen.

Morgens ging ich mit meinem Taschen-Tonband, wie voriges Jahr, als ich *Zirkus Wind* diktierte, im unterhöhlten Flußdamm entlang, den man mit Beton abstützte. Dort bin ich fast immer allein, brauche niemandem auszuweichen, niemand hört mich, wenn ich diktiere, und wer mich sieht, sieht mich aus der Weite und weiß nicht, was ich tu. Der lange zementierte Gang liegt vor mir, und meine Worte hallen, so leis ich auch sprech.

DER ANFANG IST GEMACHT. Die ersten sechs Seiten Roh-Entwurf sind abdiktiert. Nun werde ich nicht so häufig zu diesem Büchlein hier zurückkehren, in dem mit dem Finger an die Dinge getippt ist. Nun ist eine Geschichte an der Reihe, in der Dinge, die ich früher antippte, ihre Rolle spielen sollen!

Dreizehnter Mai (Dienstag)

WIE ERWARTET wurde die Geschichte, an der ich arbeite, die Oberherrscherin meiner Tage. Nun steht ihre Gliederung fest. Ich fing nochmals von vorn an. Gestern gings gut mit dem Diktieren. Manchmal zahlt sichs aus, wenn man einen Stoff lange *in sich bewegt.*

Fast allabendlich telefonieren wir mit Irma und den Kindern, und Eva ist sogleich unruhig, wenn eines Abends der Anruf von daheim ausbleibt. Würde unser Jakob, der sich tapfer hält und den Glücklich-Munteren spielt, um die Kur der Mama nicht zu gefährden, im Telefon eine Klage laut werden lassen, so führe die Mama heim. Das weiß ich.

Der Pirol traf gestern hier ein und grüßte mit seinen ersten Flötern, grüßte auch von unserem hauseigenen Pirol daheim am Bach. Sonntag ist Pfingsten. Der Pirol hielt sich an die alte Abmachung: der Pfingstvogel.

Der Viehhändler Mai, eine Bekanntschaft aus dem Vorjahr, lud uns ein, mit ihm auswärts zu Abend zu essen, weil das fade Geschlader vom Palace koa man nit allweil einischlucken.

Wir fuhren zu Mozarts *Kleiner Nachtmusik* (Dös ist mei Lieblingsmusi) ein Stück in die Berge zu einem Landgasthaus (im Schweizer Stil).

Mai erzählt aus seinem Leben, das sich in der Hauptsache drum dreht aufzupassen, in welchem Lande Europas man Schlachtvieh kaufen muß, um es mit höchstem Gewinn in ein anderes europäisches Land zu verkaufen.

Dabei ist M. ein naiver Mensch, katholisch, Josef-Strauß-Anhänger und wahrscheinlich sogar echt fromm, wenn sichs geschäftlich vertreten läßt. Das Kaufen und Verkaufen mit Gewinn betreibt er wie ein Maurer das Wandverputzen. Das Schlachtvieh, um das es sich handelt, bekommt M. nicht zu sehen. Aber seine Brüder, mit denen er zusammen die Firma *Mairos* oder ähnlich betreibt, sehen es. Die Schwester der drei Brüder leitet die Fleischfabrik und sieht hingegen nur das Fleisch des geschlachteten Viehs. In Italien, wohin die Gebrüder Mai das meiste Schlachtvieh verkaufen, unterhalten sie eine Farm, in der das Vieh, nach dem Transport, wieder ein wenig aufgefüttert wird, *damit es sich gut verkauft.*

Wir essen Preßkopf und Bratwurst (bäuerlich) und trinken zwei Halbe (Wein) dazu.

In den Wald können wir nicht spazieren, weil da sind zu viel Raupen, und sowas hab ich mein Leben nit gesehn, sagt Mai.

Wir fahren hinunter. Das Auto läuft ruhig, gleichzeitig läuft die *Kleine Nachtmusik,* die *Lieblingsmusi* wieder.

Die Überraschung und was das Herz hüpfen läßt: das nunmehr nächtliche lichtelierende Pieštany – es ruft die Erinnerungen an Salzburg, Budapest und Tbilissi wach.

Sechzehnter Mai (Freitag)

Zwei Tage beunruhigten mich die *Krampfadern* an Evchens rechtem Bein. Die *Liebe* bekam starke Schmerzen, jeder Schritt ein Unbehagen.

Vermutlich war die Massage der Adern, war ihre Einlagerung in Schlamm nicht gut und reizte.

Drei Uhr am Morgen, vom Tag war wirklich nurmehr ein Grauschimmer wahrzunehmen, fing als erste die Schwalbe zu singen an; ihr folgte der Kuckuck, um drei Uhr dreißig meldete sich die Amsel, und später erst folgten Spatzen, Grün- und Buchfinken und alle, die in der hiesigen Landschaft etwas zu sagen haben.

Siebzehnter Mai (Sonnabend)

Die Nachtigall

Nach dem Gewitterregen vor drei Tagen verschwand die Nachtigall. Man hört sie nicht mehr. War sie durchnäßt und konnte der Katze nicht entfliehen? Fand sich kein Weibchen in der *Thermia*-Region für den so eifrig singenden Hahn?

EINE KATZE hat ihren *Ofenplatz* hinter einem Lebensbaum dicht an der Freitreppe zum *Thermia-Palace*. Sie wirft dort ihre Jungen und wird von den Stammgästen, die sie und ihr Genist kennen, mit Mahlzeitsabfällen gefüttert. Es macht der Katze nichts aus, daß *Sirs* und *Scheichs*, gefühllose Geldleute und Leute, die sich vor Katzen ekeln, vorübergehen – sie lebt wie eine Eidechse unter einem Baum im Grase, und der Baum steht für sie vor einem bunten Felsen, auf dem sich Affen tummeln.

IN DER NÄHE DER KLEINEN SEEROSENTEICHE vernimmt man seit zwei Tagen kaukasischen Duft. Wir gingen nachsehen und fanden, daß dieser süß-pfefferige Mischduft von den Blüten eines Baumes und dem Blühduft eines Strauches kommt. Beide haben ihre Heimat nicht hier. Der Baum blüht in Trauben fingerhutgroßer blauer Glocken. Der Strauch blüht in dunkel-roten sternchenförmigen Blüten, und die Sterne sind nicht ganz so groß wie die Blüten vom weißblühenden Liliengras.

Neunzehnter Mai (Montag)

DIE DRITTE KURWOCHE BEGINNT

MANCHMAL erwach ich zwischen zwei und drei Uhr nachts, und mir scheint, ich erwach, weil um diese Zeit kein einziger von Menschen verursachter Laut in der Luft ist, nicht ein Auto, kein Flugzeug, kein bezechter Sänger, und der Morgenzug ist noch nicht ausgefahren, um sein großes Schleifgeräusch eine Viertelstunde lang in das Flußtal zu streuen. Es ist der Ruhepunkt zwischen Ein- und Ausatmen, der Zeit-

19

punkt, an dem der Tag einatmet, der Punkt, an dem man ihn vom Licht her auch als helle Nacht bezeichnen kann.

Dann meldet sich ein Frosch, als ob sich neben mir jemand die Haut kratzt, und es ist soweit, daß man sagen kann: Es fängt an zu morgenschummern, und fast gleichzeitig hör ich das erste Zwitschern einer Schwalbe, zehn Minuten später läßt sich die Amsel hören, und ihr folgt der Kuckuck.

Zwanzigster Mai (Dienstag)

AM SCHWIMMBASSIN im Parkgarten des Kurhotels gibts Liegepritschen aus Holz und Liegestühle, und man liegt dort entkleidet, bevor man in das schwefelhaltige Wasser steigt. Man liegt und hat einen maitollen Rasen unter sich, und der Rasen blüht, wenn er noch kurz ist, aus hunderttausend Gänseblumen. Man zwinst gegen die Sonne, sieht zu, wie die Pappelsamen, eingehüllt in ihre wolligen Flugapparate, dahingleiten und fröhlich werden, wenn eine Windböe sie packt. Jemand patscht auf platten Füßen über die Gänseblumen, und es fällt einem eine Leseranfrage aus der *Berliner Zeitung* ein: Wie vernichte ich die Gänseblümchen im Rasen vor meinem Bungalow?

Der Mann, der angepatscht kommt und ein wenig hinkt, ist der Liegepritschen-Nachbar. Man kennt ihn vom Vorjahr, der Herr Herzog ist es aus Wien, und er erkennt in einem den rot-vollbärtigen Kurgast aus dem Vorjahr. Ach, da seins auch wieder heran, sagt er und begrüßt einen, und es geht los: Ich hoff, Sie ham a gute Reisen gehabt. Ich mußt an der Grenz arg lang warten, beiläufig fünfviertel Stund bei der Abfertigung. Sinds a mit am Wagen da? Ah, Sie sind geflogen. Ja, schauns, für mich lohnt sichs Fliegen kaum von Wien daher; immerhin a Brief von Wien, bis man hat, dauert fünf ganze Tag. Es ist mir schlecht gangen. Hab mirn großen Zeh am linken Fuß brochen. Was wolln mir da groß bantagieren, hat der Arzt gesagt, ziagns halt an Schuh mit harter Sohlen an, Herr Herzog, hat er gesagt, und ich hab auch an Schuh mit harter Sohln angezogen, aber geschont hab i den Zeh, auf d' Außakanten bin ich gelaufen, an Hinkfuß hats geben, am Stock bin ich gangen, und jetzt ins Bad, zur Kur.

ZIGEUNER AUF DEM WOCHENMARKT

Der *Primas* lahmt, geht am dicken Bambus-Spazierstock, ist fett und braun, trägt eine grüne Strickjacke, die grauen Hosen halten ihn zusammen, sonst würde er wie Teig auseinanderfließen. Der kleine graue, viel zu kleine Strohhut hockt auf dem mächtig aufgeschwemmten *Primasschädel*, als wär er aus einem Kastanienbaum zufällig auf diesen Kopf gefallen.

Die *Zigeunerfrauen*. Die Mütter noch gar nicht so bei Jahren, aber schon verschrumpelt. Die Augen, auf energische Abwehr eingestellt, wie bei Hunden, die gleich losspringen werden, weil man sie in die Ecke drängte. Aber die Abwehr richtet sich nur gegen die ewig fremde Umwelt. Man sieht die Böseste von allen sogleich liebevoll dem Primas eine Pappelsamenflocke vom Ohrlappen zupfen.

Die Töchter schon voller Kinder innen und außen – wie jung sie auch sind. Feines durables Rot unter der braunen Wangenhaut, glatt noch im Gesicht, doch die Brauen überm Nasenbein bei den meisten ineinandergewachsen. Das läßt die Gesichter *brutal* erscheinen, doch wenn sie die Münder öffnen und lachen, geht eine kleine ägyptische Sonne auf, und man weiß, weshalb sie unaufhörlich geschwängert werden, und weshalb sie nicht aussterben werden, diese *Viren* in den *Volkskörpern*, die sich abkapseln, nicht wuchern, aber auch nicht *assimiliert* werden.

Immer wieder muß ich die zusammengewachsenen Brauen der Töchter betrachten. Sie streichen etwas durch, sind dicke Durchstreich-Striche: Hier ist nichts zu hoffen, nicht Liebe, nicht Mitleid, nicht Erbarmen.

Sie sind eine Insel auf einem *Meer*, und das *Meer* sind *wir*. Eine Alte kommt dazu und schimpft, eine, die alle respektieren, wie man sieht. Sie hebt die Faust, droht, flucht in der Sprache, in der sie sich verständigen, in ihrer Inselsprache. Eine junge, mädchenhafte Mutter hebt ihren Säugling aus dem Kinderwagen, der modern, doch zerschabt ist, und sie zieht unter dem Säuglingsplatz im Kinderwagen ein Kalbsrippenstück von einem halben Meter Länge hervor, roh, uneingepackt und blutig, und die älteren Frauen nehmen es her und begutachten es, während die jungen Mütter ihre Säuglinge vergleichen und aneinander messen.

Dreiundzwanzigster Mai (Freitag)

DER HERR HERZOG (weiter)

Man trifft ihn, immer fesch, mal eine helle Jacke mit großen Karos, und eine Viertelstunde später im grauen Anzug, immer mit breiter bunter Krawatte, mal mit Gehstock, mal ohne Gehstock, aber stets als Begleiter und Unterhalter von Damen. Und er nennt die welkenden Schönheiten, mit denen er umgeht, *Gnädige Frau*, *Gnädigste*, *Madame*, auch *Hoheit*. Die Schönheiten von gestern gehen, durch die *Anwendungen* der Kur, eine Abend- und Theaterblüte ein, und die Artigkeiten, die Komplimente des Herrn Herzog tun das ihrige.

Gnädigste sind hergeflogen?

Zu Ihnen kann man nichts als fliegen.

Oh, Dankschön, sehr gütig. Ich vermut, Sie ham an günstigen Aeroplan ghabt?

Es war schon so, sollt ich denken, und Dank der Nachfrag. Das Flugwetter ist herrlich.

Was Sie nicht sagen! Also, dorten oben auch schon so a wonnigs Wetter. Man sollts nicht meinen, daß es in der Kürze schon dorten oben ist.

Wie ichs Ihnen, bittschön, sag.

Wissens, ich hab mich ja so scho allweil fragt, steigts Wetter von unt nach oben, oder fallts, wie aller Segen, auf uns nab.

Ja gehns! Über sowas brechen Se Eahns Kopferl?

I tus halt, was soll man allweil machen, wenn Gnädigste nicht da san.

Und da hat ers wieder, sein Hauptthema, das Courschneiden und Komplimentmachen. Und er küßt die Damen in aller Offenheit, und die angewelkten Damen lassen sich die Küsse des Herrn Herzog munden, aber noch mehr wohl die mißgünstigen Blicke ihrer Konkurrentinnen, aber die kommen zu einer anderen Zeit bei Herrn Herzog an die Reihe.

Schon am Nachmittag sieht man Herrn Herzog mit einer von ihm noch ungeküßten Dame in den Plüschwannen, die die Klubsessel dort sind, in der *Thermia-Halle* sitzen. Das heißt, man sieht nur einen Herzog- und einen Damenkopf und wackelnde Münder über das hohe Halbrund der Sessel-Lehnen ragen. Und die kleine athletische Klavierspielerin mit der blonden Turmfrisur und den Keulenwaden läßt *Solveigs Lied* wie eine billige Perlschnur aus dem aufgeklappten Flügel heraus.

Alls die alten Ding, aber man hört sie gern, sagt die Dame.

Findens nicht, daß es glänzend spült, das blonde Engerl dort beim Klavier?

Die Dame vorbehältlich, schon eifersüchtig: Na, Engerl tät ich nicht grad sagen mit die Bein, da müßt wohl der Himmel an Sportstadion sein.

Aber entschuldigen, Gnädigste, Engerl hab ich gsagt, wann ich Eahne Venus sag, was ist da schon an Engerl, an unterster Dienstgrad halt, in der Hierarchie der Schönheiten.

Damit ist er wieder beim Thema, der Herr Herzog, und am nächsten Tag sieht man ihn im Park mit einer neu aus dem Schlaf erweckten Schönheit am Musikpavillon promenieren. Er trägt die großkarierte Jacke und den gelb-braun geflämmten Bambus-Stock, und er hinkt vornehm dazu; nicht zuviel und nicht zuwenig, und die breite Krawatte flattert im Wind der böhmischen Blasmusik: Rosamunde, gib mir dein Herz und dein Ja!

Und so gehts bis auf die letzten zwei Kurtage, das Scharmuzieren, das Poussieren und Schwadronieren des Herrn Herzog.

EIN SACHSE
Er krachte vor Dummheit und ließ alle anderen an ihr teilnehmen.

DER HERR HERZOG (weiter)
Aber da kommen mit eins andere Töne vom Herrn Herzog.

Wie gehts, wie gehts, Herr Herzog? hört man fragen, und die Antwort ist: Es will gar nimmer so.

Und der Fuß, wie gehts mit dem großen Zeh, Herr Herzog?

Is eh nicht besser worn!

Aber gehns.

Man hats Alter, man ist nicht mehr der, wo man war. Die Jahr, die Jahr, sie lassens keinen aus.

Und dann fährt man mit ihm gemeinsam im Fahrstuhl zum Abendessen ins Erdgeschoß, und man kommt unten an im Parterre, und der Herr Herzog sagt: Ich muß eh wartn, und er wartet, bis der zweite Lift herunterkommt, und es steigt eine dicke Dame aus mit hochrotem Kopf und *Suppengrünfrisur*, dick und unbeweglich wie eine Torsäule, und die Frau ächzt sich von der Fahrstuhlschale, und sie gibt dem Herrn Herzog ein Zeichen, und der begibt sich gehorsam an die Seite der Torsäule, die sich langsam vorwärtsschiebt; nicht aus rheumatischen, sondern aus Gründen des *Übergewichts*. Der Herzog, der ein paar Schrittchen auf gleicher Höhe mit ihr ging, fällt zuerst einen halben, dann einen ganzen Schritt zurück, und es kann schon niemand mehr er-

kennen, ders nicht beobachtete, daß es sich bei der wandeln-
den, verwitterten Torsäule um die Frau des Herrn Herzog
handelt, die mit dem Auto aus Wien über die Berge kam, um
dessen dritte Jugend zu beenden und die Hotelrechnung zu
bezahlen.

Vierundzwanzigster Mai (Sonnabend)

NACHDEM

Weil ich gestern im kindischen Schöpferstolz Eva die Skizze über den Herrn Herzog vorlas, weiß ich, weil alle *Reak-
tionen* bei Eva ausblieben, aber auch vom eigenen Anhören,
wie schlecht das Geschreibsel, selbst als Skizze, ist; dabei
hatte ich an (zumindest) einen Entwurf für eine Geschichte
Tschechowscher Art gedacht.

Ei, Scham und Schande!

Freilich regt sich das Begehren, sofort mit dem Umarbei-
ten und Probieren von anderen Weisen anzufangen.

Aber das lohnt nicht. Was steckt schon drin in der Bege-
benheit; selbst, wenn man sie mit viel Arbeit literarisch pas-
sabel machen würde?

Eine Art Gauner, der nicht einmal auf materielle Werte,
sondern auf ein wenig *späte Jugend*, auf ein wenig Prestige
aus ist.

Wie aber kams, daß sich mir der Stoff, ehe ich ihn an-
packte, als etwas *Machbares* darstellte!

Fünfundzwanzigster Mai (Sonntag)

DIE HELLBLAUEN SCHWERTLILIEN sinds, die von allen
Schwertlilien (in verschiedenen Farben) am meisten duften.
Man sollte annehmen, wenn man von der Wald-Erdbeere
ausgeht, die wild an unseren Seen daheim wachsenden, gelb
blühenden Lilien müßten mehr duften als alle anderen; sie
tuns nicht.

Das ist mir ein Rätsel. Gabs die hellblaue Schwertlilie schon seit eh und je in unseren Breiten oder wurde sie *ein-gewandert*?

Die hellblaue Schwertlilie, die Lilie meiner Grausteiner Kindheit, scheint also das Prinzip *Schwertlilie* am vollkommensten auszudrücken.

Viele, viele Farbarten züchteten die Gärtner mit der Zeit heraus. Ihre Farben sind schön, zum Beispiel die dunkelblauen, schon ins Schwärzliche schimmernden, aber was sie an Farbschönheit gewinnen, büßen sie an Duftkraft ein.

MARC AUREL war, soweit ichs überseh, der weiseste Herrscher, den es je gab. Ich stell ihn über *Salomon* und *David*!

Siebenundzwanzigster Mai (Dienstag)

EINEN TAG UM DEN ANDEREN hören wir (durchs Telefon) von daheim: Matthes, der schon Mann spielt, die herzliche Stimme Jakobs, der (vielleicht) den Tapferen spielt; Irmas laute Stimme, die schon von der Schwerhörigkeit geprägt ist. Irma spielt noch einmal Hausmutter.

Bei jedem Gespräch bricht die Verbindung zehn bis zwanzig Mal. Man hört die Ferne summen oder tschechische Telefonistinnen schimpfen. Man bekommt Todes-Visionen, meint, die aufwandernde Seele (wo ist auf?) sich mühen zu hören, letzte Verbindung mit Menschen und Örtern aufzunehmen, an denen man vor dem Tode war.

MEINE DIESJÄHRIGE GESCHICHTE
Vorläufig heißt sie einfach *Schreiben*! Aber der Titel kommt mir allzu nüchtern vor. Oder muß ich mich an ihn gewöhnen wie daheim an die Treppe oder die bunten Scheiben in den Dielentüren?

Heute werd ich mit dem Abdiktieren fertig werden. Mein zweiter Piešťany-Aufenthalt wird nicht ohne *Spuren* sein.

ZWISCHEN NACHMITTAG UND ABEND gehen wir jetzt Tag für Tag *unsere Schwertlilien* an den neuen Badhäusern (aus Glas und Beton) ansehen. Es sind wohl Schwertlilien von zehn bis zwölf verschiedenen Blütenfarben hier am Platze; doch es gibt ihrer mehr in der Welt der Pflanzenzüchter und Blumen-Veredler. Wir schaun nach, welche Fortschritte unsere *Lilien* im Blühen, Duften (und Vergehen) machen.

Ich bin überzeugt, daß es Leute gibt, die ihr Leben der Zucht und dem Anbau dieser Lilien widmen, wenngleich die Blühzeit der Lilien bemessen ist.

Mir wär lieber ein Gärtlein mit vielen Arten von Blumen, die je zu ihrer Zeit blühen.

Achtundzwanzigster Mai (Mittwoch)

DIE HALLE, die *Thermia-Halle* wird der mittlere Teil im Erdgeschoß unseres Hotels genannt. In diese Halle sah ich beim vorigen Aufenthalt (auch jetzt) nur durch die großen Fenster hinein, wenn ich von draußen kam. Ich sah dort nur die meiste Zeit weggestreckte Männerbeine, die aus Sesseln ragten wie aus gepolsterten Menschen-Etuis. Oder ich sah kartenspielende, plappernde Frauen, nach der Mode gekleidet, und sich anschweigende Ehepaare. Die Ehepaare brachten das Sitzen in den Klubsesseln hinter sich, als handele es sich um ein verordnetes *Bad*. Ich sah einen Kellner oder langbeinige Mädchen; sie brachten den Klubsessel-*Besitzern* Wermutwein in dünnen Glasschalen, und der Rand dieser Schalen war mit Zucker bestreut. Die Gläser sahen aus, als hätten sie eine Frostnacht lang im Hotelhof gestanden, und im Wermutwein, den sie enthielten, schwamm eine dünne Zitronenscheibe.

Das war die *Halle*, und sie war kein Ort für mich und für uns, die wir als *Duftprüfer* im Park umhergingen und unsere Nasen in alles *Geblüh* steckten.

An vielen Tagen der Woche unterhält in der Halle eine kleine, blondgefärbte Klavierspielerin mit hochgestecktem Haar die sich auf verschiedene Art langweilenden Klubsessel-Absolventen mit *Piècen* aus Opern, Operetten oder mit sogenannten *Charakterstücken* und leichteren Werken *klassischer* Komponisten, ohne die Gäste wesentlich zu erreichen. Wer was zu reden hat, redet, wer was zu spielen hat, spielt, und man klatscht mechanisch Beifall, wenn die *Klavieristin* pausiert.

Gestern abend nun gingen wir (zum ersten Mal) zu einem Violin-Konzert in diese Halle. Die Hotel-Insassen waren nach dem Abendbrot, und sie waren satt und verdauten, und sie tranken Wermutwein aus *frostigen* Glasschalen oder Mineralwasser, in dem Eisstücke schwammen.

Ein Teil der Gäste flüchtete, als die Virtuosen vom Rundfunk in Bratislava ihre Geigen stimmten, da wurde es *ernst* für sie. Sie wollten nicht unversehens wie in einen Gewitterregen in ein *Klassisches Konzert* geraten.

Dreißigster Mai (Freitag)

DAS LETZTE SPIEGELBAD, das letzte Schlammbad. Die sogenannte Abschlußuntersuchung hat stattgefunden. Der Arzt stellte in bezug auf die linke Hüfte fest: Bewegungsmöglichkeit nicht eingeschränkt. Ob ganz wahr, ob nicht – die *Autosuggestion* beflügelts.

Hoffentlich gibts daheim nicht (wie im vorigen Jahr) die reaktiven Schmerzen.

GESTERN mit dem Omnibus zur Bachus-Villa. Dort ist geschlossen. Wir auf einer Holzbank neben dem Eingang allein (mit *Beethoven*, dem *schmutzigen Rüpel*, wie Laxness, wahrscheinlich ganz richtig, schreibt).

Sonne, reifende Kirschen, schimmerndes Weinlaub, blühende Rosen, Baumrauschen, Kuckucksrufe, Fasanengeschrei, Amsel- und Nachtigallengesang. An den Wegrändern Feld- und Wiesenblumen, schöne, duftende, viele unbekannte.

Durch den Hohlweg, den ich uns voriges Jahr entdeckte, heimzu. Bläulinge, ein Riesenhase. Sieht, je näher wir kommen, wie ein Pflug aus. Die Ohren so lang wie Pfluggriffe. Nie sah ich einen solchen Hasen.

Liegen im Gras unterhalb einer Karst-Alm. Heckenrosen, überall Heckenrosen und blühende Waldreben. Heuduft. Blauer Himmel, ziehende Weißwolken, Schwärme junger Stare.

Wir kaufen englischen Whisky und französischen Cognac für den Arzt. (Das ist hier so üblich.)

Die Bücher müssen in der Kur-Bibliothek abgegeben werden. Ich las nicht wenig hier, Evchen natürlich (wie stets) mehr, viel mehr.

Einunddreißigster Mai (Sonnabend)

LETZTER TAG

Gestern – die letzte *Schlammpackung*! Es ist ein langsames Abschiednehmen von den Prozeduren, die einem wohltaten.

Der Arzt gibt uns die Berichtsbögen für die Ärzte daheim. Eva hat mit ihrem freundlichen Wesen den grauen Doktor N. aufgeschlossen. – Wenn ich bedenke, wie reserviert er sich voriges Jahr verhielt!

Wir geben der Schwester zweihundert Kronen und den Schnaps für den Arzt; sie legt, als sie uns mit dem roten Leinenbeutel zwischen anderen Patienten vor dem Ordinationszimmer sitzen sieht, den Zeigefinger quer über die

29

Lippen, fertigt noch einige Patienten ab, und geht dann mit uns ins Umkleidezimmer der Schwestern und schließt alles, auch *Brüderchen Vierbein*, das ihr Eva schenkte, in ihren Schrank ein.

Die letzte Polkamusik im Park fällt aus. Regen droht. Die *Musikbande* kommt nicht herein von ihrem fünfzig Kilometer entfernten Dorf. Wir warten eineinhalb Stunden vergeblich. Ein Rentner, ehemaliger *Rezeptionär*, setzt sich zu uns. Gewiß handelt er mit Geld. Er holt weit aus, bis er zu seiner Sache kommt. Inzwischen holen wir ihn über Piešťany aus.

Wir besuchen unsere Schwertlilien-Beete vor dem *Balnea Grand* das letzte Mal. Ich springe ins Beet (endlich!) und stelle fest, daß die ganz dunkelblauen, fastschwarzen Schwertlilien *nicht* duften.

Unser Strauch mit den rindfleisch-roten Sternblüten (wir nannten ihn *Bananen-Duft-Strauch*) hat ausgeblüht. Die vergehenden Blüten riechen faulig.

Eva hat ihre besondere Freude an kleinen gelb-roten Rosen am Schwimmbad *Eva*. Auch die besuchen wir noch einmal.

Immer noch sind manche Rasenflächen von den Bäuschchen der Pappelsamen betupft. Schaufenster-Landschaft, über die man zerzupfte Watte streute, um Winter vorzutäuschen.

Piešťany 1976

Erster Mai (Sonnabend), Schulzenhof

EVA ZUR BAHN nach Gransee. Die Kühe aus Neu-Lögow weiden schon seit drei Wochen auf dem Grünland, aber die Krähe kann sich an ihrem Stichtag, dem ersten Mai, nicht in der Roggensaat verstecken.

Gransee schläft noch. Man hat bei den Vorfeiern getrunken und getrunken und für die *Erhöhung der Produktion* in der Grüneberger Schnapsfabrik gesorgt. Man läßt die Leute gut verdienen, und man muß nachher bemüht sein, ihnen das Geld durch hohe *Tabak- und Alkohol-Steuern* aus den Taschen zu heben. In der *Gesundheits-Propaganda* wendet man sich gegen das Rauchen und Trinken der Staatsangehörigen, aber die Ökonomen erhöhen von Jahr zu Jahr schon im voraus die Summen, die ihnen Tabak- und Schnaps-Steuern eintragen sollen; desgleichen erhöhen die Schnapsfabriken im voraus ihre Produktionsziffern. Das ist das *Chamäleon Staat.* Die Verführung, ihn sich wegzuwünschen, ist für den Denkenden und Bedenkenden groß. Und sogleich eilen die Staatsdiener herbei und kleben dem Bedenker, wie die Gerichtsvollzieher es bei Verschuldeten tun, einen Zettel auf, und auf dem steht in diesem Falle *Anarchist*, und das benutzen treue Staatsbürger und Staatserhalter wie ein Schimpfwort, wenn nicht überhaupt als Kennzeichnung eines Verbrechers.

Der Springbrunnen, den sich der Erste Kreissekretär (zur Freude für die Stadtbevölkerung und zur Erinnerung an die Opfer des Faschismus) vor seiner Wohnung anlegen ließ, plätschert jedenfalls und erzählt vom Kreislauf alles Irdischen und Materiellen, von seiner *Vergänglichkeit*, und die

31

Neon-Lampe, die noch von der Nacht (spare mit jedem Pfennig und jeder Minute!) her brennt, wird vom trüben Licht des Maimorgens überstrahlt. Da hilft nichts!

Ich gehe umher, lese und suche noch immer Lektüre für die nächsten vier Wochen aus, und ich suche die kleinen Dinge zusammen, die mir in der Fremde so furchtbar fehlen, wenn sie nicht zur Hand sind, zum Beispiel mein Taschen-Tonbandgerät und die Tonbänder dazu und Schreibzeug, Briefpapier, Medikamente undsoweiter. Seit ich das erste Mal in Piešťany war, habe ich eine Aufstellung der Koffer-Inhalte und arbeite nach der, und trotzdem bin ich nie ganz sicher, ob ich nicht dies und das vergaß. Was ich mich ärgere über diesen *persönlichen Bürokratismus.* Und oft stand ich in der Nacht vor der Abreise davor, alles aus den gepackten Koffern auszuschütten, kein Bein vors andere zu setzen, mich hinzusetzen und zu schreiben.

Eva kommt am Abend mit Doktor Hildchen im Auto zurück und hat den Sohn Erwin dabei. Jakob atmet noch einmal auf. Am Nachmittag waren wir beide in den Wiesen, aber sein Geplauder war nicht so munter wie sonst; es saß ihm schon das Abschiedsweinen in der Kehle.

Zweiter Mai (Sonntag)

Irma Harder, unsere *Hausmutter vom Dienst,* in Fürstenberg vom Bahnhof abgeholt. Sie ist so weiß geworden und das besonders im letzten Jahr, und die Haare sind durch regelmäßiges Ondulieren so dünn, und die Kopfhaut schimmert durch sie hindurch, und sie marschiert mit ihren angekrümmten Beinen neben mir her, und ich trag ihren Koffer, und als ich sie umarme und abdrücke, wie man es mit einer Schwester tut, fühle ich ihren stacheligen Frauenbart, den sie sich regelmäßig abrasiert.

Es war am halben Vormittag, und es war, als ob sich das Wetter zum endgültigen Frühlingsbeginn zurechtlegte; zwar ging der Wind noch durch die Blüten der Stiefmütterchen, die auf der armseligen Rabatte am Bahnhofs-Vorplatz einwachsen, und ein Mädchen vom Format einer *Katechetin*, blaß und reizlos mit dicker Brille, legte ihr Taschentuch auf die Parkbank vor der Rabatte, und sie setzte sich und der Wind spielte mit ihrem keuschen Rock.

Mit mir gefahren bis nach Globsow waren Söhnchen Jakob und seine beiden Freunde aus dem Nachbarhaus. Sie holten sich Meerschweinchen. Für Jakob sollte das wohl ein Trost sein. Er redet mit seinen Tieren, und er wollte noch ein Tier haben, mit dem er reden kann, wenn die Mama für vier Wochen auf und davon ist.

Sie nahmen eine Kaninchenkiste mit, und sie hatten elf Meerschweinchen in der Kiste, langhaarige und solche mit Rosetten, als ich sie wieder in Globsow abholte.

Der *Züchter* hatte seinen Stall geleert, hatte die nutzlosen, ewig fressenden, ewig unzufrieden piepsenden Meerschweine von sich getan. Die Jungen aber waren glücklich: Elf Meerschweinchen für acht Mark!

Es war so schön, dieses Jungen-Erlebnis noch einmal mitzuhaben, nicht nur auf die ökonomische Seite dieses *Geschenks* zu achten, nur glücklich zu sein, so plötzlich, so ahnungslos in den Besitz so vieler munterer Tiere gelangt zu sein!

Wie viele Adern abgebunden werden müssen, wenn man für vier Wochen davonfährt, und die Adern müssen so abgebunden werden, daß noch Blut durch sie fließt: Jemand beauftragen, der die Fensterblumen weiter versorgt, jemand, der heizt, falls noch kalte Tage kommen; jemand, der für die Tauben sorgt undsoweiter.

Und in allen Ecken lauern Wehmütigkeiten: Es konnte ja sein, daß man das oder das nicht mehr sieht, die Mähnenansätze und die warmen Hälse der Pferde, den herausfordernden Galopp des Araberhengstes durch die Sandkoppel.

Das schwerste aber, der Abschied vom jüngsten Sohn Jakob! Matthes, der angehende junge Mann und Pfeifenraucher, hält sich stark, obwohl auch in ihm ganz gewiß vielfältig schattierte Abschiedsgefühle zugange sind.

Aber der Kleine, der Kleine, es macht mir (uns) zu schaffen, wie er mit den Tränen kämpft und ihrer doch nicht Herr wird, und wie ihm gar nichts hilft, daß er sich vor Augen hält, wie wichtig die Kur für die oder gegen die Rheuma-Schmerzen der Mutter ist.

Wieder stehe ich davor, die Reise aufzugeben, weil die Frage aufsteht: Darf man einen kleinen Menschen, der wie eine entblößte Seele dasteht, dieses gekrümmte Männchen mit seinem Abschiedsschmerz dastehen lassen?

Andererseits die Fragen: Bist du nicht allzu sentimental, und wirst du nicht mit zunehmendem Alter immer sentimentaler, ob sich diese Sentimentalität nun auf deinen jüngsten Sohn oder deinen alten Vater erstreckt? Hast du nicht deine Aufgabe, für die du einzustehen hast, eine Aufgabe, die dir von Tag zu Tag wichtiger zu werden scheint? Solltest du nicht besser dafür sorgen, daß deine Söhne ihre Aufgaben zeitig erkennen und von ihnen (nicht von Schmerzen) erfüllt sind?

Dann sind wir endlich in Berlin. Noch ein paar Krisenpunkte. Jakob – so hört sichs am Telefon an – scheint sich gefaßt zu haben.

Berlin *kotzt* den Ersten Mai aus, zerschläft die Maischwere in seinem Kopf. Die Leute auf der Straße gehn mit gesenkten Gesichtern umher und verraten, daß sie sündigten. Zu einem ersten maiwarmen Abend hats der Tag nicht gebracht. Die Straßenfeger tun mürrisch Sonntagsdienst.

Dritter Mai (Montag)

DIE KOFFER SIND ZU SCHWER, klagt Eva. Freilich sind sie zu schwer; sie sind immer zu schwer, und wieder möchte man am liebsten auspacken und gar nicht abreisen.

Das letzte Telefongespräch nach *draußen*. Ich geh nicht mehr dran. Zu viele Abschiede!

Jetzt warten wir aufs *Taxi*. Eva wird vorn auf der Straße Posten stehn; ich werd hinterm Haus mit den Koffern warten. Es ist für *Taxis* so schwer, bei uns zu landen. In zehn Jahren wirds so sein, daß man nur noch in Park-Straßen, die weit von der Wohnung entfernt liegen, ein *Taxi* wird besteigen können, und das wird, des bin ich sicher – als *notwendiger Fortschritt* gepriesen werden. Der Respekt vor den *Gespenstern*, die sich der Mensch erdachte, wird von Jahr zu Jahr größer, und eines Tages wird der Mensch vor sich selber davonrennen. Welches Ereignis wird seine Vernunft wieder blanklegen?

FLIEGEN

Alle Landesgrenzen mit eins durch ein paar Papierchen aufgehoben.

Aber jeder Fluggast ein *potentieller Attentäter.* In Berlin durchleuchtet. In Prag elektronisch abgetastet, bevor wir weiter ins slowakische Land fliegen. Habt ihr wirklich keine Bomben bei euch?

Und die Bomben, die man im Kopf mit sich führt?

Der Mensch verstrickt sich, verstrickt sich immer mehr in alles, was er sich *zum Fortschritt* erdachte; mit allem, was den Anschein des äußerlichen Fortschreitens für ihn hat.

Telefonieren

Auch da ists so: Die menschliche Stimme überfliegt Zoll- und Ländergrenzen, aber ohne Papierchen vorweisen zu müssen. Man kann sie stoppen, aber man kann sie nicht dazu bewegen, sich schriftlich auszuweisen. Sie kann einen Namen und ein Heimatland angeben, aber zumindest der Name ist noch keine Garantie für die Identität.

Ich erkenn noch nicht, wie diese Tatsache zu werten ist. Unterläuft dem Menschen, bei all seiner Intelligenz, sich unintelligent in bezug auf sich selber zu verhalten, ab und zu eine Sache, die ihn wieder ein wenig entstrickt? Wie gesagt: ich weiß noch nicht, wie das zu sehen ist.

Und dann waren wir in Piešťany, und sie gaben uns das Zimmer nicht, das sie uns versprochen hatten, das Jugend-Stil-Zimmer, in dem wir vor einem Jahr wohnten, das so günstig auf uns und unsere Arbeit wirkte; sie hatten es seit zehn Tagen vermietet, und was sie uns als Ersatz boten, war *unkomfortabel* und *zerwohnt* und *unfreundlich* wie ein Hotelzimmer in einer Provinzstadt.

Wir waren enttäuscht, am meisten Eva, und die Enttäuschung teilte sich mir mit, und es entstand die Stimmung in mir, wie ich sie einmal in *Jalta* hatte, als wir dort ins *Schriftstellerheim* einzogen.

Am liebsten hätten wir die Koffer unausgepackt gelassen, und ich wäre am liebsten zurückgereist. Das Wort der alten Weisen bestätigte sich an uns (wars nicht Seneca?): Wer nicht hofft, kann nicht unglücklich werden.

Wir versuchten es mit einem Abendspaziergang, aber das ganze liebe Piešťany und sein Park, durch den ein gelinder Waag-Wind glitt, war verfärbt von unserer schlechten Stimmung, und die hinwiederum war eingefärbt von diesem trüben Zimmer, in dem wir wohnen sollten.

WIR FINGEN AN, uns zu trösten: Vielleicht werden wir was Gutes schreiben, sozusagen als Gegendruck auf die unfreundliche Umgebung. Vielleicht wird uns von einer anderen Seite her *Freundliches* oder Erfreuliches zufließen.

Als ich das erste (Schwefel-)Bad nahm und spürte, wie mir seine Wohltätigkeit durch die Haut und in die Knochen sickerte, stands für mich fest: Wie die äußeren Umstände jetzt und aber jetzt sein werden, ich werde wieder hergehen, einmal im Jahr, und werde meine Knochen sich laben lassen. Und das wird mir helfen, dachte ich, vielleicht den Rest meines Lebens ohne allzu große Schmerzen und Behinderungen hinzubringen, und das wird mich vielleicht lustiger machen zu sagen und aufzuschreiben, was ich fühle, hier hinterlassen zu müssen. Die Allmacht möge mir helfen.

DIE EVA, die Begnadete, hat, während ich resignierte, gehandelt. Denn das ist das Gute, das sehr Gute bei ihr, daß sie ihre Resignationen, sofern sie denn von solchen befallen wird, rasch überwindet und zum *Angriff übergeht*, und daß sie es mit größerer Vehemenz tut, wenns mir zuliebe geschieht; denn sie selbst (und für sich als Person) ist auch bereit sich zu schicken, wenn ihr Erlebnisse geistiger Art winken, oder wenn sie sie nur ahnt.

WIR ZOGEN UM von Zimmer einhundertvierundzwanzig in der ersten Etage zu Zimmer zweiundsechzig in einer Zwischen-Etage. In einer Stunde war alles bewältigt.

Diese *Korrektur* war auch in anderer Weise wichtig. Wir beide hatten den besten Eindruck von der *Thermia*-Administratorin Frau B. gehabt, und wir verabschiedeten uns herzlich von ihr, und sie sagte: Wenn ich noch leb nächstes

Jahr, bekommen Sie Ihr Zimmer wieder, und gemeint war das schöne Jugend-Stil-Zimmer dreihunderteinundzwanzig im dritten Stock, in dem wir uns so wohl gefühlt hatten, in dem wir so gut arbeiten konnten.

Die B. entschuldigte sich sogleich, als wir ankamen, sie wußte also, hatte nicht vergessen, doch uns wars schlimm: Ein Mensch, den wir mochten, war wortbrüchig geworden und seine erklärende Entschuldigung für sein Versagen war nicht vollauf stichhaltig.

DA, AN DIESER STELLE, packte nun Eva wohl Frau B. und sie erklärte ihr, wir wären enttäuscht und hätten gute Lust abzureisen. Und das erschreckte die B. Nein, auf keinen Fall, und das sollte nicht geschehen. Es ergab sich mit eins eine Möglichkeit: Wir erhielten ein Zimmer, das für Amerikaner vorgesehen war, die in einer Stunde eintreffen sollten.

Dieses Hin und Her ist dem *Menschlichen* untergeordnet. Noch bin ich nicht sicher, ob Frau B. wirklich glaubte, daß das Zimmer einhundertvierundzwanzig ein vollwertiger Ersatz für das im Vorjahr gehabte Zimmer war, wie sie versicherte, oder ob sie im *Überschwang* und im *Kunden-Dienst* Versprechungen macht, ohne daß sie das *Ethische* tangiert, wenn sie diese Versprechungen nicht einhält.

AUCH UNSEREN TISCH vom Vorjahr und Vorvorjahr bekamen wir nicht. Einen Tag vor unserem Eintreffen wurde er vergeben. Ein beleibter Mann, dunkelhaarig, und eine schlanke dunkelblonde Frau sitzen dort, und sie macht mir *Äugelchen*, wenn ers nicht sieht, und sie nimmt die Haltung der *Unerfüllten* ein. Sie ist aus der *DeDeEr* gewiß, und schmachtet ein bißchen den *Künstler* an, denn sonst wärs ja wohl kaum zu erklären.

Wir sitzen mit einem Ehepaar aus L. zusammen. Er – Mediziner, gewiß Professor, Institutsleiter, sie sein Echo.

Aber wir hättens schlechter treffen können. Loyale Bürger, umgängliche Leute. Er – mit der unumgänglichen sächsischen Belehrsucht und dem stark entwickelten Hang zur Selbstloberei. Mr muß kluch sein, heute als ä Institutsleiter! Dazu der erhobene Zeigefinger und das Anheben der Oberlippe, überhaupt das Wichtigkeit ausdrückende Mundverzerren am Schluß der *Belehrungssätze*, als ob er gesperrt gedruckten Text spricht.

Sie – eine kleine *Tratsche*, die sich warm fühlt, wenns über die Tischnachbarn hergeht. Der Name Hermann Hesse war für sie so unbekannt wie der Name eines im achtzehnten Jahrhundert verstorbenen Landgeistlichen in Connewitz.

Fünfter Mai (Mittwoch)

Die Zeit zehrt und Menschen und Dinge verändern sich: Der Oberkellner Alois Jurca ist nicht mehr so gut auf den Beinen wie im Vorjahr, auch sein Kopf- und Barthaar wurde grauer. Die Kellnerin Otti hat eine Tochter bekommen und wirkt blaß und ein wenig ausgehöhlt; bei der Kellnerin Teresa, die wie die Gesundheit selber aussieht, werden die Zähne im Unterkiefer schlecht, zwei Pförtner und zwei Hausdiener haben abgedankt, und vielen Dingen sieht man an, wie sie langsam vergehen.

Natürlich weiß man, daß die Zeit, die vergeht, nur eine fiktive Sache ist, und daß es Zeit nur gibt, weil wir und die Dinge um uns (ob rasch, ob langsam) vergehen.

Wir wollten sehn, ob unser Bananenstrauch schon blüht, denn ich hatte etwas errochen; ein Duft war gekommen, hatte mich umspült. Wir trafen auf: *Herbert und Lotte W.*, sie saßen dreißig Meter vom Bananenstrauch entfernt,

Lotte mit der immer weißer und ärmer werdenden Hochbausch-Frisur und der zusammengerasselte Herbert mit der leisen Andeutung von grauen Künstler-Koteletten, und sie saßen da und waberten vor sich hin, und sie sahen uns nicht einmal, als wir vor ihnen standen, aber dann waren Überraschung und Freude groß, und der treue und anhängliche Herbert sagte: Ich habs geahnt, daß wir euch treffen, mir ham nämlich schon in Schönefeld so ein Glück gehabt und sind auf den Obraszow gestoßen, ein interessantes Erlebnis, eine Viertelstunde lang.

UND UNSER BANANENSTRAUCH hatte wahrhaftig schon seine dunkelroten Blüten, die in der Beschaffenheit den Blüten kleiner Strohblumen ähneln, und einzelne waren schon aufgeplatzt und dufteten und machten mich stolz (dummstolz) auf meine Nase, die manche Vorkommnisse in der Welt der Düfte, Gerüche und Gestänke über weite Strecken wahrnimmt, aber wie zum Beispiel die Blumen duften, die man *Fresien* nennt, das verriet sie mir bis heute nicht. Ich stecke die Nase tief in die Fresien-Sträuße hinein und errieche nichts, und alle anderen sagen: Ach, wie die Stube nach *Fresien* duftet!

MAN RUFT VON DAHEIM nicht an. Es muß Hindernisse geben. Wir denken an unseren Jakob, und wie er darauf warten wird, die Stimme der *Mama* zu hören, und wie er viel mehr schlafen und viel lieber ins Bett gehen wird, als ers sonst tut, um recht viel Zeit ohne *Sehnsuchtsplagen* hinzubringen.

Sechster Mai (Donnerstag)

ZUR GESCHICHTE: GROSSE LEUTE
Bald aber meldete sich mein *Schreibdrang* wieder. Er war nur von der Ortsveränderung, der Umlagerung und den

neuen Eindrücken in jene Hirnecke mit der Aufschrift *Wiedervorlage* gedrängt worden.

Jetzt war er wieder da mit seiner Gewalt und machte mich unglücklich, weil ich für *Dichtung* um diese Zeit nur hielt, was man dem eigenen Kopf entnahm, ohne Rücksicht auf Umgebung und Wirklichkeit. Aber was ich da aus mir holte und aufschrieb, nahm sich schon nach Tagen für mich selber so schwebend und so wurzellos aus, war so verkrampft und voll Mutwillen, daß ichs unglücklich beiseite schob und daß ich einen neuen Versuch machte und keinen besseren.

Heute erkenn ich, daß mein Unterfangen in Sachen Literatur damals jenem nach dem *Großen Kriege* glich, als uns hier auf diesem Fleck Republik auferlegt zu sein schien, die Welt bis in die Fugen des Grundgemäuers zu erneuern; damals nämlich, als die Ökonomen und Politiker die Kunst als eine mißartete Tochter der Ökonomie und Politik betrachteten, der man nie und nimmer den Hausschlüssel anvertrauen könne, weil sie unliebsame Gäste ins Haus schleppen würde; damals, als die Ökonomen uns sagten: Also das und das haben wir vor und so und so wirds aussehen, nun schreibt mal drüber! Und sie vergaßen nicht zu erwähnen, daß es ihnen an Phantasie nicht fehle, das Ergebnis ihrer Pläne selber schriftlich so umzusetzen, als wären sie schon erfüllt, sondern daß es ihnen hierfür lediglich an Zeit mangele, und die Zeit, die ihnen abgehe, die hätten eben wir.

Ich erinnere mich belustigt jener Zeit, da zwanzig Schriftsteller nach der Gründung der ersten *landwirtschaftlichen Genossenschaften* den Auftrag erhielten, über das Leben in den Genossenschaften zu schreiben, das sie noch gar nicht kannten.

Keine der *bestellten* Arbeiten wurde geschrieben; es konnte keine geschrieben werden.

Aber wo komme ich hin mit meiner Geschichte; ich wollt nur sagen: Phantasie als alleiniger Rohstoff für Literatur erscheint mir so unmöglich wie ein Männeranzug aus Spinnweben, aber an solchen Anzügen nähte ich damals, und solche Anzüge forderten uns einstmals, fordern uns manchmal noch heute die Ökonomen ab.

Als Diener
Zur Geschichte: Grosse Leute

Ich hörte dies und das im Wagen und manches sollte ich sicher nicht hören, aber ich hörte es. Für die, die ich fuhr, war ich ein *Domestique*, nicht fähig zu begreifen, von welch *hohen Dingen* man da sprach.

Das möchte ich allen denen nahelegen, die heute gefahren werden, und die vielleicht nur bedenken, daß wer vom *Geheimdienst* vor oder neben ihnen im Auto sitzt, bedenkt, daß auch ein Aufschreiber vor oder neben euch sitzen kann, ein Mann, der im eigenen Auftrag oder im Auftrag aller *Mißachteten* handelt, und daß die Wirkung von dem, was er, in Kunst umgesetzt, über euch sagt, euch tausendmal unangenehmer sein wird, sofern ihr ihn wie den Feuerlöscher oder das Reserverad an euren Autos behandelt habt, tausendmal unangenehmer als ein Bericht über eure Mängel an *politischem Wohlverhalten*.

Siebenter Mai (Freitag)

Mit der Arbeit an der dritten Piešťany-Geschichte begonnen. Wie sie heißen wird, weiß ich noch nicht. Nun wirds im Tagebuch wieder *dünner* fließen.

Ich arbeite wieder auf dem Wandelgang unter dem Fluß-Damm. Es zahlt sich aus, wenn man die Bade-Zeiten früh liegen hat (sechs Uhr dreißig), da bleibt ein unzerstückelter Tagrest, den man für die Arbeit nutzen kann.

Von daheim ein Telegramm. Alles gut und in Ordnung. Aber das ist die Meinung der alten Freundin Irma. Sie hat *generalisiert*. Wer weiß, wies geheißen hätt, wenn die Jungen Laut gegeben hätten.

Aber wir sind so auf Generalisierungen eingestellt, lassen uns von ihnen beschwichtigen, besänftigen oder in Zweifel stürzen.

Vogellaute und Blumendüfte

Besonders an den Vormittagen kann man drin schwelgen, die Schwalben aber, die im vorigen Jahr so beharrlich über dem Haupt-Portal ihre Nester bauten, die seh ich nicht. Hat man sie vergiftet, weil man sie auch durch bunte Kinderballons, die man an der Decke des Portals anbrachte, nicht am Nestbau und am *Bekleckern* der *feunen* Kurgäste hat hindern können?

Die Nachtigallen sind da, die über der Waag auf der Insel, die im Park ist auch da, aber im kleinen Park vor unserer Loggia ließ sich noch keine hören.

Achter und neunter Mai (Sonnabend und Sonntag)

Eine Frau mit einer Hundenase, in Thüringen würde man sagen, ä Reff, Berlinerin, eine Art späterer *Madame du Titre*, von den Berlinern *die Titern* genannt, hielt mich schon im vorigen Jahr an und versicherte, sie denke immer noch an mein *wunderbares Klavierspiel* von vor Jahren. Auch dieses Jahr stürzte sie auf mich zu. Von Ihnen hab ich so oft gesprochen, Ihr wunderbares Klavierspiel damals!

Aber diesmal wurde sie von zwei *DeDeEr*-Damen beiseite genommen, und sie wurde aufgeklärt.

Am nächsten Tage entschuldigte sie sich denn auch, sie hätte mich für einen finnischen Klavierspieler gehalten, der hier eines Jahres Kurgast gewesen wäre.

Nun also laufe ich als *zerstörter Klavierspieler* umher. Ich selber hätte mich nie dagegen gewehrt, der hervorragende Klavierspieler dieser West-Berliner Dame mit der Hunde-Nase zu sein.

FOLKLORE

Tänze und Lieder einer Studentengruppe aus Bratislava. Junge Leute machten eigenartig schöne Streichmusik (drei Violinen, zwei Bratschen und ein Kontrabaß), schöne, sehr schöne Mädchen in leuchtend-farbigen Kleidern sangen zweistimmig slowakische Volkslieder (russisches Timbre), Burschen und Mädchen tanzten, und die Tänze waren nicht ausgeklügelt, nicht kunstgewerblich wie die Tänze, die unsere Volkskunst-Gruppen zeigen.

Milder Mai-Nachmittag. Der Vormittag (wir saßen mit den W.s beim Platzkonzert) und es war heiß, doch jetzt saßen wir im Schatten großer Pappeln, die auf rissigen Elefantenbeinen das Amphi-Theater umstanden, und es schneite sacht, warmer Schnee aus Pappelsamen, und diesen Pappelsamen-Schnee kann man wohl nur im Pappel-Land Piešťany erleben, und diese Zusammenstellung: Musik, die ins Herz drang, Tänze, die die eigenen Füße unter der Bank mitrissen, Lieder, die an die slawischen Großmütter erinnerten und der sanfte Fall von warmem Schnee – nur einmal im Leben.

Es STAND EINE KLEINE WEIBLICHE PERSON, eine Liliputanerin in einem grünen Hosenanzug, am Rande des Platzes, auf dem ein Kur-Konzert stattfand. Ihr Kopf war *normal*, schöne, dunkle Augen, eine Stirn, die Intelligenz verriet, ein wissender Zug im Gesicht, Spuren von Leid und Enttäuschung, das ganze Gesicht kurz vor dem Übergang zum Altwerden, die Zähne bereits von vielen kleinen Goldplomben gestützt.

Adrett, sehr adrett die ganze kleine Frau, Zopfschwanz-Frisur, dunkelbraun und so akkurat gelegt, der Pony nach vorn in die Stirn, die *Carmen-Winker* über die Ohren zu den Wangen herunter. Das grüne Kostüm – Schneiderarbeit, sauber gebügelt, und die Hosen ließen nicht erkennen, daß da eine Deformation an den Beinen, an den Hüften, war. Wenn sie so stand, die Kleine, und sie stand fest wie eine eingegrabene Puppe, hielt sie jeder für eine hübsche Zwergenfrau.

Ein Mann, Anfang Vierzig, Arbeiter zur Kur, entdeckte diese kleine Sensation für seine Zwecke. Sicher war er nicht unverheiratet, aber das wars, er war gewohnt, eine Frau zu haben, und er brauchte eine, um der Gewohnheit zu genügen.

Er stellte sich zu der Kleinen und redete sie an, und die Kleine rührte sich nicht vom Fleck, stand und stand wie geleimt und schwenkte beim Erzählen ein winziges Ledertäschchen, in dem sie ihr Taschentuch und etwas Geld umhertragen mochte.

Das Konzert ging zu Ende, und der Mann hatte wohl was geahnt und wartete drauf, daß das Mädchen einige Schritte tun sollte, aber das Mädchen stand und stand. Die Besucher standen auf, und sie verließen den Platz, und die Kleine und der Arbeiter im Sonntags-Anzug standen noch immer einen Meter voneinander entfernt Seite an Seite.

Aber dann wars nicht mehr anders möglich. Die Kleine mußte sich entfernen, wenn sie nicht aufdringlich erscheinen wollte, denn er entfernte sich nicht, weil er bestätigt oder nicht bestätigt sehen wollte, was er ahnte.

Da bewegte sie sich; zunächst in ganz kleinen Schritten, und man merkte noch wenig von ihrem Unglück, und doch erkannte der Arbeiter, was mit ihr los war, und verabschiedete sich rasch und ging davon, und er stellte sich dreißig Meter weiter zu einem Ehepaar, das er zu kennen schien, und er redete auf slowakisch auf das Ehepaar ein; es klang, als ob er sich für seinen *Fehlgriff* entschuldigte. Alle drei, der Arbeiter und das Ehepaar, aber sahen der Kleinen nach, die sich – immer noch zögernd – und enttäuscht bis in ihr rotes Täschchen hinein, entfernte. Ihre Beine waren krumm und wackelten beim Gehen hin und her, als säßen sie nur halb in den Hüftgelenken, und das Gesäß ging hin und her wie das Hinterteil einer Ente, und es war, als müßte ein männlicher Engel herausfahren aus dem Himmel, um das Mädchen zu trösten und ihm beizustehen in der Enttäuschung.

Zehnter Mai (Montag)

Schön singst du, Amsel, im blühenden Kastanienbaum vor unserem Fenster, dabei dunkelt es schon, und es ist Zeit für die Nachtigall.

Am Tor des Kirchleins über der Brücke stand ein Mann und machte Zeichen, wie sie die Betenden machen. Wir kamen näher, und wir sahen, daß das Portal des Kirchleins, das sonst nur angelehnt ist, um den Frommen einen Bet-Ort anzuzeigen, geschlossen war. Wir hörten den Mann jetzt murmeln, sahen ihn zum Himmel aufblicken, dann wieder die Klinke des Kirchenportals betrachten, und wieder machte er Zeichen, zum Himmel und zur Erde hin, aber es waren so übertriebene Zeichen, und die Worte waren ein Gegurgel, und wir bemerkten, daß wir es mit einem Irren zu tun hatten, mit einem Mann von fünfunddreißig Jahren beiläufig, der beim Gebet seinen Körper mehr und mehr und so verrenkte, wie es ein normaler Mensch nicht tun kann.

Und alsbald öffnete sich das Kirchenportal, als hätt es das Gebet des Irren aufgetan, und es trat der Vater des irren Beters heraus; er und sein Sohn trugen die gleichen Hemden, und man konnte die Verwandtschaft an ihren Gesichtern ablesen.

In diesem Augenblick wars, daß mir inne wurde, in diesem Irren hatte Gott sich selber angebetet, denn was kommts ihm auf Worte und Artikulationen an, und der Irre hatte den Vater mit Hilfe der Allkraft (mit seinem Verlangen nach dem Vater) aus der Kirche getrieben.

Und der Vater war verlegen und sah sich nach allen Seiten um und war sich wohl der Sünde bewußt, die er begangen hatte, daß er dem Sohne das *Haus des Herrn* versagte, daß er ihn kleingläubig *vor dem Herrn* versteckte.

FONTÄNEN (später!)

Elfter und zwölfter Mai (Dienstag und Mittwoch)

HANELL (ich weiß nicht, ob er sich so schreibt), stellt sich heraus, ist nicht nur Dirigent, er ist auch Komponist, hat zwölf Opern komponiert und sucht nach neuen Stoffen. Er fragt bei mir an: Eine deftige Geschichte aus dem Bauernleben möchte er haben, sie kann dreist aus der alten Zeit sein und muß nicht von den *Groß-Landwirtschaften*, genannt KAP, handeln. Er denkt an die *Verkaufte Braut* oder so etwas.

NOCHMALS UMGEZOGEN am zwölften Mai vom Zwischenstock aus Zimmer zweiundsechzig nach dem dritten Stock, Zimmer dreihundertzwanzig, so daß wir jetzt neben unserem Zimmer *(dreihunderteinundzwanzig, Jugendstil)* vom Vorjahr wohnen.

Nachdem wir acht oder zehn Tage das Baumgrün von unten sahen und *unter den Bäumen* im Dauerschatten lebten, sitzen wir jetzt über den Baumkronen, und wenn man den Balkon in den kleinen Park hinaus erweiterte, könnten wir

47

die Blütenkerzen der Kastanien pflücken, als wären sie Blumen auf einer Wiese.

Nun erst wohnen wir in Piešťany, sagte Eva, die mehr unter der Ungunst der beiden vorhergehenden Zimmer litt als ich.

Siebzehnter Mai (Montag)

AUF EINMAL WAR KEINE LUST mehr da, was ins Tagebuch zu schreiben. Die Gründe sind älter. Schon zu Beginn des Jahres, als ich des *bösen Zeigefingers wegen* (noch immer weiß ich nicht recht, obs eine Übermühung, Rheuma oder gar Gicht war) die Schreibhand schonen mußte, war mirs gewiß: das Tagebuch muß, wenn ich wieder eines führe, anders als bisher aussehen.

Als ich dann wieder begann, war, was mir vorschwebte, verblaßt oder untergetaucht zwischen den vielen Plänen für die Zukunft.

Nun also ist der Widerwille gegen die alte Tagebuchform wieder da.

STETS AUF DER HUT SEIN gegen Verpflichtungen, die einem aufgedrängt werden sollen!

ALLÜBERALL lauern Verpflichtungen, uns in unserem Tun zu lähmen. Wir haben zu tun, was wir müssen, nicht was andre meinen, daß wir sollen.

DIE FONTÄNEN AM VIERECKIGEN BRUNNEN vor dem *Kur-Hotel Slovan* ließen mich für Augenblicke ihre Verwandtschaft mit dem menschlichen Leben, seiner Herkunft und seinem Zurückfallen ins Namenlose, erkennen.

Da ist der Druck auf das *ungestaltete* Wasser, der einen Strahl aus dem Ungestalteten heraustreibt, bleibt dieser Druck gleichmäßig, dann ändert sich auch am Fontänenstrahl nichts; er steigt auf, soweit ihm *Kraft gegeben* ist, und fällt im sanften Bogen wieder ins *Ungestaltete* (ins Wasserbassin) zurück; selbst einzelne Tropfen neben dem Strahl scheinen die gleichen zu sein, jedenfalls von gleicher Form, sozusagen *Individualisten*, die zwar mit dem Hauptstrahl emporgetragen werden, aber in keiner (fürs menschliche Auge) mehr sichtbaren Verbindung mit ihm stehen.

Und so lang der Druck anhält, springt der Fontänenstrahl aus dem Rohr, das ihm die Form gibt, wird *geboren*, beschreibt seine *Lebensbahn* und stirbt ins *Ungestaltete* hinein. Freilich das, was den Druck ausübt, ist auch hier im *Bilde* unsichtbar und unbekannt, genau wie nicht bekannt, nur erahnbar ist, wer oder was das Leben treibt.

Achtzehnter Mai (Dienstag)

DER MENSCHLICHE SAME muß *geschossen* werden, damit er das kleine weibliche Ei erreicht. Der Same der Pappeln darf sich von warmer Luft und vom Winde tragen lassen; das Ei, das er treffen muß, ist eine günstige Stelle des Erdballs.

WENN ICH DIE LEHRE von der Wiedergeburt für bar nehme, so muß ich schon einmal in der Pionierzeit in Amerika, auch einmal in den Hütten von polnischen Ostjuden gelebt haben, auch ist mir wie vielen Menschen, die es nur als sonderbaren Zwang an den Tag legen, ein Leben in Erdhütten und Laubnestern nicht befremdlich, zu wiederholten Malen aber muß ich unter Menschen gelebt haben, die man sich angewöhnt hat, *Slawen* zu nennen.

ES GIBT AUCH EINE FEINDSCHAFT und einen Krieg der Geräusche und Töne.

Wie andere Lebewesen gehen auch sie aufeinander los, schließen sich aus, besiegen einander, verdecken sich, löschen

sich gar aus. Unkultivierte, rüde Töne (in unserer Zeit hauptsächlich von technischen Vorgängen ins Leben gerufen) treiben kultivierte Töne bis in das dem menschlichen Ohr nicht
mehr Wahrnehmbare.

Ich erlebte es heute, als ich in der Schlammpackung lag.
Sanfte Banjo-Musik kam aus dem Lautsprecher des Rund-
funkgerätes der Wärter, da wurde eine Wasserleitung aufge-
dreht und setzte einen so bestienhaften Ton frei, daß die
Banjo-Klänge (für mein Ohr) ausgelöscht wurden.

Und wie auf anderen Wellen-Ebenen auch: es wird
schlimm für die menschliche Existenz, wenn das Rüde und
Bestialische obsiegt.

Unsere Palmen kamen an. Sie wurden auf Lastkarren in
ihren Kübeln herangeführt. Man wartete auf den Kran, der
kommen sollte, sie auf die vorbestimmten Plätze (rechts
und links vom Portal) zu heben.

Palmen sind der slowakischen Landschaft unangemessen.
Um Unangemessenes herzustellen (der Menschenwille
stellt es spielerisch oder in Ignoranz gegen natürliche Zu-
sammenhänge her), muß die Technik herzu. Dieses Unan-
gemessene wird auf vielen Lebensgebieten hergestellt
(Künstlichkeit), und der Aufwand an Technik nimmt dem-
zufolge zu. Die Zahl der Länder und Menschen, die nicht
mehr von den möglichen Erträgnissen ihres Bodens und
ihrer Landschaft leben und sich der Herrschaft der Technik
anheimgeben, nimmt zu. Wo wird der katastrophale End-
punkt dieser Art von *Entwicklung* liegen? Wahrscheinlich
bei der totalen Verseuchung des Wassers und der Luft.

Ich starrte den Wasserfleck auf einer Tischdecke an
und erlebte sein langsames Vergehen. Wasser- und Sauer-
stoff-Moleküle, vielleicht auch deren Atome erhoben sich
in die Stubenluft, mischten sich drein in diesen eingeker-

kerten Teil des Luft-Ozeans, und die Wasserfleckteilchen begegneten jenen Farb- und Gewebe-Teilchen, die dem Sofa-Bezug und der Tischdecke (sie auflösend) entflohen, und es kamen Tapententeile und Teile von Schuhwerk hinzu, und sie warteten darauf, bei günstiger Gelegenheit beim geöffneten Fenster in den Weltenraum oder wenigstens in den Mantel aus verschiedensten Partikelchen hineinzugelangen, der die Erde umgibt. Und dort, oder noch viel weiter draußen im Weltenraum, warten sie auf den Impuls, wieder zu werden, was sie waren: Wasserfleck, Farbe von Sofa-Bezug, Tapete oder Schuh oder (sofern sie sich inzwischen zu Atomen teilten) zu ganz etwas anderem, zu etwas, was sie vorher nicht waren, und die Zeit, dieser menschliche Hilfsbegriff, spielt bei ihrer Verwandlung keine Rolle.

Neunzehnter Mai (Mittwoch)

WIR HOFFTEN, als wir uns auf Piešťany und unseren Aufenthalt hier vorfreuten, wir würden jenes Zimmer dreihunderteinundzwanzig wieder erhalten, in dem wir uns voriges Jahr so wohlfühlten, und wir nahmen uns vor, kein Konzert der Folklore-Orchester im Kurpark zu versäumen, und wir wollten dies und das und viele Kirschen essen, und wir verhielten uns wie die Kinder, die nicht wissen, daß man nicht zweimal in denselben Fluß steigt.

ALS ICH EIN KIND WAR, sagte mir die Mutter, es säße einer im Himmel und der hieße Lieber Gott und sähe alles, was die Menschen tun, auch das Geheimste. Und wenn es donnerte, hieß es: Der Liebe Gott schimpft und der Liebe Gott könnte auch sehen, wenn ich heimlich in der Nase bohre.

Eine recht primitive Vorstellung vom All-Einen, das uns umfaßt, wurde mir damit vermittelt; keinen Schritt von der

51

Gott-Vorstellung der Primitiven in den letzten Urwäldern der Welt entfernt.

Ich erwäge, wie viele Umwege mir im Leben erspart geblieben wären, wenn man mir gesagt hätte, es gibt eine *All-Wahrheit*, von der alles ausgeht, von der wir alle herkommen, und aus dieser *All-Wahrheit* kommt auch das Leben. Achte darauf, daß du sie nicht verletzt und daß du nichts verletzt, was lebt, ob in Gedanken, ob in Taten!

MEINE ELTERN WAREN KEINE NATIONALISTEN, die Mutter war Sorbin, die Groß-Eltern mütterlicherseits, mit denen ichs in der frühen Kindheit hauptsächlich zu tun hatte, waren Sorben. Trotzdem sagte man mir nicht, verachte keine Nation, verachte keinen Menschen, suche das Wertvolle an Nationen herauszufinden, achte stets auf den Urgrund des Lebens und trachte zu erkennen, was von dort her deine Pflicht als Mensch ist.

Die Vorstellung eines personifizierten Gottes war für mich die Kindheit über und bis in die Jugend hinein ein Hemmnis. Ich meine, ich hätte die *Ur-Dinge* und *Ur-Sachen* besser verstanden, wenn meine Mutter oder mein Großvater fähig gewesen wären, mir das, was sie *Gott* nannten, als ein *Ur-Geistiges Prinzip* verständlich zu machen.

ICH SEHE HIER ZWEI FRAUEN umhergehen, deren Männer sich nur mit Mühe vorwärts bewegen können. Die Frauen müssen sie führen, müssen die meisten Verrichtungen für sie tun. Immer in Abständen von einem Jahr seh ich diese Frauen mit ihren Männern, und ich bemerke, daß die Frauen immer herber und härter werden, und wie sie *zweies* werden: Mann und Frau.

ICH GING IN EIN KONFEKTIONSGESCHÄFT hier in der Stadt. Da umfing mich Moskau-Stimmung, Glücks-Stimmung.

Der Geruch der Stoffe, Blusen, Kinderkleider und Feder-
betten trug mir die Stimmung zu. Weshalb aber Glücksgefühl? Der *dubberige Duft* der Textilien weckte die kurze
Glücks-Stimmung auf, in der ich mich befand, wenn ich in
ähnlichen Geschäften in Moskau etwas für mich oder die
Familie kaufen wollte. Es gibt da, bevor man etwas erwirbt,
was man entbehrt zu haben glaubt, einen kleinen Zeit-
Raum, der mit dem Glück der Vorfreude gefüllt ist, und es
ist nur dieser kleine Zeit-Raum. Sobald man sich den
Wunsch (das Begehren) erfüllt, fließt die ermüdende Luft
des Alltags in den kleinen Raum.

Nun wars so, daß ich hier im Geschäft in Piešťany
nichts kaufen (mir keinen Wunsch erfüllen) wollte, trotzdem aber brachte mir der Duft der Stoffe und Waren jenes
Glücksgefühl, mit dem er sich verbunden hatte, herauf-
geschleppt; und das Beste: Ich konnte es so lange haben, als
ich wollte.

Ähnliche Glücksaugenblicke bringt mir der Duft von
Buchsbaum herauf. Er beherbergt den Zeit-Raum, da ich
das Glücksgefühl hatte: Ich bin im Kaukasus, in einem
Märchenland, und ich werd hier Gesundheit für mein kran-
kes Herz erwerben (Sotschi).

RETTUNG EINER HUMMEL
In der Nähe der Rehabilitations-Station: Ein Mann müht
sich, etwas Lebendes vom asphaltierten Fuß-Steig auf eine
Blumenrabatte zu heben. Erst denk ich, es wär ein aus dem
Nest gefallener Jungsperling, dann seh ich eine Hummel,
eine von den dicken, schwarzen mit dem braunen Hinterteil. Die Hummel ist falsch gelandet, nun, da der Mann sie
berührte, liegt sie in Abwehrstellung auf dem Rücken und
dreht sich wie ein kleiner Brummkreisel. Ich greife ein. Ich
versteh doch was von Hummeln! Aber die Hummel versteht mich nicht. Sie sticht mich in die Kuppe des rechten

Mittelfingers. Es brennt nicht weniger als ein Wespenstich brennt. Aber die Hummel kommt auf die Rabatte und *verliert* sich geschickt zwischen Gras und Blumen.

Immerhin, zwei Männer im ungefähr gleichen Alter, die sich um eine Hummel sorgten. Mir wars, als hätts damit in der Welt einen echten *Fortschritt* gegeben.

HUMMELN gehören zu den sympathischen Insekten, die bei der der *Intensivierung der Landwirtschaft* so nebenbei mit ausgerottet werden. Wozu solln sie gut sein?

Obs den *Fortschritts-Taumlern* gelingen wird, eine *Bestäubungsmaschine* zu erfinden, wenn sie die Insekten ausgerottet haben werden?

SCHUHE MIT HOLZSOHLEN trugen wir aus Not nach dem Ersten und nach dem Zweiten Weltkrieg; jetzt trägt man sie – Männer und Frauen – aus Übermut, weil es *Mode* ist.

WENN MAN SICH *Verinnerlichung* und *Veräußerlichung* als die beiden Enden eines Stabes denkt, so ist die Mode das äußerste Ende der Veräußerung.

DER WARME SCHNEE VON PIEŠŤANY!

Zwanzigster Mai (Donnerstag)

AUFERSTEHUNG von Tolstoi. Gestern mit Lesen begonnen. Hingerissen! Es wird von Wiederlesen zu Wiederlesen stärker. Neunzehnhundertsiebenundsechzig las ichs, als wir in Jalta waren. In der Zwischenzeit bin ich Tolstoi also ein beträchtliches Stück nähergekommen. Was für eine *matte Sache* dagegen Thomas Manns *Lotte in Weimar*! Das las ich vor drei, vier Jahren. Jetzt beim Wiederlesen (ich lese es abends Eva vor) erscheints mir viel schwächer. Es gehört also zu den Büchern, die man beim Reifen hinter sich läßt, nicht zu denen, in die man hineinreift.

Auferstehung las ich übrigens das erste Mal mit fünfzehn Jahren. Da las ich den ganzen Tolstoi. Ich hatte die zwölf Halb-Leder-Bände bei *Gutenberg* im Abonnement erhalten. Als Schüler! Das galt in meiner Umgebung als *verrückt*, zumindest für *abnorm*. Es war eine Instinkt-Handlung von mir. Damals konnt ich nicht wissen, wie wichtig mir Tolstoi im Leben werden würde.

Daß die zwölf Bände den Krieg auf dem *Mehlboden* des Elternhauses überstanden! Auch das gehört zu den mystischen Umständen, die mich mit Tolstoi verbinden.

Zwei Brücken über die beiden Arme der Waag wirken wie Stege von Saiteninstrumenten. Alle Kraftfahrzeuge, die diese Brücken überfahren, und sie fahren am Tage fast pausenlos, versetzen die Stege in Schwingungen, und die Schwingungen verstärken den Lärm der Kraftfahrzeuge, und die Bergwand der Kleinen Beskiden, an deren Fuße die Straße entlangläuft, wirft den von den Stegen verstärkten Lärm der Kraftfahrzeuge zurück, und Hall und Widerhall erfüllen das Tal. Nur noch ein, zwei Jahre, und niemand von denen, die ihr Hotelzimmer nach hinten hinaus haben, wird bei dieser *Entwicklung* sein Fenster, bis in die zehnte Abendstunde hinein, auch nur für eine halbe Stunde geöffnet halten können.

Die Reise von innen nach aussen ist leicht, allzu leicht. Alles, was Zivilisation heißt, alles, was sie produziert, und die Suggestion, die von den sich willig und naiv der Veräußerlichung dreingebenden Mitmenschen ausgeht, helfen dazu. Die Reise nach innen wird immer schwerer und ungewöhnlicher bei uns in Mittel-Europa.

Welche Katastrophe wirds sein, die das umkehrt?

Einundzwanzigster Mai (Freitag)

IN DEN UNGARISCHEN ZIRKUS

Als wir Eintrittskarten lösen wollen, ruft uns jemand beim Namen: Der Direktor vom Zirkus *Praha*, mit dem wir es voriges Jahr, als ich im Zirkus auftrat, zu tun hatten. Er war eines Sonntags mit Roberto Štipka und seiner Frau auch Gast bei uns in Schulzenhof.

Na, wir sind sogleich Ehrengäste, werden auch mit dem ungarischen Direktor bekanntgemacht, müssen in der Pause mit allen anstoßen.

Gastfreundschaft zahlt sich irgendwann stets aus.

Dreiundzwanzigster Mai (Sonntag)

ICH HATTE DEN W.s von der Mundharmonika erzählt, die ich nun seit fast zwei Jahren für den bettlägerigen estnischen Laien-Maler Paul X suche. Sie nahmen das ins Ohr und brachten tatsächlich zwei einfache C-Dur-Mundharmonikas ins Hotel. Der hiesige Musikalien-Laden bekommt hin und wieder eine Sendung Mundharmonikas und verkauft sie als *Bückware*. Das hatten die W.s herausbekommen. Das rührte mich und ließ meine Sympathie für die W.s wieder anschwellen.

Es ist wahr, wenn Tolstoi in *Auferstehung* sagt: »... Jeder trägt die Keime zu allen menschlichen Eigenschaften in sich, von denen mitunter die einen, mitunter die anderen stärker in Erscheinung treten und den betreffenden Menschen, der doch ein und derselbe geblieben ist, kaum wiedererkennen lassen.«

EVA BRACHTE DIE ERSTEN KIRSCHEN vom Wochenmarkt. Sie schmeckten wässerig, wild, wenig süß, kurzum nach Frühling.

Diese dicken Pappeln mit Rinden wie Elefantenhaut, eine Vogelstadt jede, und wenn man eine Weile vor einer steht und an ihr hinaufsieht, ists einem, als ob sie gleich zu sprechen anfangen müßte.

Jasminblüten und reife Kirschen gehören hier zusammen, wie bei uns Flieder- und Kastanienblüten und etwas später im Juni Holunder- und Akazien-, auch die Kartoffelblüte.

Die Nachtigall im Käfig und die Schwertlilien in der Vase – beides ist Ausdruck (allerdings verzeihlicher) menschlicher Habsucht.

Der Entschluss, den Wundertäter III ohne Rücksicht auf *parteipolitische Konvention* und so zu schreiben, daß er einzig der Wahrheit dient (dem, was ich für die Wahrheit halte), leitete (endlich!) einen neuen Abschnitt in meinem Leben und in meiner Arbeit ein. Dieser neue Abschnitt ist jenem zu vergleichen, der für mich begann, als ich zu *Brecht* kam, nur, daß ich mich damals wohl aus einer gewissen künstlerischen Verengung, die mir die Doktrinäre aufgehalst hatten, nicht aber ganz und gar von der marxistischen Kunst-Doktrin befreite.

Man kanns auch so sagen: Jetzt kehrte ich nach vielen, vielen Irrwegen zur Tolstoischen Position zurück, von der ich als Vierzehnjähriger ins Reich der Literatur einzog. (Wohlgemerkt, nicht unkritisch zu Details der Tolstoischen Position!)

Von meinem Roman, vier Wochen und um viele Kilometer getrennt, wurde mir hier in P. endlich das Rezept für meine Prosa deutlicher:
1. *Wechsel von langen und kurzen Sätzen.*

2. *Wechsel von psalmodischem und sachlich prosaischem Timbre.*

3. *Wechsel zwischen ungestörtem Fortgang der Fabel und philosophischen Einsprengseln.*

4. *Rhythmisieren auf jeden Fall vermeiden – gegenarbeiten.*

5. *Wechsel von kurzen und langen Dialog-Repliquen.*

6. *Wechsel in der häufigen Einbeziehung von Makro- und Mikro-Kosmos.*

Vierundzwanzigster Mai (Montag)

DIE NACHT ÜBER FLOSS EIN QUELL IN MIR, aber ich achtete seiner nicht und fühlte mich gestört und war beherrscht von der Gewohnheit nachts zu schlafen, und ich war auf der Seite der Gewohnheit, anstatt dem Quell zuzuhören.

VOM BEI-SICH-SEIN

Jakob nimmt einen kleinen Koffer Spielsachen mit, wenn er von Schulzenhof nach Berlin fährt. In Berlin setzt er sich sogleich an den Schreibtisch der Mama, packt seine Spielsachen aus und baut sich seine Welt auf. Er ist geborgen. Der Ortswechsel erreicht ihn kaum.

Ich tue Gleiches. Allerdings nehme ich die Lektüre mit, in der ich mich gerade befinde; ist das nicht der Fall, so nehme ich das Buch eines Autors mit (siehe Liste am Ende), nach dessen Art die Welt zu sehen, mir gerade der Sinn steht. Aus seiner und meiner Weltsicht ist auch sogleich an jedem Ort für mich *Heimat* hergestellt.

Aber soll man sich mit dieser Art *Heimat-Herstellung* zufriedengeben? Es ist erst der halbe Weg zur *Verinnerlichung*. Wohl sagt mir häufig jene Stimme (jeder kennt die ihm zugehörende): Wo du auch hingehst, du nimmst *dich* doch mit, und deine Heimat ist in dir und sonst nirgendwo. Es ist der Idealzustand, auf den die Stimme hinweist, und ab und zu gelingts mir auch bei Ortsveränderungen, in diesem Idealzustand zu verharren. Aber nicht alle Orte sind dem Idealzustand zuträglich: Viele sind aufdringlich und vorlaut, in der Regel sogar durch ihre positiven Eigenschaften (vom Herkömmlichen aus gesehen): Die Landschaft ist schön und stürzt sich auf die Sinne und beschlagnahmt sie und läßt sie nicht ruhen, oder liebe Menschen belegen dich durch Gespräche mit Beschlag und führen dich in hundert Winkel außerhalb von dir.

Aber man lernt, man lernt.

Fünfundzwanzigster Mai (Donnerstag)

Die Schwert-Lilien blühen, und sie locken mich an, mich zu ihnen zu beugen, und sie dringen mit ihrem Duft (über meine Nase!) nach dort in mir vor, wo meine Erinnerungen schlafen, und sie wecken *die* aus der frühen Kindheit, an die zwei, drei Maie dieser Zeit, da ich in der hölzernen Laube vorm Kotten saß und mein karges Brot mit den großen, schwarzen Hühnern teilte.

Frage: Sind eigentlich alle fünf der (von Empirikern anerkannten!) Sinne in der Lage, uns Erinnerungen aufzuschließen? Doch wohl!

Was ist ein Baum?
Sobald wir etwas mit Gatttungsnamen benennen, vergröbern wir aufs äußerste; denn daß es nichts, aber auch nichts Kongruentes auf der Welt gibt und daß kein Baum dem anderen gleicht, gilt nun schon eine Weile als sichere Erfahrung.

Freilich sind unsere empirischen (oder kreatürlichen oder natürlichen) Sinne in der Regel in der Lage, Unterschiede an Dingen und Mit-Kreaturen zu beobachten, sofern sie uns in genügender Größe gegenüberstehen oder vom Kreatürlichen her genügend nahe sind: Den Unterschied zwischen zwei Pferden festzustellen ist uns möglich (bis in die Charakterunterschiede hinein). Bei einem Strauch aber schon gibts in der Regel (sofern man nicht Botaniker ist) für uns nur Unterscheidungsmerkmale in der Größe (im Umfang). Andere Unterschiede (am Strauch), wie in der Anzahl oder in der Form der Blätter, an der Anordnung der Zweige sind von uns kaum erfaßbar.

(Fortsetzung folgt)

DEN GROSSEN KÜNSTLER halten weder Armut noch Reichtum auf.

Sechsundzwanzigster Mai (Mittwoch)

WAS IST EIN BAUM? (Fortsetzung)
Die äußeren Inkongruenzen, zum Beispiel bei einer Pflanze, bedingen auch innere (umgekehrt natürlich), aber in dieser Richtung ist von uns überhaupt nichts feststellbar.

Aber dort müssen die Übergänge liegen vom Pflanzenins Tierreich zum Beispiel, die angereicherten Punkte für den Umschlag in eine neue Qualität.

Dreißigster Mai (Sonntag)

LETZTER TAG in Piešťany. Keine Lust zum Einschreiben.

Kommen Gedanken, die man hatte, Überlegungen, die man machte, Einfälle, die man hatte, wieder, wenn man sie nicht aufschreibt? Kommen sie konzentrierter wieder, oder kann das Leben damit umgehen wie mit dem Samen der Pappeln? Dann wäre das Aufschreiben analog dem günstigen Erdflecken, den eine Pappel-Samen-Flocke erreicht. Der Same kann dort aufgehen, zu einem Baum werden und Menschen erfreuen, zum Untertritt bei Unwettern dienen und ein wenig schützen.

Das Ende des Gedankens (der Betrachtung *Was ist ein Baum?*) kam mir allerdings in den letzten Tagen abhanden. Es wird sich zeigen, ob er (womöglich konzentrierter) zurückkommt.

IMMER WIEDER und immer nachdrücklicher wird man drauf hingewiesen, daß es unmöglich ist, *in denselben Fluß zu steigen.* Die B., hier im Hause, nahm unsere Kur- und Zimmerbestellung fürs nächste Jahr nicht an. Es zeigte sich, daß sie menschlich nicht an uns interessiert ist. Sie ist die *Statthalterin* ihrer *Funktion* (ihres *Arbeitsverhältnisses*). Das in der Hauptsache. Und ihre *Funktion* verlangt, daß sie Hotelgäste bevorzugt, die ihrem Lande *Devisen* einbringen.

Alle Freundlichkeiten, die wir der B. erwiesen, müssen von ihrer Seite wie Buhlerei um *künftige* Unterkunft ausgelegt worden sein. Und wenn es halb (aber wirklich nur halb) so war, dann sollten wir (vor allem ich) uns jetzt endgültig als vom Leben belehrt betrachten.

MAN IST ERZOGEN, nicht das Leben walten zu lassen, sondern seinen Willen einzusetzen und am Leben zu biegen. Und mir scheint, es läßt sich auf kleine unechte Verbiegungen (mehr auf Verschiebungen) ein, etwa wie ein zwischen zwei Pfosten ausgespannter Draht, der, mit *Ausschlag* nach der entgegengesetzten Seite seiner *Verbiegung*, in seine *normale* Lage zurückschnellt, sobald die Kraft, die ihn abzubiegen eingesetzt wurde, nachläßt.

Gibts eine Kreatur, der es gelingt, unter ständiger Anspannung des Eigenwillens zu leben? Was würde es einem von Ewigkeit zu Ewigkeit gespannten Draht ausmachen, wenn die Richtung, in der er verläuft, an irgendeiner Stelle von irgendeiner Kraft widerruflich geringfügig verändert werden würde? Und da diese Kraft von einem Menschenwesen ausgeübt werden würde, wie wenig

Raum und Zeit würde das ausmachen – an der Ewigkeit gemessen?

Einunddreißigster Mai (Montag)

DER BERG vor unserem Fenster, einer der wenigen mit
Kiefern (Schwarzkiefern) bewachsenen hier, war unser ver-
läßlichster Regen-Anzeiger. Auch der dünnste Nässel-Re-
gen zeichnete sich vor dem Schwarzkiefern-Hintergrund
ab. Heute hing dort ein blau-grauer Regenvorhang.

Die Abfahrt fällt leichter, besonders, da wir gestern noch
die *Urlandschaft* am Ufer der Waag entdeckten.

*Lao-tse, Buddha, Jakob Böhme, Meister Eckhardt, Angelus
Silesius, Rilke, Emerson, Thoreau, Tagore, Schopenhauer, No-
valis, Tolstoi, Goethe, Bibel, Koran, Whitman, Hesse, Shake-
speare, Balzac, Marc Aurel, Laxness, Pasternak, Eva, Dante,
usw.!*

Piešťany 1979

Die Herfahrt bis Bratislava ist wie von einem Feinme-
chaniker konstruiert, ein Teil greift ohne den geringsten
Aufenthalt in den anderen. Aber dann ist die Taxi-Num-
mer, die Evchen in ihrer Umhängetasche mit sich trägt, bei
keinem der wirklichen Taxis, die vor der Flugzeughalle stehen, zu finden. Nachmittags solls einundzwanzig Grad
warm sein in Bratislava, wurde uns im Flugzeug gesagt, der
Wind, der mindestens elf Grad von dieser Wärme forttrug,
wurde verschwiegen. Man fand sich sogar unbehaglich beim
Bewachen des Koffer-Quartetts vor der Flughalle, aber die
Augen holten Versöhnung ein. Blühende Kirschbäume und
anblühenden Flieder. Was Evchen von der Musterung der
Taxis mitbrachte, war ein mehrmaliges Achselzucken.

Dann ging ich, und es kam ein aufgeregter, etwa vierzig-
jähriger Zigeuner auf mich zu, und ich ging auf den Zigeuner zu. Es war offenkundig, daß wir einander suchten. Er
war sonntäglich gekleidet, Anzug von blauer Farbe, rote
Schuhe und ein grünes Hemd. Sein schwarzes Haar stand
aufrecht im Winde, umrahmte sein Gesicht wie eine Dornenkrone. Er hielt mir einen Streifen von einem Kassenzet-
tel hin, darauf war mit Kugelschreiber unser Name gekrit-
zelt. Es fehlte nicht viel, und wir hätten einander umarmt,
wir hätten damit den Flugplatz mit seiner kleinen Halle,
den zwanzig wartenden Fahrzeugen, den wenigen Flugzeugen, die dort täglich landen, für uns, ganz für uns, zu einem
Urwalddickicht gemacht, in dem wir uns, welch ein Zufall,
fanden und erkannten.

Und der Zigeuner fuhr, sein Auto war ein bißchen so wie

die *Zigeunerpferde* früher, nicht ganz echt und nicht ohne Fehler, und es rutschte auf der Straße hin und her, aber der *Zigeuner* holte heraus, was herauszuholen war, das Peitschen hatte sein rechter Fuß übernommen, der den Gashebel bis zum *Anschlag* nach vorn drückte. Im Taxi aus dem Hörer erschallten Kommandos, der Hörer war mit einem Bindfaden am Armaturenbrett festgebunden. Der *Zigeuner* läßt die Kommandos aus dem Hörer an sich vorüberwehen, als wir aus der Stadt heraus sind, stellt er die Funkverbindung ab, wir schweben frei im Weltenraum, nur der Taxameter tickt und klackt.

Die Landschaft ist zwiegeteilt, vor und neben uns die Felder, die Felder, Weingärten, die Erde geht aufs Ganze und stößt alles Grün, das in ihr ist, aus sich heraus, und in der Nähe der Dörfer hängen in diesem Übergrün die weißen Bälle der blühenden Kirschbäume und durchziehen es die blauen oder violetten Bälle der Fliederhecken. Fasanenhähne rennen geduckt – und es ist, als zögen sie sogar die Schwänze ein – vor unserm *Zigeunerwagen* davon, und ein zermalmter Hase auf der Fahrbahn macht, daß wir nicht vergessen: Das Leben ist *grausam* trotz dieses blustenen Frühlings, das heißt, wenn man den Tod für etwas Grausames hält.

Und dann sind sie schon zu sehen, unsere sanften Piešťany-Hügel, die man, wenn man *komparativ* gestimmt ist, auch Berge nennen kann. Ich habe die Alpen gesehen, die Karawanken, das Riesengebirge und den Harz, sogar den Olymp sah ich und kann es manchmal selber nicht glauben: das bulgarische Rila-Gebirge, aber all diese Berge hatten etwas Erregendes für mich, machten mich zu der Erdlaus, die ich bin, verkleinerten mich körperlich zur Mikrobe, und dann ihre Spitzen und Zacken, die die Phantasie immerzu einladen hinaufzuklettern und abzustürzen, wie sanft dagegen meine Piešťany-Berge, wie beruhigend, so wie Frauen streicheln. Die Erde tut gerade einmal einen kleinen Hüpfer, es ist, als ob sie dabei jauchzt.

Und vor mir der Kopf des *Zigeuners* mit der Dornenkrone aus schwerem Haar, aber am Hinterkopf eben, auf den ich starre, dort wo alle Glatzen beginnen, schon ein leiser Kahlfleck, und der *Zigeuner* läßt nicht ab, auf sein Auto einzutrampeln und es in den höchsten Gängen vorzuführen, als wollte er es uns verkaufen. Und das Gute dabei ist, daß er uns mit dem Gehabe Piešťany rascher näherbringt.

Sie sind dabei, unser liebes Piešťany zu zerbauen. Wer? *Staatsangestellte*, die Befehle ausführen. Der Oberbefehl lautet, Devisen hereinzuholen, mit dem Pfund, das euch von der Natur gegeben ist, wuchern. Das Pfund von Piešťany ist der Heilschlamm, und was Devisen? Man umschreibt Geld damit, *Mammon* in der Bibel genannt, Mammon jedoch nicht in der Landeswährung, sondern in der *kapitalistischen Währung.* Und die Oberbefehlshaber, die den Befehl ausgeben, Devisen und nochmals Devisen hereinzuholen, *Kapitalistengeld* also, nennen die, die diese Devisen haben und darüber verfügen, ihre *Feinde.*

Aber was wissen die *Waag* und die Piešťanyer Erde von der Denkakrobatik jener Oberbefehlshaber, sie müssen sichs geschehen lassen, daß man sie zerwühlt, daß man das Frühlingsgrün, das gerade aufwacht, zersägt, zerschrammt, spaltet, zerschippt, und wir sehen schon beim Abendspaziergang, daß man die beiden wundersamen Bananensträucher, die bald blühen werden, durch Schützengräben von uns getrennt hat. In den Gräben werden Bündel von je zehn faustdicken Eisenrohren versenkt, aus allen zehn Rohren wird man den Schlamm von seinem Urquell in das neue Badehotel, das gebaut wird, schießen. Wie viele schöne hundertjährige *Pappeln* hat man abgesägt, *Devisenopfer*, ihre Stubben stehen noch, sie haben die Ausdehnung von runden Familientischen. Das einzige, was sie noch tun können, die Pappeln, die einst da oben rauschten und ihr silbergraues Geblinker spielen ließen und ihre Samen auf federleichten Gespinsten in die Welt sandten. Sie spielen noch ein bißchen, als ob sie Picknick-Tische sein könnten, aber das tun sie wie Rentner ohne viel Hoffnung, daß ihre kleine Absicht von den Menschen erkannt wird. Sie haben recht damit, denn wer wird hier angesichts der Baugruben, der Eternitscherben, der Gerüste und rostigen Eisenteile Picknick abhalten.

Wenn ich sie richtig verstehe, die Pappeln, von denen noch einige entlaubt und entleibt daliegen wie die Leichen von Riesen, so gehen sie ohne Wehmut und Klagen, ohne menschliches Todesweh-Klagen dahin, und sie scheinen mir zu wissen, daß sie wiederkommen werden, wenn die *Devisensucht* durch die Menschen hindurch und vorübergerauscht sein wird, und ich denke dabei an die seherische *Rilke-Zeile*: Alles wird wieder groß sein und gewaltig.

Ich sagte es schon, wir werden zu unseren Bananensträuchern kommen, selbst wenn wir über Barrieren kriechen müssen, und das wird sein, wenn sie ihren Duft hinaufschicken bis zur überdachten Brücke, und die dann über die Brücke wandeln, werden zweimal und dreimal rasch einatmen, um sich zu vergewissern, es duftet hier nach Bananen, und die aus den Großstädten kommen, werdens vielleicht auf das mit chemischen Abwässern vermischte Gewässer der *Váh* schieben, weil sies nicht anders kennen und weil sie die Bananensträucher nie gesehen haben, aber die Váh ist, wen soll man dafür loben, wen soll man dafür preisen, ein saúberes Gewässer, das den Laienfischern mit ihren Angelpeitschen noch Überraschungen und Beute beschert, vor allem aber, ohne daß sie es selber wissen, viele meditative Stunden.

Das ist in den zwei, drei Jahren nach neunzehnhundertundzwölf, ich fange an, die Dinge, die mich umgeben, zu erkennen, das Gemöbel, die Wandverzierungen, die Tapeten, Bildchen an den Wänden von Mutters Schneiderstube wie Zierleisten um das Gedruckte in Zeitschriften, grafischen Illustrationen dort – *Jugendstil*, überall *Jugendstil*. Ich bin in die *Jugendstilzeit* hineingeboren. Überall wo ich heute auf ihn treff, versetzt er mich in meine frühe Kindheit, in jene Kindheit, die schwerelos war, wie oft sprach ich davon. Schlag ich ein Buch aus jener Zeit auf, dessen Kapitel mit grafischen Leisten im *Jugendstil* verziert sind, gleite ich sogleich in jene Kindheit zurück, die einmal war.

Nun hier ein Haus, das sich Palast nennt, ein Hotel und doch kein Hotel, ein Sanatorium und doch kein Sanatorium, für mich ein *Schloß*, im *Jugendstil* erbaut. Freilich hat die Zeit, seit die mitteleuropäische Menschheit diesem Jugendstil *aufsagte*, versucht, an diesem meinem Traumschloß zu nagen mit ihren *Modernitäten*, die jeweils einige Jahre später Geschmacklosigkeiten sind, hat versucht, in das Haus einzudringen, und es ist ihr hier und da geglückt, aber viele Dinge sind noch da in den Zimmern und auf den Gängen, die sich aus Heinrich Vogelers Worpswede hierher geflüchtet zu haben scheinen. Unser Speisesaal zum Beispiel, er glänzt und gleißt wie die Räume in den Palästen, die uns die Mutter schilderte, wenn sie uns Märchen erzählte. Gut, gut, *Edelkitsch* und all solche Worte, ich überhöre sie energisch, weil ich weiß, daß jene, die sie aussprechen, ihre Sentimentalitäten anderswo untergebracht haben, wo sie sie von mir nicht verhöhnt wissen möchten.

Hier, auf einem Viertel Quadratkilometer, wurde dem Jahr neunzehnhundertzwölf und seinem *Jugendstil* ein Ruheplätzchen angeboten. Er ist nicht rund, er ist nicht eckig, ich weiß überhaupt nicht, wieviel Flächen er hat, mein Feenpalast, ich habe sie nicht gezählt. Jedes Wunder, ob groß, ob klein, ist einmalig. Es gibt hier keinen Balkon,

kaum ein Fenster, das dem anderen gleicht. Mein Arbeits-
zimmer daheim hat Aussichten nach vier Seiten, mein Feenpalast hat Aussicht nach überall hin, und wieder habe ich
die Möglichkeiten nicht gezählt.

Da sind diese schönen, schönen Glasfenster. Links vom
Portal zum Beispiel, das mit dem Pfau, vor dem meine Geliebte des öfteren wie in Anbetung steht. Und innen im Palast leuchtet einem dieser Pfau hauptsächlich in Blau samt
seiner gläsernen durchsichtigen Umwelt entgegen, wenn
man vom ersten Stock über das *Mezzanin* zum Erdgeschoß
hinuntersteigt. Drücken wir uns zeitgemäß aus, nennen wir
den, der das gemacht hat, *Gestalter*. Niemals hätte der Gestalter die gleiche Wirkung mit einem Truthahn erreichen
können, niemals mit dessen Schwanzrad bei der höchsten
Ekstase des Tieres, wohl aber mit diesem Pfau, mit diesem
Blau-Blau-Pfau, der ruhig, aber schön ziemlich weit oben
im Fenster sitzen darf, der doch Bäume befliegt und dort
sitzt und auch das wieder, um *schön* zu sein, und er darf ruhig sein, sitzen und staunen oder sich bestaunen lassen, weil
er doch den langen Schwanz hat, den er ganz in Ruhe vom
ersten Stock in das Erdgeschoß fallen lassen kann, und wer
die gewendelte Treppe hinuntergeht auf den roten Läufern
und nicht gerade an Zuhause denkt oder seine ganze Aufmerksamkeit an die rheumatischen Schmerzen hinleiht, wer
sich ein kleines, kleines Eckchen für Schönheitssinn aufbe-
wahrte, der muß hier ein bißchen stehen oder ganz ganz
langsam gehen und staunen über den blauen Pfau und die
gläserne Landschaft, und er kann, schaut er nur recht hin,
alles, alles vergessen, selbst die Schmerzen im Knie und in
der Wirbelsäule beim Treppenabsteigen, und das hat er ja
wohl gewollt, der, der den Pfau einst mit seiner bunten un-
wirklichen Welt in das Fenster setzte.

In dieses Städtchen habe ich mich als Sechzigjähriger verliebt wie ein Achtzehnjähriger in sein erstes Mädchen, und

das, obwohl ich Weimar, Salzburg, Wien, Görlitz (um Jakob Böhmes willen) und Athen und Paris, Budapest und Moskau, sie alle alle liebe, doch sie sind seit meinem sechzigsten Lebensjahr mehr zu meinen Eheverhältnissen geworden.

Nur von wenigen Wörtern, die in der Kindheit zu uns kamen, weiß man noch, wann das war und wer wo ein Wort sagte, das einem gefiel und das man übernahm oder das man übernehmen mußte, weil es uns Dinge näherbrachte, derer man bedurfte.

Piešťany, den Namen meines geliebten Städtchens, hörte ich zum ersten Male von einem Freund, einem Geschichtenerzähler von Großformat. Natürlich kam es auch bei ihm in einer Geschichte von einem Landwirtschaftswissenschaftler vor, einem Süddeutschen, der nach Norddeutschland verschlagen war und der (in der Geschichte meines Freundes) zu sagen pflegte: obs im Kreuz hast oder sonst a Rheuma, d'mußt immer wieder nach Piešťany. Er muß den Namen so ausgesprochen haben, wie man ihn slowakisch ausspricht, denn auch mein Freund, der Imitator, sprach ihn slowakisch aus.

Und das zweite Mal: bei einer Pferdebesichtigung, ein befreundeter Tierarzt sagt: ja, wenn Sies in den Hüftgelenken haben, unbedingt nach Piešťany, ich war dort, ich schwöre. Nur passen Sie auf, ergänzte die liebe Frau des Tierarztes, daß sie Ihnen nicht zuviel Schlamm draufpacken, sie sind da nicht zimperlich im Umgang.

Piešťany, der Name also wurde in meine Zukunft eingehängt, und die Schmerzen in meinen Hüftgelenken nahmen zu, gleichzeitig verdickte sich mein Wunsch, dorthin zu fahren, wo es Heilung geben sollte. Piešťany rückte mir immer näher, das heißt, meine Schmerzen zogen es heran.

ZWISCHEN DEM KLEINEN POSTAMT Numero drei, dem Insel-Postamt, und den Seerosenbecken kamen Bäume und

Sträucher aus verschiedenen Fremden zusammen und werden nicht fertig, einander von den Wegen ihrer Urahnen nach hierher zuzuraunen. Nur manchmal, wenn der Wind von den hohen Pappeln herunterfällt, wird das Gespräch auch hier aufgeregter, doch nie ausfällig, sie sind Fremde in diesem Land, diese Sträucher und Koniferen, sie scheinen zu wissen, daß man am besten nicht auffällt im *Außenland*, nicht durch Gelärm, nicht durch ernstliches Gezänk. Und sie bilden einen Schutzwall um das sogenannte *Rehabilitations-Zentrum*, niedrig wie die slowakischen Bauernhäuser, aber schön sandgelb gestrichen, und sie sehen dort zu den Fenstern hinein, die fremdländischen Bäume und Sträucher, und sehen viel Leid, sehen zu, wie man den sogenannten *Querschnittgelähmten* mit Macht durch *Manipulationen* und allerlei Bewegungen und Übungen zuredet, sie möchten doch wieder harmonisch beim Leben der bewegungsbeschränkten Menschen mitmachen. Hier, versteckt in dem lauschigen Gang, (man möchte fast sagen) *träumt* auch die öffentliche Rotunde vor sich hin, und sie darf es, und kleine Hinweisschilder führen die Kundschaft sicher nach hier, und mit dem Gesicht zur Rotunde, in allerlei Strauchwerk eingemummelt, steht eine Bank, auf ihr sitzt die *Rotunden-Frau* im weißen Kittel, und manchmal lädt sie jemanden ein, auf dieser Bank mit Platz zu nehmen, eine Bekannte vielleicht aus dem Nachbardorf, aus dem sie kommt, wo sie die alte Mutter ist, die nichts mehr zu betreuen hat, die Enkel davon, die Hühner verkauft, nur ein Ziergarten noch am Haus der jungen Leute, und da kann sie nichts als Schaden stiften. Hier stiftet sie Nutzen. Die Uniform der *Bade-Insel-Angestellten* macht sie zur *öffentlichen* Respektperson, die sie zu Hause vielleicht nicht mehr sein durfte. Das Leben beschenkt sie damit und auch mit dem kleinen Gehalt, das sie hier zur Rente dazuverdient.

Aber von all dem will ich nicht reden, vielmehr von der

Mittagsstunde, wenn die Sonne so steil steht, daß ihre Strahlen auch in den kleinen, von den Sträuchern umdunkelten Gang hineinreicht, und zu dieser Stunde ist die Bank der Rotundenfrau leer, sie ist Mittagessen gegangen, und auf ihrer Bank läßt sie eine Lache aus verwesungslosem Öl, genannt *Plaste*, zurück, eine bedruckte *Plastetüte*, auf der sie gesessen hat, damit sich ihr Kittel, ihr weißer, nicht mit den Stäubchen und Sämchen, die aus dem Gebüsch und den Koniferen herniederfallen, einläßt, eine *Plaste* zwischen sich und dem Erdenstaub, und wie reizvoll hätte es sein können, wenn sie ein Sämchen von einem fremdländischen Strauch in ihr Haus im Dorf geschleppt hätte und wenn dort die Überraschung der Jungleute, eingewandert aus einem anderen Erdteil, aufgegangen und eingewachsen wäre, und neben der verwesungslosen *Plastelache* lag die Rolle aus rosarotem *Klosettpapier*, es steht nirgends angeschrieben, aber nun ist *Selbstbedienung* in der Rotunde. Jeder Bedürftige darf sich ein Stück von der rosaroten Klosettpapierrolle reißen, in die Rotunde gehen und sein Bedürfnis unkontrolliert verrichten. Freilich bleibt bei dieser *Selbstbedienungs*-Praxis (wie wollen wir es nun nennen) *Eßgeld*, *Sitzgeld* oder doch *Trinkgeld* für die Alte mit dem bunten Bauernkopftuch aus, ein kleines rundes Sümmchen, ein unerfaßtes, bleibt unaufgeteilt und unausgegeben in den Taschen der *Bedürfnisträger*, ein Sümmchen aus Heller- und Kronenstücken nimmt an diesem Tage nicht am *Welthandel* teil.

NÄCHSTES JAHR nehmen wir Einzelzimmer, sagte meine Geliebte im Vorjahr. Ein guter Einfall, sagte ich, da muß ich nicht mehr fürchten, daß ich dich störe, wenn ich meinem kleinen Taschentonband etwas einsage, muß nicht mehr hinaus in den Park, wenn es gar zuviel ist, was ich auf dieses *Zelluloid-* oder *Plasteband* einzureden habe, muß nicht, wenn meine auszementierte Diktierbahn unter dem Damm bei Regenwetter von Liebespaaren besetzt ist, hinauf auf den Damm, wo der Váh-Wind mich packt und wo die Kälte mich trotz meiner Lederjacke zu fassen bekommt und mir bis unter die Haut kriecht. Nicht zu vergessen, daß du mich nachts nicht mehr stören wirst, sagte meine Geliebte, wenn du bei halber Nacht das Licht einschaltest und liest bis zum Morgen. Du vergißt, sagte ich, daß ich aufwach, weil du *schnarchst*, und daß ich lange wach lieg, ehe ich mich ent- schließen kann, dich zu wecken, aber dann tue ich es. Ja, und dann bin ich wach, sagte meine Geliebte, und du schläfst ein und *schnarchst*.

Also, es blieb dabei, wir nahmen Einzelzimmer, und nun haben wir sie. Das hat seine Romantik und macht mein Piešťanyer Märchen noch märchenhafter. Ich darf tatsäch- lich diktieren, wann ich will oder wann mir danach ist, und ich platze nicht in den Essay hinein, den meine Geliebte über eine gemeinsame Freundin in Ungarn, über eine Male- rin, schreibt. Wir wissen weniger voneinander. Eines weiß die Badezeiten des anderen nur dunkel, und wir lassen auch im finstern, wann wer zur Massage geht, aber wir haben eine neue Aufgabe, ich jedenfalls, eine romantische Auf- gabe. Das beschäftigt mich ziemlich, fast kriminalistisch, aber mindestens so arg wie einen jungen eifersüchtigen Liebhaber, festzustellen, wo meine Geliebte sich in dieser oder jener Stunde befindet, und sie aufzuspüren. Oft ist es dann so, als ob wir uns in der großen Welt zum ersten Mal träfen, und das hat seinen Reiz, das übt seine Macht aus auf unser *Zueinander*.

Aber an manchen Abenden, wenn jedes von uns seinen Zimmerschlüssel aus der Tasche zieht, seine eigene Tür auf- schließt, und wenn durchs mondhelle Zimmer hindurch in den blühenden Kastanien von gegenüber die Nachtigall ihre Roller und Schleifer, ihr gar nicht so sanftes Getön, sondern ihren harten, fordernden Schlag (nein nicht) in die Nacht hinausläßt, sondern hinausstößt, sagt meine Geliebte, das machen wir aber nie wieder. Was, frage ich. Das mit den Einzelzimmern.

Die nationale Welle, die durch unsere Länder geht, ist auch hier angekommen. Vorher wars noch so, daß der Text auf den Badekarten in Deutsch und in Slowakisch zu lesen war, jetzt nur noch Slowakisch. Eine merkwürdige schroffe Abgrenzung scheint zwischen unsern Ländern stattzufinden. Wie unpassend das, wenn man andererseits nach den Devisen der *Kapitalisten* giert, wenn man nicht genug von ihnen hereinbekommen kann, das macht die Sache so zwitterig. Wir erwarten *Zuwendungen* von denen, die wir *Kapitalisten* nennen, vermeiden es aber, mit ihnen und in ihrer Sprache zu reden. Das nennen wir unsere *Ideologie*.

Und dann, was so fromm nationalistisch beginnt, ists nicht gleichzeitig auch der Beginn von Forderungen, die erst still, aber dann von ganzen Völkern gestellt werden, Gebiete, die man hat abtreten müssen, und immer hat jedes Volk an sein Nachbarvolk einmal in der Geschichte etwas abtreten müssen, und so hin und her, aber der *Nationalismus* macht, daß man sich besonders stark dran erinnert und daß das Spannungen und Zerwürfnisse schafft, wenn nicht gar *Kriege* aufflammen läßt.

Oder kommt mir das alles so vor, weil ich von Kindheit an nicht gehalten bin, nationalistisch zu denken?

Der Magnolienbaum, dieser Riesenstrauch an der linken Gesichtsseite des Palastes, ist am Abblühen. Nur einige Blüten, die der Schatten der Palastwand in Schutz nimmt, sind noch weiß und unangefochten von Roststellen, sie sind aber nicht innig, die Blütenblätter, sie sind wie aus weißem Kunstleder geschnitten, akkurat wie am göttlichen

Reißbrett entworfen. Wenn ich da an die Zärtlichkeit der Rosen auf Evchens Rosenbeet vorm Küchenfenster daheim denke!

Ich will nichts mehr, doch für Wunder halte ich mich bereit, Wunder sind für mich nicht: auf dem Wasser laufen, Tote erwecken, mit sieben Broten fünftausend Mann speisen, ein Wunder ist für mich etwas nie Erlebtes, das mir die Wirklichkeit zuspielt.

Die Nachtigall singt. Ich kenne alle Nachtigallenquartiere auf der Bäderinsel, kenne auch die weit draußen in den Váhwiesen, dort in den Fliederbüschen und im Gesträuch unter den dicken Pappelpersönlichkeiten, die da stehen wie eine Garantie für den unausrottbaren Lebensteil, den wir Natur nennen. Die Nachtigall hinterm kleinen Palast ist nicht alle Jahre da, und wenn sie nicht da ist, dann ists die Katze, die sie gefressen hat, dafür ist sie aber, wenn sie da ist, nicht nur eine Nachtigall, sondern auch eine *Morginall*. Über Nachtigallen habe ich gesagt, was ich zu sagen wußte. Eine Serie meiner Geschichten prägt der Nachtigall-Name.

Ich gehe diktierend über den Damm, rede meinem Taschentonband die Geschichte von Rosa und Stanislaus ein, und die Nachtigall ist dabei, verbrämt alles mit ihrem Morgengesang. Ich exportiere den Gesang der Piešťanyer Nachtigallen nach Berlin, dort schreibt meine Abschreiberin die Geschichte von Rosa und Stanislaus in die Maschine. Die Piešťanyer Nachtigall, die dazwischen singt, regt den Wellensittich der Frau Zellner auf.

Ich denke an den Kollegen, der einen Kampf gegen Nachtigallen führte. Es sind warme Frühlingsnächte, und er will schreiben. Die Nachtigall singt in der Hecke vor seinem Haus, sie stört ihn, er wirft die Löschwiege beim Fenster hinaus in die Hecke. Eine Weile ist die Nachtigall still, dann beginnt sie wieder, er wirft das Lineal und nacheinander alles, was man auf dem Schreibtisch so hat, gegen die

Hecke. Die Nachtigall singt unbeirrt, sie weiß, was sie zu singen hat, der Kollege weiß nicht, was er zu schreiben hat. Er glaubt, die Nachtigall sei schuld daran, daß ers nicht weiß, er ist einer, der die Schrift stellt, kein Dichter.

HUBSCHRAUBER ZERMALMEN DIE ABENDSTILLE, die es in meinem Märchenstädtchen noch gibt. Sie würden als Riesenlibellen in mein Märchen passen, würden sie sirren wie diese, ich hätte nichts dagegen, wenn sie den Himmel hier überflögen. Am Nachmittag fangen sie an, vom Flugplatz her aufzusteigen, viele, viele Hubschrauber in Abständen von einer Minute. Ich habe in der Fabrik an lärmenden Maschinen gearbeitet, Tag- und Nachtschicht, und bin bald wahnsinnig geworden. Leider habe ich mir mein Gehör nicht aussuchen dürfen, und ich weiß noch nicht einmal, ob ich dann eines genommen hätte, das die feinen Töne der Heuschrecken in den Wiesen ausschließt. Die Hubschrauber bohren mir mit ihrem Gedröhn ein Loch ins Hirn, einer steigt auf, zieht über die Stadt hin, und in der nächsten Minute folgt der zweite, der dritte, der vierte, der fünfte, das geht bis in die zehnte Abendstunde. Der Flugplatz von Piešťany ist eine Hubschrauber-Lehrlings-Stelle. Vor Jahren waren es die Ägypter, die dort das Hubschrauben erlernten. Wie wird das Hubschrauben dort jetzt gelehrt? Die Freundschaft der sowjetischen Politiker zu den Ägyptern kühlte sich ab, *wenn Großmann hustet, seid ihr alle mit erkältet*, heißt es in meinem Stück *Katzgraben*, und das ist auf den Großbauern und die hin- und herschwankenden Kleinbauern gemünzt. Es ist auch ohne Bauern gültig, wie man hört.

Manchen Morgen nach dem Erwachen fühle ich mich hohl und leer. Das Piešťany-Märchen scheint zu Ende zu sein. Aber ich klage nicht, ich warte. Trotzdem, woher kommt die Leere, die Hohlheit? Weil darin mein angefangenes Lied liegt, aus dem ich mich herauslöste, weil daheim ein anderes Lied liegt, von dem die Politiker nicht wollen, daß es unter meine Landsleute gerät, weil ich *höhlig* und *leerig* sein muß, damit das Märchen wieder frisch in mich einzieht. Ich bade und bade und bade, manchen Tag sind es drei Mal, manchen Tag sind es fünf Mal und mehr, und das Schwefelwasser dringt vor bis in meine alten Knochen und versucht, deren Verschleiß ein bißchen zu vermindern. Meine alten Knochen fühlen sich gestört, ihren Gang alles Irdischen fortzusetzen, sie lassen es mich durch Schmerzen wissen, schließlich fügen sie sich und stimmen mit mir in den Wunsch ein, noch eine Weile umherzugehen, um dies und das zu sagen, was ich für nötig halte.

Immer wieder suche ich zu ergründen, wie es zu Anfang mit dem Schreiben war. Ich schrieb eine ganze Geschichte darüber, sie ist nicht ungültig, doch mir kommt vor, als wär darin noch nicht genau genug gesagt, wie es war.

Es stößt dich, darüber auszusagen, was du fühlst. Vom Gefühl bis zur Aussage darüber, was man fühlt, sind *Irrwege* möglich. Einer davon, du siehst nach, wie andere über ihre Gefühle sprachen, du hast Muster in dir, hast dir in der Schule schon einige Schablonen einverleibt, du möchtest das, was du fühlst, so sagen, wie die es gesagt haben, und du sagst es, benutzt die Schablone und sagst, was die gesagt haben, und nicht, was du gefühlt hast.

Es gehört Schamlosigkeit dazu, über seine Gefühle auszusagen. Deine Gefühle scheinen dir andere zu sein als jene, über die die Menschen in deiner Umgebung aussagen. Du scheust dich, deine so neuen Gefühle neben die bewährten althergebrachten zu stellen, die dich von den Menschen deiner Umgebung her anwehen. Auf dem ersten Irrweg paßt du dich den *Sage-Schablonen* an, auf dem zweiten Irrwege den *Gefühls-Schablonen*. Es dauert lange, lange, bis du die Sage-Schablonen beiseite geschoben hast, es dauert lange, lange, bis du deine Scham besiegt hast, und es kommt der Tag, an dem du fühlst, daß du nun wirklich ein Dichter geworden bist, doch du verschweigst es, du hast zu verschwinden, hast klein und demütig zu werden. Du mußt es, es ist dir ein Bedürfnis. Einem Schriftsteller verzeiht man, daß er Worte benutzt wie das Vogelmännchen die bunten Federn im Frühling, einem Schriftsteller verzeiht man, daß er dann und wann stammelt, nicht sagt, was er sagen will, wie man einem erstverliebten Jüngling verzeiht.

ZWANZIG SCHRITTE VOM SPIEGELBAD entfernt gibt es eine Gasse, nicht aus Häusern, sondern aus Schwitzkabinen gebildet. Eine Schwitzkabine ist so groß wie der Kasten eines Zirkuszauberers. Ein Mensch wird hineingetan, hineingelegt, das bin in diesem Falle ich. Ich werde mit einem kühlen Leinenlaken umwunden, wie gut das tut nach dem heißen, schwefeligen Bad, sodann kommt über das Leinentuch eine Filzdecke, weißer Filz wie der, aus dem die Mäntel gemacht sind, die die Hirten in den Karpaten tragen. Einige Kunstgriffe des Badewärters, ich bin gefesselt, ein schwefeliges Lüftlein erreicht mich von außen, ein kleines Frotteetuch wie ein Kinderlätzchen auf meiner Brust zum Schweißwischen, nicht ich kann es, der Wärter muß es tun. Eine Gardine wird an der Stirnseite meiner Zauberkiste zugezogen, auch wie im Zirkus. Aller fünf Minuten steigt der Wärter ein um nachzusehen, wie weit der Zaubertrick gediehen ist, er wischt mir den Schweiß aus den Augenhöhlen und von der Stirn und sagt *bieteschön*, die Gardine wieder zu. Hinter meinen Ohren entspringen kleine Quellen, Schweißwasser rinnt mir den Hals hinunter und vereinigt sich mit den kleinen Rinnsalen, die auf der Brust entspringen, fließt aus dem Bauchgebirge runter ins Tal und wird vom Laken aufgenommen. Für meine Schweißwässerlein bin ich eine kleine Erde, und ich werd ja wohl auch meine Wolkengebilde um mich herum haben. Nach fünfzehn Minuten geht der Zaubertrick zu Ende, die Gardine wird zurückgeschlagen, ich werde entfesselt, es sind in der Zauberkiste kleine Veränderungen mit mir und in mir vorgegangen. Kein Mensch sieht sie, kein Mensch spendet Beifall, nur ich allein tue es mit etwas mattem Wohlbefinden.

Ich lebe hier ohne Duden, lebe wirklich und wahrhaftig. Ich weiß nicht, ob der Plural vom Mammut Mammuts heißt oder Mammute, so sag ich vorläufig Mammute, das schmeckt meinem Ohr besser. Die Mammute jedenfalls haben dem Menschen ein Zeichen gegeben, doch das Zeichen kam zu spät. Sie haben nicht wissen können, daß der Mensch, der nach ihnen kam, eine Stufe höher im Tierreich rangieren und mit einem Intellekt ausgestattet sein würde. Auch die Mammute hatten Rheuma. Ein Prospekt-Schreiber früherer Jahre behauptete, daß sie *Rhema* bekamen, Verschleißerscheinungen an ihren Knochen, weil sie zu schwer waren. Waren sie schwerer als sie durften, wie wir? Die Mammute haben Piešťany entdeckt, nicht das Piešťany, das wir entdeckten, sondern die Heilkräftigkeit der Quellen, und manchen wars so wohl dort an den Quellen, daß sie nicht mehr weg wollten. Ich wills auch manchmal nicht, ich kann die Mammute verstehen. Piešťany ist eine Sucht, sagt ein Mann aus der Schweiz im Palast-Fahrstuhl zu mir, ein Kurgast, den ich seit Jahren immer wieder hier treff. Aber die Mammute, sie blieben wirklich, sie hatten Zeit, wir behaupten, keine zu haben. Je mehr wir hin und her rutschen und fahren auf diesem Planeten, desto weniger Zeit haben wir. Die Mammute, sie blieben sitzen, genossen die Wohltätigkeit der Schlammquellen, stampften ein paar Kilometer, fraßen und kamen wieder zurück, wälzten sich in der

Suhle und dachten, hier bleibe ich, hier sterb ich, und sie starben, und ihre naive Absicht war eigentlich, mit ihren verblichenen Gebeinen die ihnen nachfolgende Tierwelt, eingeschlossen der Mensch, darauf aufmerksam zu machen, daß es sich hier gut und ohne rheumatische Schmerzen sterben läßt. Aber das wars, sie wußten wieder nichts von Statik, diese Mammute, und sie wußten nicht, daß ihre Gebeine so weit hinuntersinken würden, daß der Mensch erst auf sie stoßen würde, wenn er seinerseits und für sein Rheuma die Thermal-Quellen schon längst gefunden haben würde.

Ich liege im Schlamm aus derselben Quelle, aus der ihn die Mammute damals schon bezogen, Schlamm aus derselben Quelle, aber ich sitz nicht mehr *vor Ort*, der Schlamm wird ein paar hundert Meterchen hergeleitet zu mir. Es hat sich so herausgebildet unter uns, daß wir alles von weither brauchen. Mein Großvater schnitt seinen Besen noch gleich links seiner Hütte von den Birken herunter, wir holen unsere Kunststoff-Besen aus dem Iran und aus dem Norden Afrikas. Die Wege der Dinge, die wir benutzen, werden länger, die Kosten für ihre Anreise zahlen wir so oder so. Nirgendwo im Menschenhirn gibts eine Stelle, an der die Zeiten zusammenschrumpfen, weil es billig und einfach ist, und so höre ich das wohlige Stöhnen der Mammute von vor Millionen Jahren, wenn sie sich im Schlamm der Quelle sühlten, aus der der Schlamm kommt, in dem auch ich mich jetzt wohlig wälze und stöhne vor Wohlbehagen. Der Wärter rollt mich ein und fragt mich, ob ich einen *Erzkillerrr* haben will, eine tellergroße Spirale aus Aluminiumrohr, in der kühles, kaltes Wasser fließt, ein Gerät, das man sich aufs Herz legen lassen kann, um die Trugbilder zu verscheuchen, man versinke nun für alle Zeiten im Moor, und ich wage mich an den Gedanken, daß vielleicht auch einige der Mammute, deren Knochen man fand, in den Quellen ihrer

Heilung starben, weil ihnen niemand einen *Erzkillerrr* reichte.

ICH BESCHREIBE HIER EINEN ORT, das ist wahr, aber es könnten Leute kommen, die am selben Ort waren und mir vorwerfen, das stimme nicht. Das aber wäre nicht wahr, und so sage ich es gleich, der Ort, den ich beschreibe, liegt in mir.

WIR SITZEN AUF DEM DAMM, unter uns liegen die Wiesen, die Sterne des Nachthimmels sind auf sie niedergefallen, der Löwenzahn blüht. Durch die Wiesen strömt die *Váh*, ein eiliger Fluß. Er bildet Wirbel, er bildet Strudel, Schwimmer berichten von Untiefen, Ortsansässige berichten von vielen, vielen Menschen, die die Váh mitriß und zu Toten machte.

Wir reden vom Tod. Ich möchte nicht im schwarzen Anzug und mit Pappschuhen begraben werden, sage ich zu meiner Geliebten. Weshalb nicht. Das ist mir zu naturalistisch. Meine Geliebte fängt an zu lachen. Wickelt mich in ein Leinenlaken, sag ich, das ist leicht abzulegen, laßt mich barfuß, denkt daran, daß Pappschuhe beim ersten Regen sowieso durchweicht sind. Meine Geliebte lacht. Das weiße Laken aber, sag ich, werd ich ablegen und schwenken, wenn ich da irgendwo die Wahl zwischen Himmel und Hölle habe. Meine Geliebte wird ernst. Die Sonne steht schräg, auf den Wassern der Váh hüpfen die Spiegelkätzchen, flammen auf, zwinkern und versinken.

EINE LIEBE LIEBESGESCHICHTE ereignet sich soeben. Nicht weniger spannend als im Kino. Das Inselvölkchen nimmt Anteil. Eine Liebesgeschichte *in natura*, naturalistisch, und doch auch wieder romantisch. Eine schöne Slowakin, blond, schlank, grazil, nennen wir sie Jarmila. Überhaupt sind die

Mädchen hier schön. In einem Märchen haben außer Hexen und bösen Stiefmüttern nur schöne Mädchen etwas zu suchen. Ironie beiseite. Jarmila ist schön, es ist, als ob eine Melodie in ihr erklänge, nach der sie sich bewegt. Die Hände einer Masseuse, stellt sich, wer nicht Bescheid weiß, muskulös und derb, fast männlich vor, doch das ist im allgemeinen nicht der Fall. Jarmilas Hände sind besonders schön und schlank, und sie haben soviel Gutes getan, sie haben auch mir Gutes getan. In jedem Mai nehmen sie mir die Kopfschmerzen, deren Wurzel in meinem Nacken steckt. Jarmilas zarte Daumen massieren sie mir hinweg, und auch das tun sie wie nach Musik. Für ein halbes Jahr mindestens sind sie verschwunden. Wohin hat Jarmila sie mit ihren Feen-Händen befördert?

Hätte ich nicht meine Geliebte, deren Hände noch besser zaubern und mir sogar Schmerzen aus der Stirn streichen, die mir ungeschriebene Geschichten oder Geschichten, die sich nicht fügen wollen, bereiten, so würde wohl auch ich mich in Jarmila verliebt haben.

Es verliebten und verlieben sich zu viele Männer in Jarmila, und sie wehrt ihnen nicht. Zu viele Männer meines Alters vergessen schon nach zwei Wochen, daß sie ihre Geliebten, die ihnen die seelischen Schmerzen wegzaubern, daheim ließen, und verlieben sich in Jarmila. Wie geht es Ihnen heute, Herr Fliederrrbusch? Schon besser, ist die Antwort des Herrn Fliederbusch. Keine Schmerzen in Kopf mehrrr? Fast gar nicht, fast überhaupt nicht mehr, sagt Herr Fliederbusch, und es geht ihm vielleicht noch gar nicht so gut, und seine Kopfschmerzen sind noch wie früher. Er ist erst drei Tage auf der Insel, bekommt seine zweite Reflex-Massage von Jarmila, aber er ist auf dem Wege, sich in Jarmila zu verlieben, er sieht, fühlt und hört seine Kopfschmerzen nicht mehr, er sieht, fühlt nur noch Jarmila, die sich vor alle Schmerzen gestellt hat, und das

Schlimmste ist, er sieht auch seine Freundin nicht mehr, der Herr Fliederbusch, seine Freundin, mit der er anreiste.

Herrn Fliederbusch lief die Frau weg, sie lief ihm aus der Tankstelle, die Herr Fliederbusch in der Nähe von Bamberg betreibt. Eine private Tankstelle, es ist ein Tankwärter da, und Herr Fliederbusch ist da, aber es geht trotzdem nicht ohne die Frau, die die Buchführung macht und die Einnahmen zählt, die selber für Stunden an der Tanksäule steht, wenn der Tankwart oder Herr Fliederbusch selber Mittagspause machen. Aber es muß ihr nicht gefallen haben, der Frau Fliederbusch, sie lief weg, sie ließ sich scheiden. Vielleicht tankte wer oft und immer öfter zur Mittagszeit bei der schönen Frau Fliederbusch, der ihr andere Dinge versprach als Benzinzapfen und Geldzählen. Kinder waren nicht, sagt Herr Fliederbusch. Andererseits für die Zwecke, für die Herr Fliederbusch eine Frau benötigte, läßt sich leicht Ersatz finden. Eine Freundin fand sich, doch das erste Rheuma des Herrn Fliederbusch, der jetzt achtundvierzig Jahre alt war, fand sich auch ein, und Herr Fliederbusch reiste hierher auf die Insel, und er nahm die Freundin mit, weshalb soll sie es nicht einmal schön haben. Kinder waren wieder nicht, mit einer Freundin hat man keine Kinder zu haben.

Aber da war nun Jarmila. Sie ist nicht ungeübt im Umgang mit Männern aus der großen Fremde, aus der Großen Fremde, in der die breiten Autos wachsen, mit denen man sonntags nachmittags die schmalen Straßen verstopfen kann, die über die Hügel führen, jene Autos, die so schwer zu überholen sind, die einem fast zur Pflicht machen, hinter ihnen zu bleiben und sie anzustaunen. Jarmila, ach, sie ahnt was von der Welt, in der hundert Mark soviel wert sind wie neunhundert Kronen hierzulande, ach, das ahnt sie nicht nur, das weiß sie. Aber was geschehen muß und wie man leben muß, damit hundert Mark soviel wert sind wie neun-

hundert Kronen hier, das ahnt sie nicht. Sie ahnt, wieviel
Abend- und Sonntagsfrieden es allüberall in den Dörfern
ringsum und selbst auf der Badeinsel noch gibt, wieviel
schlaflose Nächte und wieviel Egoismus aber dazu gehören,
damit hundert Mark im fremden Lande soviel sind wie
neunhundert Kronen hier, ahnt sie nicht. Ihr Daumen hüpft
und gleitet zugleich zum Rückgrat des Herrn Fliederbusch
hinauf, und es ist, als ob ihr Daumen die einzelnen Wirbel
des Herrn Fliederbusch zählt. Wenn sie oben im Nacken
angekommen ist, dreht der Daumen und gleitet wieder
zurück, so als hätte Jarmila sich verzählt, so als wolle sie
ganz genau Bescheid wissen, worüber Herr Fliederbusch im
Rücken verfügt. Herr Fliederbusch liegt auf dem Bauch und
hat die Augen geschlossen, und er weiß, daß Jarmila mit
dem Massieren seiner Rückenwirbel seine Kopfschmerzen
immer weiter in jene Bereiche zurückdrängt, in die alle
Schmerzen gehen, die uns verlassen, und er sagt ein wenig
wollüstig stöhnend, daß er es gern alle Tage so hätte, dieses
Massieren und die Gewißheit, daß seine Schmerzen davon-
gehen. Jarmila lauscht, und sie greift ein wenig auf ihre
Wohlerfahrenheit mit Männern jenes Alters zurück, in dem
Herr Fliederbusch steht. Sie geheiraten? fragt sie. Und Herr
Fliederbusch versteht sogleich, was er gefragt wird, während er der älteren Kellnerin im Hotel übelnimmt, wenn sie
ihn fragt: Sie zufrieden, Spiegeleier? Ob ich mit meinen
Spiegeleiern zufrieden war, sagt er dann verbessernd, aber
hier oho und hier, wie froh kann er behaupten, daß er nicht
verheiratet ist, und er geht über die Antwort hinweg, die
ihm abgefordert wird, und er erklärt, daß das, was er hier
abends an seinem Arme auf der Insel spazierenführt, nicht
seine Frau, sondern seine Freundin ist. Es ist nicht zu erkennen, wie Jarmilas Meinung dazu ist, wenn man veran-
schlagt, daß sie Herrn Fliederbusch an diesem Tage besonders lange und gut massiert, kann man sichs wohl denken.

Wer je eine heimliche Verliebtheit zu verbergen trachtete, weiß, daß es ihm mißlang, und er weiß, daß es auch Herrn Fliederbusch nicht gelang. Er tanzte zu oft und zu innig in der Bar des Hotels mit Jarmila, und obgleich er immer wieder, wenn er an den Tisch zu seiner Freundin zurück-kehrte, von seiner Masseuse sprach wie von einem Dienst-mädchen: es gelang ihm nicht zu verbergen, was ihm Jar-mila war.

Jetzt dürfen wir schneiden wie im Film, und wir brau-chen nur das Mundglas zu zeigen, das an der Wand des Zimmers von Herrn Fliederbuschs Freundin zerschellt, und wir tun noch einen Blick in einen geöffneten Koffer, in den einige Dinge unsachgemäß hineingeworfen werden. Ein unzusammengelegtes Nachthemd zum Beispiel, ein paar rote Badepantöffelchen und die Badekappe mit den Rosen obenauf, die jetzt nach Schwefelwasser duften.

ZWISCHENNOTIZ:

Ein Gewitter wälzt sich um die Badeinsel herum, nimmt scheinbar Anstoß an der aufgewellten Váh, geht zurück und setzt wieder an. Blitze reißen für Sekündchen *Muster* in den halbnächtigen Himmel, Muster, wie sie die Dörre der Zeit in die ölgemalten Himmel auf den Gemälden der *alten Meister* reißt. Die Blätter der Platanen klappern leise, die Türkentauben tuten aus den blühenden Kastanien und den anblühenden Linden, wie viele Nester in einem Baum! Man wird gewahr, daß die Taubenschläge, wie sie früher auf alten Bauernhöfen standen, nachgebaute Bäume für die zahmen Haustauben sind. Noch betteln die *Zigeuner* unter den *Möwen* fern ihrem Reservat an der bedachten Brücke herum, noch fliegen die Schwalben hoch, aber die Amsel singt nicht, obwohl jetzt ihre Stunde ist, auch die Nachti-gall schlägt nicht an.

Es fügt sich, daß ich hier auf der Badeinsel den *Malte* von *Rilke* und *Die Welt der Guermantes* von *Proust* parallel lese. Man weiß nicht, welches der Bücher (von Proust sind es ja sieben) das tiefste ist oder die Spitze von allem hält, was man bisher in der Prosa las. Aber eines hebt sich deutlich ab: Rilke ist klarer, keinerlei Duldung von etwas Verschwommenem, und man wird wohl ihm die *Palme* geben müssen, denn etwas, was sich tief innen im Menschen abspielt, klar zu sagen, ohne es zu zerstören, ohne es im *Gestabbel* zu ersticken, ist wohl das Höchste, was man in der Wortkunst erwarten darf.

Übrigens lese ich den *Malte* nicht zum ersten Male, aber diesmal bin ich ihm so nah gekommen wie nie zuvor, ob ich ihm mit achtzig noch näher sein werde, ob er mir in der Zwischenzeit so nah geworden sein wird, daß ich ihn nicht mehr brauche, ahne ich nicht.

Dritte Zwischennotiz:

Im Spätmai ists, als ob das kleine Napoleonbad von Glyzinien getragen wird, die an den Pfeilern seines Vordachs emporranken, Pfeiler von Glyzinien umrankt, von Glyzinien zusammengehalten, und wenn mans technisch ausdrücken will, von Glyzinien *isoliert*, und wer dann den Wandelgang benutzt, geht hinter einem Gehänge von blauen Blütentrauben ins Bad hinein, in das man eingeladen wird, um auf kurzem Raum hin- und herzuschwimmen, wenn es regnet und wenn die Freibäder in den Gärten der Paläste die Wetter auf einen *herablassen*, Hagel zum Beispiel auf meine *Glatze*, wie es schon geschah.

Und Napoleon, was hat er zu tun gehabt mit diesem Bad, das seinen Namen trägt? Nichts, sagen die einen. Er ist hier nicht durchgekommen, hindurchgezogen, er hat hier in keinem Schlammloch gesessen, sagen die einen. Doch, es wäre durchaus möglich gewesen, sagen die anderen. Napoleonbad, sagte mir ein alter Tierarzt, ein tüchtiger Kerl und Willensmensch, von dem man wußte, wos herkam, Napoleonbad, nur Napoleonbad, es geht nichts übers Napoleonbad. Es ist ein wenig wie bei Goethe in der *Weimarer Gegend*, wo er da nicht überall gewesen sein soll, und er ists vielleicht auch. Er war, wie man weiß, recht neugierig, der Herr Geheimrat, und in seinen jungen Jahren lockten ihn und den Herzog gar die Mädchen bis in die Dörfer. Uns jedenfalls sollte belustigen oder nachdenklich stimmen, wie die Zeit einen ein für allemal groß macht, der groß war, denn zu seiner Zeit wußte man dem Großen durchaus allerlei nachzusagen, was ihn verkleinerte. Aber wie er mit den Frauen umging, aber wie überheblich er war, und der *delikateste* aller Tadel, oh, er kennt aber seinen Wert, den kennt er, das muß gesagt sein.

WEITER MIT JARMILA UND HERRN FLIEDERBUSCH. Herr Fliederbusch und seine Freundin erscheinen vor den Kurgästen im Eßsaal wie immer und wie zuvor. Sie sehen, daß Herr Fliederbusch seiner Freundin einen Stuhl zum Platznehmen unterschiebt wie gehabt, doch sie nehmen nicht wahr, daß er ihn nicht nachschiebt, als die Freundin nicht ganz tischgerecht sitzt, sie muß es allein tun. Die Kurgäste sehen Herrn Fliederbusch und seine Freundin am Tisch sitzen und auf das Erscheinen des Essens warten, die Fliederbusch-Freundin mit aufgestützten Ellenbogen, das Kinn auf die Oberfläche der rechten Hand gelegt, und daß die beiden hin und wieder einen Satz wechseln, sehen die Kurgäste, aber sie nehmen nicht wahr, daß es heute nurmehr fünf Sätze sind und keiner mehr, daß Herr Fliederbusch an Jarmila denkt, mit der er etwas Heimliches ausgemacht hat, und daß die Fliederbusch-Freundin immerzu denkt, ob es wirklich zu Ende ist mit denen.

Und Herr Fliederbusch und seine Freundin fahren miteinander heimzu in die Bamberger Gegend, zu zweit und sogar ein bißchen eingehakt auf die Letzt noch, und alles, was dann geschieht, sehen diese Kurgäste, die nun hier sind, nicht mehr. Sie sehen nicht, daß sich Herr Fliederbusch in der Bamberger Gegend von seiner Freundin trennt, weil er keine Zärtlichkeiten mehr für sie übrig hat, zuletzt auch nicht einmal mehr Sympathie, weil er alles, was ein Mann seiner Freundin entgegenbringt, aufspart für Jarmila.

Jarmila bekommt Briefe mit Treue- und Liebesschwüren von Herrn Fliederbusch, doch sie spart nichts auf, sie hat ihre Erfahrungen, gibt ihre Zärtlichkeiten und Sympathien aus und nur an einen, der aus dem reichen Wunderlande kommt.

Die Weihnachtszeit kommt, und die kleine Kirche, dort wo die bedachte Badebrücke zum Sprung zur Bade-Insel ansetzt, ist verschneit, und der Duft der Advent-Kerzen umsteht sie während der Andachten, an denen auch Jarmila ab und zu teilnimmt.

Um die Weihnachtstage trifft Herr Fliederbusch ein. Er hat es Jarmila geschrieben, doch sie hat es nicht geglaubt. Herr Fliederbusch bringt goldene Ringe ohne Stein mit, runde breite Goldringe, mit denen ein Mensch in unseren Breiten anzeigt (wenn er einen davon auf dem vierten Finger, vom Daumen aus gesehen, trägt), daß er nicht allein und wie ein verirrtes Lamm in den Bergen umhersteigt, sondern daß ein zweiter Mensch, eine Menschin, zu ihm gehört und umgekehrt. Herr Fliederbusch und Jarmila verloben sich in Jarmilas Zimmer im Badestädtchen. Eine Verlobung ist noch keine Heirat. Jarmila will ihren Eltern und Großeltern im Dorf nahebei Enttäuschungen ersparen, eine so gute Tochter ist sie ihnen doch noch geblieben.

Und dann ists wieder Mai, der Monat, in dem die meisten Pflanzen in unseren Breiten blühen, der Monat, in dem die

Menschen anfangen zu glühen, und die Mai-Kurgäste sind wieder auf der Bade-Insel, auch Herr Fliederbusch stellt sich ein, nicht zur Kur übrigens, sondern um Jarmila heimzuholen. Acht Tage lang lockert er an den behördlichen Bändern, mit denen Jarmila an ihr Land gebunden ist, besucht Ämter und führt Verhandlungen, zwischendrein geht er in den Badepalast, in dem er Jahrs zuvor mit seiner Freundin war, erholt sich ein bißchen von den Amtsgeschäften, in die ihn seine Liebe zu Jarmila gestoßen hat, und er trifft in der Halle in den großen Sesseln, in denen man versinkt bis zu den Ohren, einen Kurgast, der auch im Vorjahr da war, und sie kommen ins Gespräch. Nein, nicht zur Kur dieses Jahr, sagt Herr Fliederbusch, er holt seine Liebe heim, ja, Jarmila, ein Mädchen wie gemalt und das für mich bei meinen achtundvierzig Jahren, dieses blonde lange Haar, dieser Gang, wenn sie geht, springen die Viertel- und Achtelnoten einen an, vielleicht haben auch Sie sie gesehen in der Massage drüben und im Napoleonbad, Sie wissen. Und der Herr aus Hamburg mit dem langsamen Lachen, er bestätigt alles, was Herr Fliederbusch von Jarmila zu sagen weiß. Sie haben sie also gesehen, ruft Herr Fliederbusch und möchte den Herrn aus Hamburg am liebsten umarmen. Der Herr aus Hamburg lacht etwas rascher, nicht nur gesehen hat er Jarmila, aber das sagt er nicht. Und Herr Fliederbusch seufzt wieder über die vielen Schwierigkeiten, die ihm auf den Ämtern gemacht werden, Jarmila zu *exportieren*. Und der Herr aus Hamburg lacht wieder sein langsames Lachen. Trotzdem sollten Sie sich beeilen, damit nicht noch andere Schwierigkeiten dazwischenkommen. Er meint, was er sagt, zweideutig, aber Herr Fliederbusch nimmt es eindeutig. Er zahlt und holt seinen Hut aus der Garderobe und ist ein bißchen böse mit sich, daß er hier herumsitzt, anstatt eifrig daran zu arbeiten, Jarmila loszukaufen.

Und einen Tag später hat er sie.

Schlammbad. Ein Gebäude mit weiblichem Namen, Irma heißt es. Du weißt nicht, ob du seine Kuppel mit der einer Moschee vergleichen sollst oder mit einer Baumknospe vor dem Aufspringen, vor jenem Augenblick, da Sonne und warme Luft zusammen zu der Knospe sagen: jetzt. Und auch in anderer Hinsicht würde der Vergleich stimmen. Die knochenmüden Menschen kriechen wie Ameisen unten in den Knospengrund hinein, und dort unten am Grunde stehst du einem Erdmund gegenüber, einem von den vielen, aber dies ist einer, der etwas ausspeit, was du gemeinhin Schmutz nennst, Schlamm, heilender Schlamm. Hier an dieser Stelle hat schon das Mammut sich gebadet, und einige von denen, deren Herz schon zu schwach war für diese Erdkur, die liegen vielleicht jetzt noch unter dir, versunken. Und deine Ururahnen, die das Mammut jagten, bekamen es hier bequemer zu packen als anderswo, und die älteren von ihnen kamen drauf, daß hier für ihre rostangenagten schmerzenden Knochen Heilung ward, was ist das Rheuma, über dessen Ursprung dir die Mediziner noch immer nichts sagen können, was ist es anderes als ein Rost deiner Gebeine hinterm Fleische.

Bunt leuchtet die Kuppel von der Insel herunter ins Städtchen hinein, die Kuppel, die die Bäder-Erbauer über den Erdschlund stülpten, aus dem der Heilschlamm quillt. Innen aber ist sie eine große, dunkle Grotte, sie hat was Heiliges, nicht nur was Heilendes für dich. Alle, die in diese Grotte und in den heißen Schlamm hinuntersteigen, werden unwillkürlich zu Betenden, ihre Gesichter werden andächtig, all ihre Gefühle vereinigen sich zu einem großen Lauschen auf das hin, was der Schlamm mit ihnen betreiben wird. Dämmerdunkel herrscht, ich sagte es schon, und die blauen Kacheln, die die Grotte für einige Meter hoch verschönen oder zivilisieren sollen, können nicht gegen die große, graue Kuppel an, die mit einigen Fenstern versehen ist, weil man wollte, daß auch das Taglicht und die Sonne mitwirken beim Mysterienspiel der Heilung. Allein die Dämpfe, die aufsteigen, ließen es nicht zu. Die ganze obere Kuppel ist wie bedeckt von einem Schorf aus Moosen, du kannst es nicht nachprüfen, aber es sind kleine Kristalle, die sich aus den Dämpfen absondern und pflanzliches Leben vortäuschen. Vielleicht sind in diese pflanzliche Vegetation auch die Schmerzen eingeschlossen, die gewesenen Schmerzen der Menschen, die hier badeten. Wer kann das Gegenteil beweisen?

Und jetzt wieder zu Jarmila und Herrn Fliederbusch. Wir leisten uns wieder einen Filmschnitt: Nichts in der Stadt verrät (oder täuscht man sich), daß hier einst auf der Bäder-Insel ein Mädchen namens Jarmila mit seinen zehn Fingern schmerzleidenden Menschen Linderung verschaffte. Es sind andere Mädchen nachgerückt. Es ist, als ob in diesem Städtchen die Heilquellen auch gleich jene Menschen aus der Erde mit heraufbringen, denen es obliegt, die Anwendung und die Dosierung der warmen Gewässer und des Schlamms zu bestimmen. Jarmilas Zimmer in der Stadt, in dem sie gute Stunden mit Herrn Fliederbusch (und nicht nur mit dem) verbrachte, ist wieder besetzt. Ein anderes Mädchen wohnt in ihm. Jarmilas Fluidum zieht Tag für Tag und Quant für Quant zum Zimmer hinaus, im Dorf nah beim Städtchen sitzt die Großmutter auf der Hausbank vor der Tür, und sie zeigt mit der braunen, fast lederigen, etwas müden Hand nach Norden, wenn sie nach Jarmila gefragt wird. Bei der Alten ist Jarmila noch das Enkelchen und dorthin, dort ging sie.

Zwischennotiz:
Mir ist, als ob alles, was ich hier *roh* diktiere, jede einzelne Bemerkung über Menschen, Zustände und Gegenstände in

der Welt zu beginnen hätte, die wir schlechthin die *wirkliche* nennen, aber dann zu der Welt hinführen müßte, die wir die *unwirkliche* nennen, nur weil wir zu wenig oder noch gar nicht oder nicht im genügenden Maße über sie nachgedacht haben, um sie als die *wirklich wirkliche* Welt zu empfinden. Ja, damit müßten sie ausgehen, die Bemerkungen. Kurzgeschichten, kleine Welten in sich, und als *Pointe* das Erheben ins *wirklich Wirkliche*. Ein etwaiges Muster dafür wäre die Anmerkung, die wir vorhin das *Schlammbad* nannten.

UND SCHON WIEDER HABEN WIR UNS EINEN FILMSCHNITT in Jarmilas Geschichte geleistet, wenn auch einen kleinen. Nichts zu hören von Jarmila, nichts zu hören von Herrn Fliederbusch auf der Bade-Insel. Ein Kurgast, der jährlich aus dem nördlichen Land auf die Bade-Insel fährt, sieht Jarmila in der Tankstelle in der Nähe von Bamberg Geld vereinnahmen. Sitzt dort nicht das Mädchen, die Frau, deren zehn Finger ihm einmal wohlgetan haben? Diese Ähnlichkeit, frappierend.

Eine Zeit vergeht, ein zweiter Kurgast verhält nicht beim Staunen über die Ähnlichkeit von Jarmila mit Jarmila. Knüpft ein kleines Gespräch an. Jarmila? Fragt er. Geht es Ihnen besser in Gesundheit jetzt? fragt Jarmila. Eindeutigkeit, ein kleiner Spätkolumbus kommt zu seiner Entdeckerfreude. Jarmilas Daumen gleitet über das Kleingeld, in das sich die Kaufsumme dieses Badegastes am Ende zerfranst, wie dennmals über die Rückenwirbel dieses Mannes, als er ihr Patient war.

Und Herr Fliederbusch? Er ist sich ein wenig ungut. Gleich wird er fünfzig Jahre alt sein, denn sein Geschäft ist in Unordnung geraten, in ziemliche Unordnung. Er ist damals mit der Freundin ins Bad gereist, und das, was man landläufig die Liebe nennt, hat ihm eine Schlinge gestellt. Er ist in die Schlinge gegangen, er ist um Weihnachten schon ein zweites Mal ins Bad gereist, um sich mit Jarmila zu verloben, und er ist wieder gereist, um Jarmila zu holen, er hat sich Vertretungen leisten müssen, und sein *Umsatz*, jenes Etwas, das sich im Hinauf und Hinunter von Geldsummen ausdrückt, das einmal zufriedenstellend und einmal verheerend wirken kann wie ein Atom, ist zurückgegangen, hat sich unliebsam bemerkbar gemacht. Der *Umsatz* und *die Liebe* oder das, was man so nennt, scheinen in Korrespondenz miteinander zu stehen. Und ein Geschäftsmann vom Format eines Herrn Fliederbusch scheint sich nur einen kleinen Liebeswind, keinen Liebessturm leisten zu können.

Und Jarmila, sie sitzt in ihrem Glashäuschen und liest auf der kleinen Mattscheibe am Pult Zahlen ab, die sich in die Höhe bewegen, immer in die Höhe, Zahlen, die sich zusammenfassen und behaupten, sie wären Summen, und Jarmila hat auf die Behauptungen zu vertrauen, sie kassiert, wenn die Zahlen aufhören in die Höhe zu gehen, sie muß die Selbstzapfer nicht bitten zu bezahlen, was sie an Benzin und Öl aus den unterirdischen Tanks zapfen. Sie hat nur Danke zu sagen, zu nehmen, wenn die Summen glatt sind, und herauszugeben, wenn die Zahlen auf den Geldscheinen und die Summe auf dem Sichtpult nicht übereinstimmen. Es gibt Augenblicke, da niemand an ihrem Fensterchen erscheint, da sie auf die Autobahn hinaussieht, auf deren eine Seite, und dorthin schaut sie immer, dahin, wo sie einmal herkam, und sie denkt (verzeihen wir es ihr, Gott hats ihr schon verziehen), rheumakrank wird er nie wieder, rheumakrank, und sie meint Herrn Fliederbusch.

ZWISCHENNOTIZ:
Die Schwalben sind gekommen. Es sind kleinere Schwalben, ohne die gegabelten Schwänze wie jene in der Heimat, Rauchschwalben. Die meisten von ihnen müssen neu be-

ginnen. Die Stürme, die Herbststürme, die die Váh herunterfuhren, und die städtischen Parkarbeiter (du nimmst es an) haben die Nester der kleinen Afrikanerinnen heruntergewischt, wie man anderwärts die Spinnenweben wegwischt. Die Schwalben fliegen vor dem Nichts, sie stehen ja vor dem Nichts, wie man in der Geschäftswelt so gern zu sagen pflegt. Als ob der Mensch nicht alles hätte, wenn er nur sich hat. So auch die Schwalben, sie haben sich, und sie fangen sogleich an, ihre kugeligen Schwalbenkrals zu bauen, an *Modder* und Schlamm ist kein Mangel, Häuschen aus Heilschlamm. Wo nur ein Käntchen oder nur eine Unebenheit unterm Dach einen Ansatzpunkt abgeben, dort wird gebaut. Am Eingang der überdachten Brücke, dort wo sie noch ein paar kleine Läden mit über das Wasser nimmt, und am Ausgang dieser Brücke, wo wieder ein paar kleine Läden einen aus der Stadt anreisenden Badegast auf das hinweisen, was er auf der Insel so brauchen wird. Briefmarken, Geschenke, Reiseandenken, Zeitungen. Dort überall bauen die Schwalben mit viel Geschwätz, und es ist, als ob nicht nur der ausgetrocknete Schlamm, sondern das beigemischte Gezwitscher der Vögel die Festigkeit des Nestes garantiert. Das Lied von der Frau Schwalbe, die eine Schwätzerin ist, das du in der Schule lerntest, fällt dir ein. Und du hörst die Stimme deines Dorflehrers, der dir dieses Schwalbenliedchen beibringt, die rauchige Singstimme des Lehrers, der ein Sorbe ist, die mit Kratzen untermischten Geigentöne, die der Lehrer mit dem Fiedelbogen aus seiner Geige, die er unterm Kinn hält, schabt, und du hörst es noch heute (ists nicht ein Wunder), daß Lehrer, Stimme und Geigenton sich nie ganz trafen, obwohl sie vom selben Menschen ausgingen, aber der eine eben von der Kehle gefertigt und der andere von zwei Händen.

Die kleinen Schwalben bauen ihre Nester aus Schlamm, kleben sie auch an die Decke des baldachinartigen Gangs zum Palast, der von Anfang an ausersehen ist, zwiefach Dienst zu tun, und sein erster Dienst ist, den aus dem Park eilenden Kurgästen ersten Schutz vor dem nahenden Regen zu gewähren, um sie auf die Heimatlichkeit, das Drinnen des Palastes einzustimmen. Der andere Dienst, den der Vorbau zu leisten hat, ist der: auf seiner oberen Seite eine kleine Bühne zu sein, auf der sich in vergangenen Zeiten Exzellenzen zeigten und wo sich wieder Exzellenzen zeigen, wie sich herausstellt. Die Politiker aller Länder und Systeme geizen nicht damit, sich untereinander *Exzellenzen* zu nennen.

Aber unter dieser Bühne die Schwalben, die ihre Nester bauen, das heißt, sie wollen es, sie dürfen nicht, und sie dürfen nicht, weil sie die Bestimmung des Eingangs als Schutzdach zunichte machen, weil sie die Gäste, wenn sie schon Schutz vor dem Regen fanden, ungebührlich mit weißem kalkigem Regen bedenken. Was einen *Protestregen* nach sich zieht, denn die Gäste aus den westlichen reichen Ländern können verlangen, daß sie für ihr *hartes Geld* nicht von Schwalben beunfladet werden, diesen kreischenden Flöhen der Luft.

Die Hotelleitung ist gezwungen, den Ausgesandten Afrikas den Krieg zu erklären. Einmal, als du ins Hotel kommst, ist die Unterseite des Baldachins, eben dort wo die Schwalben schon ansetzen ihre Nester zu bauen, mit vielen, vielen bunten Kinderluftballons farbig und unruhig gemacht, und die Ballons erproben die kleine Freiheit, die ihnen ihre Schnüre belassen, pendeln hin und her, an ihrer Bewegung und ihren schreienden Farben soll die Lust der Schwalben, ihre Nester zu bauen, zerbrechen. Aber es zeigt sich, daß die Hotelleitung den Mut, der in den kleinen Schwalbenherzen sitzt, nicht einkalkulierte, sie fliegen gegen die roten Sonnen, die blauen Monde und die grünen Kometen an. Sie haben hier schon ihre Heimstatt, und wenn es nur ein

Rändchen ist, auf dem sie eine geringe Lage Schlamm ansiedelten. Sie fahren mit den Schnäbeln gegen die Ballons, man hört die Ballons platzen, und die Schwalben fahren zurück, erkennen alsbald ihren Sieg, fliegen wieder an, und so platzt Ballon nach Ballon, und es hängen traurig lappige Ballonhüllen an ihren Fäden vom Baldachin, sie bewirken, daß die hohe Leiter ein zweites Mal am selben Tage herangeschafft werden muß, um das Schlachtfeld von den Ballon-Leichen zu räumen.

Der Krieg gegen die geflügelten Sendlinge Afrikas wird taktisch umgestellt. An jedem Morgen (den früher Gott werden ließ) kommt einer der Hausdiener mit einem langgestielten Besen, als wollte er die niederen Wolken vom Himmel fegen, er putzt das Tagwerk der Schwalben hinweg, nimmts hin, daß er beschimpft wird von den kleinen Seglern, die Katze, die links im Buchsbaum ihre Jungen hat, siehts, daß seine blaue Livree von oben herab vielfach weiß gestempelt wird. So jeden Morgen und jeden Morgen, eine Woche lang und länger. Aber dann sagt das Blut, das in den kleinen Schwalbenleibern fließt, zuweilen Instinkt genannt, daß sie nicht länger säumen dürfen, wenn sie sich hier im Land, das für sie ein nördliches ist wie das Land um Bamberg für Jarmila, vervielfältigen wollen. Sie müssen Sorge tragen, daß ihre Art nicht ausstirbt, und sie müssen anderswo bauen. Hier am Palast-Baldachin hat der Mensch sie mit dem Kampfstoff Zeit besiegt, aber nur hier.

ZWISCHENRUF:
Ein guter Tag, ich hör wieder einmal die Grillen und Heuschrecken.

ZWISCHENNOTIZ:
Was nun? Ich stelle fest, daß die Glyzinien die Pfeiler am Vordach des Napoleonbades wohl stützen, aber nicht um-

schlingen, und ich stelle fest, daß die Kuppel des Schlamm-bades Irma einen rosa Anstrich hat, der nicht mit einer Baumknospe, aber auch nicht mit einer Rosenknospe zu vergleichen ist. Stoß ich hier auf den Umstand, daß sich et-was, was ich anblickte, in mir schon umgestaltete, und daß ich das Ergebnis dieser Umgestaltung, die in mir statthatte, hinschrieb. Habe ich das Recht, mich zu korrigieren, bin ich Geograph oder Reise-Schriftsteller? Soll ich mich an die Leser halten, die meine Umgestaltungen der Wirklichkeit hinnehmen und sich ihrerseits meine Märchenstadt nach-bauen, oder soll ich auf der Seite jener Leser sein, die hier umhergehen und was ich sah anders sehen als ich und mich der Ungenauigkeit, wenn nicht gar der Lüge bezichtigen.

Zwischennotiz:
Über meinem Zimmer auf einem der Türmchen des Jugend-stil-Palastes sitzt seit einer Stunde ein Türkentäuber und läßt aller zwei Sekunden sein Tuten hören, und das ist ein Laut, wie er entsteht, wenn du deine Fäuste hohl zusammen-legst und in den Ritz, den die beiden aneinandergelegten Daumen bilden, hineinbläst, es ist der Ton einer Okarina. Es ist nicht immer das gleiche, was der Türkentäuber mit sei-nem in wohlgesetzte Abstände gehaltenem Tuten erreichen will. Dieser hier antwortet einem anderen Täuberchen, das genau in den Intervall, der zwischen den zwei Sekunden liegt, sein Tuten hineinlegt. Beide Täuber bewachen ihre Weibchen. Einer warnt den andern davor, in sein Nistgebiet einzudringen. Kriegsruf oder Warnzeichen vor möglichen Kriegen?

Ein andermal aber kann das Getön eines Täubers bedeu-ten, daß er sein Weibchen zur Paarung lockt, daß er sich eben dieses Weibchen, das Genist, die Eier, die Brut und die Nachkommen aus dem zusammenbläst, was gemeinhin das Nichts genannt wird. Und er bestimmt mit seinem Liebes-

laut und ahnt schon voraus, was er jetzt tut, nämlich das
Werk zu schützen, auf das er sich einließ.

Und was hört man von Herrn Fliederbusch? Man
hört, Herr Fliederbusch übergab die Nachricht selber in
verschiedenen Worten, die er in die Ohren eines Vorüber-
fahrenden ließ, und der Vorüberfahrende faßte das Gehörte
wieder in Worte und ließ es in die Ohren eines anderen, die
Nachricht nämlich (dieses Etwas, das sich noch nicht einmal unter dem Elektronenmikroskop sehen läßt, nur in auf-
und absteigenden Zahlenreihen), daß der Umsatz sich fe-
stigte, sogar anstieg, und Herr Fliederbusch starrt auf diese
Zahlen und versucht das unsichtbare Etwas mit heraustre-
tenden Stirnadern Monat und Monat noch etwas höher zu
schieben. Er leistet sich weniger oft Vertretungen, er geizt
damit, und Kinder sind wieder nicht, sagt Herr Fliederbusch und meint herausgefunden zu haben, daß auch die
umsatzfeindlich sind, besonders in seinem Alter. Und
wozu Kinder, sagen Sie selbst, fragt er. Und Rheuma? Nein,
Rheuma hat er nicht mehr, oder er achtet nicht so darauf.
Etwas Ischias, das ja. Aber den heilt er billig in Spanien.
Einmal im Jahr große Ferien, Sie wissen. Alles mit einem
Abwaschen, mit einer Vertretung, meine ich, sagt er.

Und Jarmila, was hört man von der? Die Großmutter mit
dem weißen Kopftuch auf der Hausbank vor dem niedri-
gen Haus weist immer noch mit der ledergelben Hand nach
Norden, wenn sie nach Jarmila gefragt wird. Gut gehts ihr.
Und Jarmilas Mutter kommt hinzu, sie schon ohne Kopf-
tuch, auch sie braun und zäh und etwas angedörrt von der
Gartenarbeit, hat alles, kriegt alles, sagt sie von Jarmila,
sitzt in einem Glashaus und zählt Geld, tanzt in gräflichen
Kleidern, fährt ins Land der Spanier, sühlt sich im heißen
Sand, ißt scharf und trinkt süß. Eigenes Haus, natürlich.
Kinder? wird gefragt. Sie hat lange nicht geschrieben, sagt

97

die Mutter, die Zeit ist dort rarer als hier. Eine Stunde vor dem Hoftor wie wir jetzt hier ist nicht zu bezahlen, schrieb sie im letzten Brief.

Möglich, daß Jarmila das alles heimschrieb, möglich, daß Großmutter und Mutter die Nachrichten von ihr etwas hinaufsetzten, ins Sonnige.

Möglich, daß alles so ist, nämlich die Wahrheit, die die Oberflächen spiegeln. Doch Jarmila selbst erklärt hier und dann wieder dort, daß es nicht so ist unter den Oberflächen, und das kann einmal sein, wenn es an der Tankstelle eine Pause gibt und wenn sie auf die flimmernde Autobahn hinausschaut, über die Hopfenfelder bei Bamberg und über diese hinaus zu den Hopfenfeldern hin, durch die sie als Kind ging wie andere Kinder durch Wälder. Oder es geschieht im Theater, am Anfang oder mitten in einer Oper, über die der Komponist bestimmt hat, daß sie die *Verkaufte Braut* heißen soll.

So völlig entkräftet vom Umsatzanheben, so völlig aufgebraucht vom Beobachten des Ölmarktes ist Herr Fliederbusch denn doch nicht, und es reizt ihn zu der Frage, was hast du, Jarmila, hast du nicht alles. Alles, sagt Jarmila mit einem für Herrn Fliederbusch unhörbaren Fragezeichen. Alles, sagt Jarmila und tut so, als ob sie wieder ganz beim Geldzählen oder beim Hinhören und Hinschauen in der Oper wäre, und sie denkt, und wiederum kann es Herr Fliederbusch nicht hören, was alles ihr fehlt für das alles, was für Herrn Fliederbusch alles ist. Und sie denkt an die Abendsonne, die sie nirgendwo hier bei Bamberg so untergehen sieht wie daheim hinterm Kirchlein, das hart an der Váh steht und das mit seinem roten Türmchen eine ganze Weile, nachdem die Sonne hinter den Häusern am Stadtrand niederfiel, errötet wie ein Mädchen, das zum ersten Male von einem Manne schön genannt wird. Jarmila sagt, ich sehe sie noch und ich sehe sie immer noch und noch sehe ich sie. Und Jarmila denkt an den Pappelsamenflug auf der Bäderinsel über die ganze Váh-Ebene hin, dieses große Schneien aus den Wipfeln der Pappeln mit ihren unruhigen Blättern, und wie die Samen über den Fluß hin segeln mit ihrem Strahlenkränzlein aus dünnem Gespinst, wie sie bis in die geöffneten Fenster der Wohnungen fliegen und wie sie sich draußen auf den Menschen niederlassen, vor allem aber an den Straßenkanten, wie sie sich dort sammeln und Wülste aus Weichem, aus *Daunigem* bilden und wie manchmal abends die Jungen kommen, ein Streichholz anreiben und es in irgendeinen dieser Wülste hineinwerfen, wie dieses rasche, ungefährliche Feuer sich fortpflanzt, wie es die Straßenkanten bemalt, als wären die niedere Stufen zur Hölle. Und sie hätte nie gedacht, daß ihr nun auch der leichte Schwefelgeruch fehlt, damit sie alles hat, dieser Schwefelgeruch, dem sie manchmal morgens, wenn sie unausgeschlafen zur Arbeit ging, ein wenig gram war, weil sie ihn für einen Verbündeten der Arbeit nahm, den sie an solchen Morgen nicht besonders mochte. Und ähnlich ergehts ihr mit dem Knarren der Frösche am Nebenarm der Váh, aus dem der heilsame Schlamm geerntet wird, der sogar den Fröschen zu einer Gesundheit verhilft, die ihr Knarren und Schnarren zehnmal lauter sein läßt als das anderer gewöhnlicher Frösche in anderen Ländern. Und wo trifft sich das so wie auf der Bade-Insel, dieses Frosch-Knarren von unten und der Nachtigallen Schlag von oben und deren Aufjauchzen in den Büschen am *Thermia-Palast*, die Nacht lang, die ganze Nacht lang, durch die man geht, wenn man vom Baden erhitzt aus der Váh kommt und am Arm eines Mannes hängt, der einem Geschichten erzählt von den Möglichkeiten in den reichen nordischen Ländern, und wenn diese Möglichkeiten noch nicht Wirklichkeiten sind wie jetzt für Jarmila. Sie hat nie gedacht, daß Frösche und Nachtigallen, die so zu ihrem Leben gehörten wie der Herbstwind, der aus dem Gebirge kommt und die Váh hinunterfährt, ihr fehlen würden. Alles, was sie nicht besonders bemerkte, sondern für ihr Leben selbst nahm, ist nun nicht da und macht aus, daß Jarmila die Behauptung, sie habe alles, ohne dieses kleine, für Herrn Fliederbusch unhörbare Fragezeichen nicht aussprechen kann. Denn sie hat nicht gewußt, daß, wenn man geht, um alles zu haben, was für Herrn Fliederbusch alles ist, sich in ihr alles zur Sehnsucht ummünzt, an der man dahinsiechen oder die man übergehen kann, um nicht wieder zu *verarmen*. (Ende der Jarmila-Geschichte)

SCHON AM MORGEN UM SECHS Proust, Schopenhauer, Rilke oder in den Büchern östlicher Weiser zu lesen, wann leiste ich mir daheim das schon!

Am frühesten beginnt vorm Fenster die Amsel, läßt ein paar Ton-Perlen über die harten Pappelblätter herabrollen, die, wenn sie am unteren Rand der Baumkrone angekommen sind, sich der Luft überlassen und nach allen Seiten hin davonstreben, bei meiner Fenstertür eindringen und mich wecken, mich manchmal aber auch wach finden, dann ists daheim drei Uhr, der Morgen ist noch grau und neutral, und er gibt noch in keiner Weise bekannt, wie der Tag durchwittert sein wird, von dem er der Anfang ist. Es kann nicht anders sein: Der Amselhahn hat den Türkentäuber geweckt, der in der abblühenden Kastanie links sein brütendes Weibchen bewacht, denn nun, es ist zehn Minuten nach drei Uhr, fängt auch er an zu tuten. Nun hab ichs in Dur und in Moll und kann mir aussuchen, mit welcher Tonlage ich meinen Tag beginn, aber ich schnauf mich voll Morgenluft, und danach schlafe ich noch eine Weile, und wenn ich erwach, singt der Täuber noch immer, und der Amselhahn ist, weiß ich, im Park auf Futtersuche, und ich denke an einen Freund, der in jungen Jahren Gedichte schrieb, und daß er damit aufhörte, weil es seine Nerven nicht hergaben, wie er sagte. Aber statt aufs Dorf zieht er mit seinen feinen Nerven in die Großstadt, und da sinds die Türkentauben, die ihn morgens nicht lang genug schlafen lassen, und ich hör ihn mit Genugtuung sagen, endlich hat die Stadtverwaltung ein Einsehen, jetzt vergiften sie sie. Wars nicht da, daß unsere Freundschaft ihren ersten Bruch erhielt?

DU WARST HIER IMMER IM SELBEN MONAT, sechs Mal jetzt schon, und du hast ein halbes Jahr deines Lebens verbracht, es war stets derselbe Monat, in dem du hier warst, im Mai nämlich, doch kein Mai glich in der Wechselhaftigkeit der Tage dem anderen. Daheim bei der Arbeit achtest du weniger auf die Willkür des Wetters als hier in der Fremde. Hier siehst du jeden Tag genau an, wie du ihn zu der Summe gelebten Lebens legst, denn jeder Tag ist gestempelt, ist ein Urlaubstag. Wer hat ihn gestempelt, du doch selber, aber du hältst es dir immer noch nicht vor Augen, du erinnerst dich mancher Tage noch, obwohl sie nichts Besseres und nichts Schlechteres waren als die Tage daheim, aber du erinnerst dich. War das nun etwas so Sonderbares, wenn die weißen Blütenstückchen der Kastanien, die im Abblühen waren, sich auf dich und den Wasserspiegel legten, dicht bei dicht, als du an einem mittelwindigen Tage im Thermal-Becken badetest, und weshalb vergißt du den Tag drei Jahre später nicht, den Tag im selben Monat, als dir bei der gleichen Tätigkeit und beim Tummeln im Wasser körniger Graupelschnee auf deinen haarlosen Schädel fiel, war das etwas so Ungewöhnliches während der eisheiligen Tage oder wars, weil du dich sehr allein fühltest und arg lebensverdrossen, weil in der Tasche des Bademantels in der Kabine ein Zettelchen war, auf dem unumstößlich geschrieben und gestempelt stand: Diabetiker.

Nun dieser Mai wieder, dessen Hitzetage sich so gleichmäßig aneinanderreihen und schon zwei Wochen lang wie Ströme aus geschmolzenem Stahl sind, wenn er aus den Hochöfen kommt. Nächte nur wie ein kleiner, rostiger Anflug auf dem glühenden Stahlfluß, sind sie dir nicht auch daheim begegnet, solche Tage, die wie aus einem Hochofen flossen? Das ja. Aber hier machst du dir was aus ihnen, läßt die Jalousien herunter, schaffst dir ein Drinnen und befiehlst ihnen, möglichst draußen zu bleiben, befiehlst ihnen, das ist es, denn zu Hause befehlen sie dir, machen sich wichtig und reizen dich mit den vielerlei Dingen und Arbeiten, von denen sie dir einreden, daß sie zu tun wären. Und wieder einmal nimmst du dir vor, als der Bändiger deiner Tage, der du hier warst, heimzukehren: Urlaub.

Die Váh sei wild, wird dir gesagt. Im Herbst, wenn die großen Regen fallen, die die Länge von Tagen und Nächten haben, im Frühling, wenn der Schnee sich auf den Bergen verwandelt, die von hier, von der Bäder-Insel aus, so sanft herüberbläuen, wenn es Mai ist. Vor Zeiten beanspruchte sie in jenen Jahreszeiten die ganze Bade-Insel und machte sie zu ihrem Grund und brachte mit ihrem ungestümen Lauf die Thermal- und Schlamm-Quellen in Verlegenheit. Die Váh beunruhigte sie, und sie tauchten weg vor dem Ansturm des rasenden Flusses, und sie tauchten, wenn die Wasser sich verzogen, so wird berichtet, manchmal an bequemen, manchmal an unbequemen Stellen wieder auf. Bequem immer vom Menschen aus gesehen. Und die Menschen im Badestädtchen beschlossen, die Váh ein wenig in Zucht zu nehmen, vorübergehend, von den Sternen aus gesehen.

Sie bauen einen Damm. Wie das gemacht wird, weiß man. Sie bauen auch hier einen Damm und schaffen einen Nebenarm der Váh, in dem jetzt die geschätzten Thermal-Quellen aufsprudeln, die sie sich von der wilden Frühlings- und

Herbst-Váh nicht mehr entreißen lassen wollen, und sie füttern den rechten Damm, diesmal vom Lauf des Stromes her gesehen, mit Zement aus, bauen einen Damm mit einem Zwiegesicht, vom Wasser her gesehen ein Damm, der ein Fell aus Gras und Blumen trägt, vom Park her gesehen, ein wohl fünfhundert Meter langer überdachter Gang, links offen.

Du erspähtest ihn, als du das erste Mal hier warst, gingst, in deinen kleinen Apparat hineinpredigend, im Park auf und ab, und du erwogst, wohin du flüchten würdest, wenn ein Regen überraschend auf dich zukommen würde, und da sahst du den Gang, und er wurde *dein* Gang, und obwohl an seinen grauen Zementwegen hin und wieder Bänke, Sitzbretter, angebracht waren, sahst du kaum je einen Kurgast auf diesem Gang, er war schmucklos in seiner Gräue und wiederholte ungeschickt den Zement der Städte. Links aber an seiner offenen Seite bot er dir die Fülle, blühenden Jasmin, Löwenzahn, Holunder, Spiersträucher, wucherndes Schöllkraut, schwarze Schnecken, Erdkröten, Eidechsen, Mäuse, Eichhörnchen und immer wieder Bäume, Bäume, Pappeln, Espen, alt und schrundig an den Füßen und die Krone einer jeden ein Haus für Nachtigallen, Amseln, Pirole und lachende Grünspechte.

Dieses Jahr hattest du andere Örter, um ungestört in dein Bandgerätchen sprechen zu können. Aber du gingst doch hin zu deinem unterhöhlten Damm, er war dir treu die Jahre lang, du wolltest dich nicht undankbar zeigen, und du wolltest vor allem nach den üppigen Jasmin-Büschen dort sehen und erkunden, wie sie sich fühlen diesen Mai, und ein wenig teilhaben an ihrer *Ausfuhr* von Duft.

Aber siehe, die Jasminsträucher waren nicht mehr da, und der Holunder war nicht mehr da, Schöllkraut und Brennesseln waren verschwunden, nur die Pappeln standen dort wie von Gott gepflanzt und von ihm gewartet. Ein sich für wichtig haltender Mensch aus der Parkverwaltung beginnt hier, wie ich mir dachte, eine Idee zu verwirklichen, eine Idee, den Park zu verschönern, wollte ich hoffen, denn bisher offenbart sie sich nur im schütteren, frisch angesäten Gras, das die graubraune Erde durchbricht.

Auf der rechten Seiten meines Wandel- und Diktierganges, in der schier unendlich scheinenden Zementwand, gibts ab und zu viereckige Luftluken, nicht größer als die Fensterchen in alten sorbischen Schweineställen, und es gibt in dieser Wand sogar eine verschlossene Eisentür ohne Warnungsschild und ohne den internationalen stilisierten *Blitz*, jenes Wurzelzeichen, das bekanntgibt, daß man es hinter der verschlossenen Tür mit Elektrizität zu tun kriegt. Es ist dir nie gelungen, diese Tür einmal offen vorzufinden und zu schauen, was sich hinter ihr verbirgt, aber ein sattes Glucksen dann und wann verrät, daß dort Röhren sind, vielleicht ein ganzes Röhrensystem entlangläuft. Du könntest Umfrage halten, welches Röhrensystem und wozu, du tust es nicht, du bist nicht auf *technische Forschung* aus. Genug, wenn du weißt, daß dort technisches Geäder entlangläuft, das zum Schlammbadherzen des nächsten Badehotels im Balnea-Palast führt. Wichtiger scheint dir (die moderne, sich immer mehr verselbständigende Technik wird dich strafen!) zu wissen, ob in einer der Luftluken das Amselweibchen wieder sein Nest mit Eiern beschickt hat.

Das war vor zwei Jahren, als du bemerktest, im Nacken fühltest, daß dir *das Leben* beim Erfinden und Erzählen von Geschichten zusah, das Leben mit den Augen jenes Amselweibchens, das *beauftragt* war, und du trafst eine *Abmachung* mit dem Amselweibchen, erzähl nicht, was du hörtest, sagtest du zu ihm, und ich werd nicht erzählen, daß du dort in der Luftluke Amsellieder fürs nächste und übernächste Jahr ausbrütest.

Und es blieb dabei. Jahrs drauf wurde die Abmachung erneuert, und nun gehst du sie fürs dritte Jahr abschließen, und die Jasmin-Sträucher waren wohl nur ein Vorwand für die absurde Absicht.

Du bist noch nicht an der Luke mit dem Amselnest, da geschiehts, daß dir *Charlie Wind* entgegenkommt. Er lächelt unter seinem ährenblonden Bart hervor und tut, als hätte er schon eine Zeit auf dich gewartet. Wir haben uns nie wieder gesehen, seit er damals auf diese geheimnisvolle Art aus meinem Heimatdorf verschwand, er nennt sich jetzt Karel Vítr. Weißt dus jetzt, fragt er, daß sie sich selber *hypnosieren* (er sprachs immer noch falsch, dieses Wort!). Ja, bei einigen bin ich drauf gekommen. Eigentlich bei einer ganzen Menge, sage ich, um nicht allzu grob über meine Mitmenschen zu urteilen. Die meisten, behauptet Karel, und ist unbeirrt. Aber das wars nicht, weshalb ich dich einmal treffen mußte, sagt Karel, ich fang jetzt an ganz schön herumzukommen, auch in der Sprache dieses Landes liest man jetzt von mir. Habe ich gesagt, daß ich auf diese Weise doch eines Tages nach Paris komme? Du weißt, der Eiffelturm! Er verneigte sich vor mir, als hätte ich seinen artistischen Vorführungen mit Wohlwollen zugeschaut. Es war mir peinlich. Ich weiß nicht, ob du mir nicht zweihundertfünfzig Gramm Verehrung zuviel zukommen läßt, Karel, sag ich, denn nirgendwohin wären wir beide gekommen, wenn ich dein merkwürdiges Leben nicht gekannt hätte. Wenn dus so siehst, sagt Karel, und fängt an hinter der Schirmtanne zu verschwinden, die ich so liebe. Aber das mit Paris gebe ich nicht auf. Und wie ich Karel hinter der Schirmtanne verschwinden sehe, hat eine *Zigeunerin* meine Hand gepackt und bittet, mir wahrsagen zu dürfen. Schon will ich mich mit einem Zehn-Kronen-Schein von der *Weissagung* loskaufen, da seh ichs, daß ichs mit der kleinen Mingedö zu tun hab. An dieser Stelle wars, behauptet sie, daß du mich aus dem großen Puppenkasten zogst, in dem alle gewesenen Menschen liegen, mit Zauberworten machtest

105

du mich wieder lebendig. Nun laß mich dir zeigen, was ich weiß und wonach ich auf keiner Dorfschule gefragt wurde. Verzeih, wenns dir nicht lieblich erscheinen sollte, was ich dir zu sagen hab. Es wird sich nichts ändern an deinem Leben, du wirst schreiben und schreiben, fünf Bücher noch, ehe du müde wirst. Verzeih, wenns nicht lieblich ist, bitte ich noch einmal. Aber ja, aber ja, du mußt nicht um Verzeihung bitten, Sulamith, rief ich ihr nach, denn sie ging schon. Es wird lieblich sein, trotzdem lieblich. Aber sie sah sich nicht mehr um, und sie wußte wohl, daß Rosa auf einem der Sitzbretter an der Zementmauer saß, zerzaust und ein bißchen wild dreinblickend, und auf mich hinsah. Sie wollens nicht genehmigen, sagte sie bitter, daß du aus mir nicht, wie Onkel Otto Rolling es gewünscht hat, eine zweite *Rosa Luxemburg* machtest. Sie wollens nicht, daß ich mit dem kleinen Lew zu Stanislaus geh, aber sie sind sich am Irren, und mit ihren Wünschen verwünschen sie *sich*, und eines Tages werden sie sich schämen. Und das sagte Rosa zornig und kummerig zugleich, und eine Haarsträhne fiel ihr in die Stirn und kringelte sich dort.

Ich hielts nicht mehr aus, fürchtete, alsbald auf Stanislaus zu stoßen, Büdner, mein ich, der nicht anfangen kann, seinen großen Roman zu schreiben, weil die letzten Aufzeichnungen über sein Leben nur von Amt zu Amt und von Hand zu Hand gehen, weil sich dort niemand traut zu entscheiden, ob man einen Menschen wie ihn weiter schreiben lassen darf ...

Die Sonne steht schräg, zwei Rebhühner steigen im Park auf, flirren über den Damm und über den stillen Arm der Váh und gehen auf den Feldern nach Moravani zu nieder. Ich gehe heimzu, daß heißt, zum *Palast*. Eine fremde Stimmung ist in mir. Ich habe Bildhauer in ihren Ateliers besucht, und immer wenn ich sie verließ, habe ich mich gefragt, wie ihnen sein muß, wenn sie so klein manchmal zwischen den Gestalten umhergingen, zwischen den Riesengestalten, die aus ihnen hervorgegangen waren. Jetzt ahne ich es, jetzt weiß ich, daß man alles andere als zufrieden zwischen ihnen umhergeht, und daß die Auseinandersetzung nie endet.

Nachtrag zum Dialog mit der Mingedö:
Und es wird eine Zeit kommen, da sie dich schmähen, und auch die, die sich einst deine *besten Freunde* nannten, werden unter den Schmähenden sein, aber du sollst ihre Rufe nicht hören. Schmähungen sind *Lockrufe*, das zu werden, was man nicht *wirklich* ist, sind Ermunterungen zu *Lügen*.

Ein Turm ohne Stockwerke, ein einziger Raum vom Dach bis zum Keller, das ist das Spiegelbad, das Bad, in dem man geschwefelt wird, in dem man Thermalwasser auf sich eindringen läßt, das Wasser, das sich mit den Schweißtropfen der Heilungsuchenden mischt. Eine unüberdachte Wand trennt das Frauenabteil vom Männerabteil und macht zwei Halbmonde aus dem Rund. Die Sockel der beiden Bäder sind gekachelt mit Kacheln von unschlüssig blauer Farbe, ebenso die Wand, die hier das Männliche vom Weiblichen trennt. Auf einer *Verlautbarungstafel* wird um *Stille* gebeten. Die *Kurverantwortlichen* scheinen zu wissen, daß wir Menschen unserer Zeit lieber reden als denken, und sie hätten gewiß gern, daß man den *Heilungsprozeß* mit guten Gedanken fördert. Trotzdem wird geplaudert, hüben und drüben. Das Gemurmel der Männer verstärkt sich zum Brausen, das Wortgeklöppel der Frauen ist wie das Gesurr einer Nähmaschine von zehnfacher Größe, zwischendrein die Geräuschpausen, in denen, wie man früher sagte, Engel durch den Raum gehen. Aber es begibt sich auch, daß sich der Engel nur auf der Männerseite aufhält und daß die Nähmaschine drüben bei den Frauen weiterläuft. In diesem Augenblick kanns geschehn, daß sich die Männer von acht-

zig bis vierzig, von vierzig bis achtzig in die Jungen zurück-
verwandeln, die sie einst auf dem Schulhof waren, und sie
schöpfen Wasser in die Höhlungen ihrer Hände, und manche Mannshand ist so deformiert, daß sie nicht mehr Wasser halten kann als ein Fingerhut faßt, aber auch sie tut mit.
Das Wasser wird über die Trennwand hinwegbefördert, und
selbst heisere Greise schicken ihren Wassergüßlein mit gespielt strenger Stimme die Bitte um Ruhe nach. Kaum daß
sich die Umdrehungen der Nähmaschine *trüben*, geschweige
daß sie sich jemals *vermindern* lassen. Und das ist peinlich
für die Männer, die so gewohnt sind zu befehlen, daß sie erwarten, selbst ihre *Theaterbefehle* müßten Wirkung tun, und
sie sehen sich, ein wenig enttäuscht, gegenseitig an, und sie
versuchen einander zu trösten und sich weiszumachen, daß
ja alles nur ein *Spiel* war, und daß man dieses Spiel auch an-
derswie fortsetzen kann. Sie machen jetzt Wasserfrösche,
das heißt, sie geben ihre Fäuste halb ins Wasser, machen damit eine Pumpbewegung, und das in den Fäusten gefangene
Wasser springt ihnen wie ein Kristallfrosch davon, und in
einer Minute steigert sich das Hüpfenlassen von Wasserfrö-
schen zum Wettbewerb, und darüber vergißt sich die miß-
glückte Zurechtweisung der Frauen glücklicherweise, und
die Männer sind wieder Männer, *kämpfen* jeder darum, der
Sieg-Inhaber beim Weithüpfen der Wasserfrösche zu sein.

Aber wollte ich davon erzählen? Nein, ich wollte von den
drei Kacheln reden, die die Reliefs von Neptunköpfen tragen. Sie machen, einer mehr als der andere, ich meine jetzt
die Neptunköpfe, um die Wette auf den kleinen rechtecki-
gen Springbrunnen aufmerksam, mit seiner Schale, nicht
größer als ein verzehnfachtes Weihwassergefäß in Kirchen,
und ich nehme an, daß dieses Springbrünnlein auf der andern Seite der Trennwand ein Pendant hat, und ich werd bei
meiner Geliebten erfragen, ob das da drüben mit den Köpfen
von Meergöttinnen geschmückt ist. Der Innenausschmük-

ker dieses Bades hat jedenfalls gewußt, daß er der Trennmauer den Charakter einer Ghettoumfassung nehmen mußte, und er hats mit diesem Brünnlein getan, und die Neptunköpfe sind im *Stile der Zeit* gemacht, dem der Mann, der das Haus einst ausstattete, gehorchte und ergeben war, im *Jugendstil*.

Und die drei Götter mit ihren, den Kacheln zur Liebe, fast viereckigen Häuptern (wie erklügelt!) sind nicht nur Zierat, sondern waren patientenfreundliche Kaltwasserspender, und sie ließen das kühle Wasser durch Röhrchen aus ihren aufgesperrten Mäulern, und wem das Blut im heißen Schwefel-Thermal-Bad zu drängend in den Kopf stieg, konnt sich ihn von den Göttern *bespeien* lassen und unter der Wasserkühle ein wenig verschnaufen.

Aber die drei Keramikgötter haben ihr menschenfreundliches Tun seit langem aufgegeben, und wer weiß, welcher technisch Verantwortliche im Hause sie dabei unterstützte, nur noch ins Bad zu starren, ohne etwas zu tun. So ragen nun die rostigen Röhrchen, aus denen sie das Speien besorgten, wie erkaltete Zigarrenstummel aus den Mäulern, und dem dritten hat man beim Umbau des Bades nicht einmal mehr diesen Stummel gelassen, und während die mit den Stummeln zwar resigniert, aber immerhin noch einigermaßen zufrieden dreinschauen, ist der dritte anzusehen, als wollte er über die Arbeitslosigkeit und das Nichtrauchertum, zu dem er verdammt ist, sogleich zu heulen beginnen. Mich packt das Erbarmen, wenn ich ältere Männer weinen sehe, aber nicht nur mich. Ich habe gesehen, wie die Rinden von Bäumen vor Erbarmen platzten und die niedrig hängenden Wolken Risse bekamen. Ich muß immer wieder hinsehen zu dem alten Gott, der sein Losheulen noch Tag um Tag hinhält, aber ich fürchte, er wirds doch noch tun, solange ich hier bin, und ich beeile mich am vorletzten Tag mit dem Abwerfen der Kleider in meiner Kabine, damit ich als erster im Bad sein kann, und ich schlepp ein Fünf-Kronen-Stück in der Faust mit in das Schwefelwasser, und ich schau mich um, wie einer sich vor einer Böstat umsieht, und ich schiebe dem Gott, der an diesem Tag wohl nicht mehr an sich halten könnte, das Fünf-Kronen-Stück in den Maulschlitz, und siehe da, es paßt, ich habe also richtig geschätzt, nun hat er eine silberne Zunge, dieser Neptun, und es kann keine Rede mehr davon sein, daß er vor dem Ausbruch eines Heulkrampfes steht.

Und ich bin sehr zufrieden mit meinem Werk, und ich setz mich dem Gott gegenüber auf die gekachelte Unterwasserbank. Wie ich ins Schwitzen komm und wie die andern alle da sind und sitzen und ächzen vor Wonne, wills mir scheinen, als ob mir mein Gott ein wenig zuzwinkert.

Alles schien gut zu sein, und ich wär auch in guter Stimmung abgefahren, wenn dieser, mein Gott, mich nicht wieder so angesehen hätte, als sollte es gleich losgehen mit dem Heulen, seine silberne Zunge war verschwunden, das Fünf-Kronen-Stück hatte sich hinfortbewegt, hatte seinen Dienst als Zunge aufgegeben und durch die Vermittlung eines Mitkranken im Vorübergehen, ganz im Vorübergehen, sich auf einen Dienst als Trinkgeld für einen Bademeister eingelassen.

Es ist schon so, alles wandelt sich, aber am wenigsten, wie wir es wollen.

DIE ROBINIE HINTER DEM KIOSK, in dem sie Blusen verkaufen, quillt über und über. Ihr Duft fällt in den Abend nieder. Ich nehm mir davon, soviel ich kann, obwohl ich weiß, daß er nicht für mich bestimmt ist. Es verbleibt ihr schon noch an Duft, was sie zur Vermehrung ihrer Art nötig hat, der blühenden Robinie.

Menschen und Menschen, sie durchwimmeln die kleine Bäderstadt, und sie sind so gut und so hell und so lustig ge-

kleidet, sie wirken, als wären sie hergekommen, einen Jahr-
markt zu feiern, und jeder versucht das, was ihn wirklich
hertrieb, so gut wie möglich zu verbergen. Das eine Bein
zum Beispiel, das ihm nicht mehr gehorchen will und das er
nachzieht, oder die eine Hüfte, die ein anderer nicht bela-
sten darf, und jener geht so gerade, weil er krümmer nicht
gehen kann, und ein anderer geht so krumm und tut, als ob
er sich besonders eifrig an den Blumen erfreute, und selbst
die, die in ihren Wägelchen sitzen, sich vom Elektrostrom
oder von Mitkranken schieben lassen oder in die Räder
ihres eigenen Gefährts greifen und sich eigenhändig fort-
schieben, auch sie wollen nicht zurückstehen, wetteifern
mit einem kecken Hütchen, einer hellen Bluse, mit auffal-
lend gestecktem Haar oder mit einem exotischen Bart, die
Leiden ein wenig zu verstecken.

EIN NIERENSTEIN HAT SICH GEMELDET. Die Tatsache
zeigt mir an, daß ich die Fähigkeiten im Kleinen besitze,
wie sie die jungfräuliche Erde einst im Großen hatte, ich
kann Steine gebären. Dieses *Miniaturgestein* zeigt sein Vorhandensein, sein Fertigsein freilich schon tagelang vorher
an, manchmal wochenlang, doch man verdrängt seine Anzeigen, möchte sie nicht für wahr haben, spielt sie auf
Blähungen hinunter, die die Nieren belästigen, und redet
sich selber ein, nein, ein Stein ist es nicht, Gott sei Dank
kein Stein. Aber dann wird er energisch, macht sich un-
überfühlbar, dieser stecknadelkopfgroße Gnom von einem
Stein. Eine heiße Nadel scheint dir in den Nierenkelch zu
fahren, der Schweiß bricht dir aus von dem jäh einsetzen-
den Schmerz. Ich hör dabei stets ein Trenngeräusch, das
weht von der Kindheit herüber. Wenn die Mutter in ihrem
Kurzwarenladen (es war also ganz früh, etwa in meiner
dreijährigen Zeit) dünne Stoffe vom Ballen verkaufte, so
machte sie einen kleinen Einschnitt mit der Schere zwischen

dem Ballen und dem abgemessenen Stoffstück, das verkauft wurde, dann aber packte sie den Stoff zu beiden Seiten des Einschnitts und trennte das Stück, das der Kunde begehrte, mit einer Reißbewegung vom Ballenstück. Das ergab ein Trenngeräusch, ein kleines Geschmetter, und mir war, als müßte der Stoff bei der Gewalt, die ihm angetan wurde, Schmerzen empfinden, und ich fühlte diese Schmerzen sogar, und diese Vorstellung blieb in mir, und sie taucht nun immer wieder auf, wenn ein Nierenstein seine erste Ankündigung gibt.

Und was es alles in Bewegung setzt, dieses Steinlein von der Größe einer Jungwanze! Zunächst einmal mich, denn ich fang an, hin- und herzumarschieren, so als könnte ich den krampfartigen Schmerzen damit entfliehen, zumindest, als könnte ich die Spannung (mein Körper krümmt sich nach vorn) in der Bewegung am besten vermindern, und wenn der Schmerz seinen Höhepunkt noch nicht erreicht hat, so hüpf ich wohl auf einem Bein und versuche meinen Körper in Erschütterung und den Stein in Bewegung zu setzen, linkes Bein, linke Niere, rechtes Bein, rechte Niere.

Dann kommt der Punkt, der Schmerzpunkt, an dem ich schrei, ich kann nicht mehr, und beim ersten Stein hab ich das wohl auch getan, aber jetzt tue ich es nicht mehr. Es hilft dem Stein nicht weiter auf seiner Bahn, die er mit sadistischer Langsamkeit vom Nierenkelch in den Harnleiter nimmt. Der Schweiß bricht mir in Mengen aus, und zeitweise ist mir, als wollt der Stein durch den Magen aus mir raus, und er hebt sich, und der Darm wird rebellisch, und inzwischen ist ein Arzt von irgendwoher gekommen. Blutdruck hundertvierzig zu neunzig mißt er, und immer mehr Menschen hetzt dieses Pfürzlein von einem Stein in Bewegung. Meine Geliebte zum Beispiel ist schon lange auf den Beinen, um Hilfe herbeizuholen, und der Arzt, den sie geholt hat, beordert schließlich eine Krankenschwester, und die Krankenschwester bricht

einem Glasröhrchen das Genick und zieht mit ihrer nadelfei-
nen Spritze eine Flüssigkeit auf, drückt auf den Kolben der
Spritze, und wie aus einem Springbrunnen fährt an der Na-
delspitze in einem kleinen Bogen kostbare schmerzstillende
Flüssigkeit auf den Boden des Zimmers, und du erwischst
dich trotz deiner Schmerzen beim Geizigsein, weshalb auf
den Fußboden, dieser Strahl, und nicht in dein Geäder, obwohl du weißt, daß dieses Anspritzen geschieht, um eventu-
elle Luftbläschen aus der Spritze zu vertreiben, die, wenn sie
in deinen Körper gelangten, nicht guttun würden.

Sodann wird dir jetzt zur Pflicht gemacht, dich trotz der
großen Schmerzen, denen du zu gern durch Herumlaufen
entweichen möchtest, hinzulegen, und Wärmflaschen, ge-
führt von lieben Händen, setzen sich auf deinen Körper
und seine Nierengegend zu in Bewegung und dann Geduld,
Geduld und dein unhörbarer Selbstzuspruch, daß dir die
Situation wurde, damit du lernst, Schmerzen anzunehmen,
zu ertragen, und du versuchst Gedanken *kosmischen Aus-
maßes* zu produzieren, die immer wieder, vom Schmerz zersägt, zusammenbrechen.

Und dann endlich nach einer halben Stunde oder so:
Schmerzfreiheit, und du kannst pfeifen und singen, und du
kannst nicht verstehen, was für ein Gehabe das vor einer
halben Stunde war, und gleichzeitig weißt du, daß dir nur
eine kleine schmerzfreie Frist eingeräumt ist, und du weißt,
so sieht das *Glück* aus, wenn es sich zeigt, wie deine Geliebte sagt, einer jener Glücksaugenblicke, mit denen uns
das Leben verführt, es schön zu finden und hierzubleiben
und dazusein und etwas zu bewirken.

Und wenn er dann da ist nach zwei, drei, vier Tagen,
manchmal nach Wochen, nachdem er dir eine Kette von
schmerzvollen Stunden bereitet hat, so ist er nicht groß genug, daß du dich mit einem Fußtritt an ihm rächen kannst.

Ich glaube doch, daß die Köperschmerzen, die man übersteht, nach innen gehen, in einen hinein. Wenn es nicht so wäre, müßte mein Zimmernachfolger, wenn er feinnervig ist, die Schmerzen spüren, die ich hier durchmachte, der ganze Raum müßte voll davon sein.

Diesmal war ich dabei, als uns Palast-Bewohnern, wie alljährlich um die Mai-Mitte herum, *unsere Palmen* zugeteilt wurden. Sie haben ihr kleines Afrika in einem über und über verglasten Block, der an das Bade-Hotel geklebt ist, das *Balnea-Splendid* genannt wird. Mir ist, als hätte ich die Geschwister unserer Palmen auf Fotos, die in Assuan gemacht wurden, und auf einer Grafik von Paul Klee gesehen. Die *Kunstgärtner* treiben eine Art Mathematik mit diesen Palmen. Natürlich dürfen sie nicht größer werden, als das Glashaus ihnen erlaubt. Aus dem gleichen Grunde können auch ihre Fässer nicht vergrößert werden, die die Erde enthalten, mit der sie jahrsüber auskommen müssen. Behälter von der Größe mittelalterlicher Badefässer sind das, und ganz gewiß muß ein Kran die Palmen packen wie wir in unserm Garten die Meldestengel, wenn die Gärtner sie aus ihren Fässern heben, um ihnen die Erde (zu welcher Jahreszeit wohl) zu erneuern.

Ein kleiner Traktor (im Erzgebirge nennt man ihn Kuhtraktor) mit einem Anhänger fährt vor das Glashaus, und ein Gabelstapler kommt mit der vier bis fünf Meter hohen Palme herausgefahren und hebt sie auf den Anhänger, und dann wird sie die Allee mit den hohen Pyramidenpappeln entlanggefahren. Die Pappeln belustigen sich ein wenig, wie mir scheint, über die fremdländische Dame mit ihrem kümmerlichen Palmenwedelkopfputz. Je vier Männer begleiten an jeder Seite den Anhänger zu Fuß, es ist, als ob ein Fürstenkind ausgefahren wird, das in seinem Sportwagen mit niederen Bordwänden steht. Die Männer verfolgen die Bewegungen des Palmenwipfels, um sogleich ihre Hände gegen den Stamm zu stemmen, wenn die Wipfelbewegung nach einer Seite hin zu ausschweifend wird.

Mit diesem Geleit kommt die Palme vor unserem Palast an. Der Gabelstapler ist der Prozession gefolgt, nun tritt er wieder in Tätigkeit, nimmt den Kübel mit der überlastigen Palme auf seine Arme, und die acht Männer verfolgen alles mit ausgebreiteten Armen, um jederzeit zupacken zu können wie bei einer *Perche-Nummer* im Zirkus, und die Winkel rechts und links vom Portal, in denen die Palmen schließlich zu stehen kommen, scheinen vom Erbauer des Palastes eingeplant zu sein. Der Direktor kommt durchs Portal, nimmt die Aufstellung der Palmen ab, macht sogar eine Verbeugung zu den Arbeitern hin, und der Vorarbeiter sagt nun, wir haben Ihnen Afrika gebracht. Und der Direktor macht noch eine Verbeugung und geht wieder hinein.

Da stehen sie nun, die Palmen, in der prallen Maisonne, eben jene pralle Sonne weckt vielleicht einige Erinnerungen in ihnen. Da stehen sie mit ihren vermummten Hälsen, aus denen wie stumpfe Stacheln die Reste der alten Blattstiele starren. Ein leiser Wind geht durch ihre großen Blätterhände mit den vielen Fingern, und wenn man ganz nahbei steht, hört man, daß da oben vielfältig afrikanische Windmusik entsteht.

Wer wünscht sie, wer braucht sie, diese Palmen, diese unzulänglichen Baumabgesandten ihrer Länder, die sich neben den Riesenpappeln, die hier auf der Bäder-Insel wachsen, so verscheucht und bescheiden zur Seite nehmen. Verlangen die Kurgäste sie, müssen sie da sein, weil sie auf den versandten *Bade-Prospekten* und Ansichtskarten abgebildet waren und in die Welt hinausgingen, müssen sie unbedingt gezeigt werden wie der Tiger zu Pferd, wenn er auf den Zirkusplakaten erschienen ist? Sind diese Palmen gehißte *Begrüßungsfahnen* für die Scheichs, die hierherkommen, um die Schmerzen aus ihren Knochen treiben zu lassen? Grüßen diese *Scheichs* sie wenigstens, oder wirkt die Kümmerlichkeit dieser heimatlichen Bäume beleidigend auf sie? Mich stimmen sie mitleidig, diese Palmen, und mir ist, als ob ich sie erfreu, wenn ich mich immer wieder einmal in ihrer Nähe aufhalte, der leisen afrikanischen Musik lausche, die der slowakische Váh-Wind herstellt, wenn er durch ihre spitzgefiederten harten Blätter streicht.

Im Mai-Morgen-Schummer (daheim ists um diese Zeit etwas nach drei Uhr) singt zuerst die Amsel, sie singt drei- oder viermal ihre Strophe, dann erwacht der Türkentäuber in der Kastanie, und ich habe meine Morgenmusik in Dur und Moll.

Ich erlebe das an zwei Morgen, und schon erzähle ich meiner Geliebten, weißt du, wie morgens das Vogelkonzert beginnt? Die Amsel weckt den Täuber, immer weckt die Amsel den Täuber, und meine Geliebte freut sich über den poetischen Vorgang. Die Amsel weckt den Täuber, wie schön.

Ich erlebe das noch zweimal, die Amsel weckt den Täuber, aber dann kommt ein Morgen, und nach dem ersten Amselruf hör ich die Schwalbe und dreimal wieder die Schwalbe, und dann wieder die Amsel und dann dreimal die Schwalbe, und erst Minuten später setzt der Türkentäuber ein. Der Vorgang löst Überlegungen in mir aus: Hätte ich den Zwischenruf der Schwalbe nicht noch erlebt hier in diesem Zimmer und unter diesen Bäumen, so wäre: *die Amsel weckt den Täuber* als Prinzip in mir stehengeblieben. Wir (besonders wir Menschen des sogenannten wissenschaftlichen Jahrhunderts) sind rasch bereit, alle Lebensvorgänge, Naturereignisse undsoweiter in Prinzipien zu sperren, im Käfig eines Prinzips sieht selbst, wie in meinem Falle, eine ungenaue Beobachtung wie eine handfeste Wahrheit aus. Wenn ich nun aber sage, das Leben anerkennt keine menschlichen Prinzipien, es durchbricht sie meist, wenn wir es am wenigsten erwarten, so stelle ich damit bereits wieder ein neues Prinzip auf.

Muß ich meiner Geliebten nun mitteilen, daß durchaus nicht immer die Amsel den Täuber weckt, und das Poetische, das sie bei der ersten Mitteilung empfand, zunichte machen?

Kanns nicht ebenso poetisch sein, wenn ich sage: Mai ists und morgenschummerig, und die Amsel weckt die Schwalbe, und die Schwalbe weckt den Täuber ...

Wichtig scheint mir, daß der Poet im Gegensatz zum Wissenschaftler keine Prinzipien aufstellt, sondern sich ans Leben hält und seine Beobachtungen nicht mit *stets*, *immer* oder *in der Regel* ausstattet, wenn er sie von sich gibt.

Piešťany 1980

AUSSERDEM MEINE ICH JETZT ZU WISSEN, daß es in der Tat die Geschichte vom alten Mann und seinem Hengst war, die sich in mir verquerte und die Krise verursachte. Es schossen in den letzten Stunden immer mehr Details an, die es ermöglichen würden, eben diese Geschichte zu schreiben. Aber wann das sein wird, weiß ich nicht.

UND SIE BILDEN HIER noch immer Militärhubschrauberführer für die *unterentwickelten* Länder aus, und gleichzeitig seufzen sie: *Wenn bloß kein Krieg kommt!* Schizophrenie der Vordergründigen!

IMMER SCHEINEN die Zimmer der anderen, in die man im Vorbeigehen hineinguckt, schöner zu sein als das, in dem man selber wohnt.

ER MACHTE SICH sogleich an seine Schreibarbeit und löste ein Kreuzworträtsel.

DAS EINANDER-GRÜSSEN im Hotel nimmt an Häufigkeit zu: Der Portier (die Portieuse) in der Rezeption, sie grüßen jedesmal, wenn man an ihnen vorübergeht, und man geht zehn bis fünfzehn Male täglich an ihnen vorüber. Der Oberkellner, der alte, liebe und kultivierte *Pan Jurca*, grüßt, wenn wir einander beim Betreten des Eßsaales begegnen, und er grüßt wieder, wenn er nachher seine Runden durch die beiden Eßsäle macht, und er grüßt jedes Mal, wenn er an unserem Tisch vorbeikommt, und das tut er am Mittag und am Abend, nur am Morgen tut er das nicht, weil er keinen *Dienst* hat.

Auch die Gäste treibens schlimm:

Dreimal geht man zu den Mahlzeiten in den Speisesaal und grüßt die Mitgäste an den Tischen ringsum, und man tut es vor und nach der Mahlzeit, und wenn man sich eine Weile später in den Bädern, im Schwimmbassin oder auf der Dammpromenade trifft, grüßt man sich wieder, und es ist, als ob ein Grußwettbewerb ausgebrochen wär, der nicht zu stoppen ist, denn wenn man selber nicht grüßt, wird man gegrüßt, und man muß danken, weil man den Vorwurf der alten Weibsen und der etwas jüngeren Schachteln fürchtet: Ein zugeknöpfter Mensch, der Herr mit dem roten Vollbart am Nebentisch, finds nit, Frau Wobusa?

Man richtet sich hier ein Konto für Höflichkeiten ein, von dem man jahrsüber, wann einem dös Geschäftslebn ka Zeit nit loast, abhebn kann.

DIE JUNGEN SPATZEN der ersten Brut sind ausgeflogen, und sie reißen, nein, nicht ihre Grünschnäbel, aber ihre Gelbschnäbel auf, und sie lassen sich hören, denn noch ist ihnen das Gefüttertwerden angenehmer als das Selbersuchen. Die noch zu kurzen Schwänze stehen ihnen steil, und die Spätzchen sehn uns an und lassen uns wissen: Schilp, schilp, lassen sie uns wissen, wir sind da, und wir werden alsbald bereit sein zu tun, was uns auferlegt ist, und es ist uns auferlegt, uns durchzusetzen und uns in diesem Areal, das ihr eure Wirklichkeit nennt, zu vermehren!

ICH ENTDECKE, daß es besser ist, über die Fabel zur Geschichte *Mann und Hengst* nicht nachzudenken, sondern lieber auf das zu warten, was da von selber heraufkommen wird.

AN DREI TAGEN trug ich bei meinen Nachmittagsspazier-
gängen das Tonbandgerätchen in der Tasche des Sommer-
mantels umher, und ich ging mit dem Vorsatz aus, das, was
ich von der Fabel der Geschichte schon weiß, festzuhalten,
aber stets, wenn ich ansetzen wollte, sah ich einen Punkt
oder eine Situation innerhalb der Geschichte, von der ich
nicht wußte, ob und wie ich sie würde meistern können.

Also schob ich die Absicht zu diktieren beiseite, sah auf
die Blumen, die Gräser und, wenn es sich unauffällig machen ließ, in die Gesichter der Menschen, die mir – vorerst
noch in der Nähe des Städtchens – entgegenkamen, und
gleichzeitig belauschte ich mich selber: Würde nicht doch
was (in Klarheit) zu mir kommen? Kurz, ich beheuchelte
mich, weil ich insgeheim doch damit rechnete, noch etwas
meiner Arbeit Nützliches ins Hotel tragen zu können. In
einem solchen Verhalten aber liegen die Samenkörnchen für
(schöpferische) Unzufriedenheiten. Das Bestreben, ökono-
misch vorzugehen, ist der Kunst nicht zuträglich. Man verhält sich da in Wirklichkeit unökonomisch, denn wenn was
in der Fabel nicht schon klar und nach allen Seiten hin möglich und machbar erscheint, muß es später nachgearbeitet
werden, und in der Regel nehmen Umarbeitungen mehr
Zeit in Anspruch, als man verbraucht hätte, wenn man nicht
forciert hätte und hätte die Fabelsamen ausreifen lassen.

WOHL VIER STUNDEN lief ich am Vormittag über die Fluß-
insel, die hier *Lido* genannt wird, und *Lido* steht auch auf
einem bonbonbunten Hinweisschild zu lesen, wo man die
Hängebrücke verläßt und die Insel betritt. Dabei ist dieses
aus Flußsand und Geröll entstandene Eiland mit seinen
verzwergten Blumen und Gräsern zwischen den Steinen,
mit seinen Pappelgebüschen und Pappelbäumen, mit Nachtigallen, Pirolen und Kuckucken eine charakteristische *Waag-
landschaft* und so ganz *piešťanysch*.

WÄHREND DER WOCHE hatten wir an einem Tag sechs Pferde unter Reitern auf dieser Insel gesehen, und nun suchte ich, weils Sonntag war und weil ich keine sogenannten *Anwendungen* hatte und weil Evchen mich aus ihrem Zimmer verwies, damit ich keinen *Ablegerbetrieb* ihrer fieberlosen Grippe eröffnen möge, den Stall, aus dem diese Pferde gekommen sein mußten, und ich fand den Stall, und ich fand auch die sechs Pferde, darunter den Apfelschimmel, der sich unterm Reiter besonders gut getragen hatte. Die Pferde standen beschäftigungslos in einem unbegrasten Auslauf, während ihre *Sonntagsreiter* in einem barackenartigen Gebäude theoretischen Unterricht absolvierten.

AUS EINER PAPPEL VOR DEM PFERDESTALL hörte ich das Gekrächz des Pirols und ein Weilchen später auch seinen noch sehr verrostet klingenden Probepfiff, vor allem aber sein Gekrächz.

Amsel, Specht, Nachtigall, Wendehals, Nachtschwalbe und Kauz, Kuckuck, Ammer, Falke und Sperber, Buchfink und Dohle, Türkentaube, Rotkehlchen, Fasan, Sperling, Star und Kleiber, sie alle habe ich gesehen und gehört, am meisten aber geht mir der Gesang der Amsel zu Herzen: der Gesang der Amsel, der den *Wundertäter III* durchzieht.

Manchmal genügts mir, mich für Augenblicke durchlässig zu machen, und ich laß mich von den Amseltönen durchwallen und stelle mir vor, daß sie mir ins Blut dringen und dort etwas zum Guten hin verändern.

IN DER NACHT WACHTE ICH AUF, und ich hörte den Wind draußen in den mit frischen Blättern bestückten Kastanien und Linden mahlen, den Wind, der nun schon seit zwei Tagen weht und mahlt, und ich sah durch die Spalte der halb heruntergelassenen Fensterjalousie das Licht der Bogenlampen auf dem Damm und sein zitterndes Widerspiel auf dem Wasser der Waag. Der Kauz rief in den Platanen, und im Schlamm-Arm des Flusses ließen die Frösche ihr Jahrmarktsknarren kreisen.

Es war aus mit dem Weiterschlafen, und ich holte aus dem Gedankenwirrwarr, der über mich hereinbrach, die Fabel für *Mann und Hengst* hervor, aber es kam nichts hinzu, es kam gar nichts hinzu, und es wollte nichts glücken, weil alles zu jung ist, und weil alles bei näherer Betrachtung zerfließt: die Geschichte schien mir mit eins gar nicht *machbar*, und ich wies sie angeekelt zurück.

Aber die Gedanken, die sich an die Stelle der zurückgeschobenen Fabel drängten, waren um nichts friedlicher. Es war ein Gewoge von Selbstvorwürfen, das schließlich, bevor ich die vereinfachende Schlaftablette nahm, mit dem Gefühl endete, daß ich von niemand mehr landläufig geliebt werde.

ALS ICH GESTERN am Drahtzaun der Pferdekoppel stand und den reglos dastehenden sechs Pferden zusah und herausbekam, daß der Schimmelwallach der *Meister* der kleinen Herde ist, erkannte ich heilsam und heftig, wie wenig ichs den Besuchern von Schulzenhof und den Vorbeifahrern und Touristen dort übelnehmen darf, wenn sie an den Koppeln beim Galba und bei den Araber-Stuten stehenbleiben und starren und versuchen, Kontakt mit den Tieren aufzunehmen, und ich erkannte, daß ich mir aberziehen muß, mich von derlei tierlieben Zaungästen gestört zu fühlen.

EINE DER MASSEUSEN in der Abteilung Reflexmassage, namens Alina, behandelte uns vor drei Jahren und gefiel uns gut, doch wir bekamen sie die folgenden Jahre nicht wieder. Wir trafen sie mit ihren Kleinkindern des öfteren in der Stadt, und wir nickten ihr zu, doch sie gab kein Zeichen des Wiedererkennens von sich, und auch dieses Jahr sah ich sie einige Male, nickte ihr aber nicht zu, um nicht aufdringlich zu erscheinen.

Heute nun, nachdem sie schon einmal stumm und grußlos an mir vorübergegangen war, kam sie, grüßte mich, reichte mir die Hand, sprach meinen Namen fehlerlos aus, fragte nach meinem Befinden, und wir plauderten über ihre Kinder. Haben Sie mich also doch erkannt, Alina? Ja, habe ich, antwortete sie.

Ein rätselhaftes Verhalten, das nicht zu erklären ist, weil Alinas Sprachkenntnisse dazu nicht ausreichen.

NAHE BEI DER BRÜCKE brütet die Schwänin, und sie hat die meiste Zeit den Kopf unter einen ihrer Flügel gesteckt und schläft, weil der Brutdrang wie eine große Mattheit und Krankheit über sie kam.

Es dunkelt. In den Gärten unter den Hügeln wird vorjähriges Gesträuch verbrannt, der Holzrauchgeruch vermischt sich mit dem sinnlich machenden Geruch jungen Buchslaubes, und beide Gerüche mischen sich mit der abendkühlen Luft. Der Schwanhahn schwimmt auf dem fetten Wasser wie ein weißes Kriegsschiff, und er läßt die Fußgänger auf der Brücke, die sich an ihm und der brütenden Schwänin erfreuen, nicht aus den Augen. Das ist die Zeit, da sie auftaucht und heranschwimmt – die Bisamratte. Sie prüft, ob das Schwanennest bedeckt oder unbedeckt ist, prüft es aus dem Wasser heraus, nimmt die drohende Haltung des Schwanenhahns wahr, erkennt, daß keine Aussicht auf eine Mahlzeit aus einem angebrüteten Schwanen-Ei besteht, und schwimmt weiter.

DER TÜRKENTÄUBER BLÄST SEINE OKARINA im bonbongrünen Mailaub der Linden, bläst und bläst und die Töne fahren in den Leib der Täubin und machen, daß sie sich erwartungsvoll hinduckt.

Ich denke an die Zeit, da ich noch hoffte, vielleicht einmal für das, was ich schrieb, geküßt zu werden!

ALL UNSERE SEHNSÜCHTE sind Blätter vom Baum, von dem es uns herabwehte, von dem wir insgeheim wissen, und zu dessen Krone wir von seinen Wurzeln her wieder vorzudringen suchen.

WEISSBLAU IST DIE WAAG ÜBERBRÜCKT. Über keine Brücke der Welt gehen täglich so viele Menschen mit zerstückelten Schritten: hinkende, auf Stöcke gestützte Leute, die mühsam den Schmerz zurückhalten, der mitleidheischend in die Mitmenschen einfahren will.

Unten aber fließt das Wasser der Waag, und es färbt sich nach den Wünschen des Himmels, ist gelb, ist grün oder tief tintenblau. Es fällt Wind von den Bergen, die in der Ferne die Horizontlinie krümmen, der Wind saust und er schabt und er rippt das Wasser, und das Wasser rollt wie dunkelblauer Manchesterstoff vom Ballen. Da sind die Möwen über dem Wasser, und man sieht sie, da sind die Fische unter Wasser, und man sieht sie nicht, bis ein Angler einen armstarken Aal aus der Tiefe zieht.

Über keine Brücke der Welt gehen täglich so viele Schmerzgepeinigte wie über die weißblaue Bäderbrücke von Piešťany, und die Schmerzen der Zermürbten bohren sich in sie, und langsam, langsam zermürbt auch sie.

VON DER MORGEN- BIS ZUR ABENDDÄMMERUNG stehen Menschen am Geländer der weißblauen Brücke und füttern die Möwen, die ihre Nester draußen im künstlichen See auf einer künstlichen Insel haben, und sie kommen wie *Zigeuner* auf Betteltour in die Stadt. Gehts den Menschen gut, gehts den Möwen gut.

Fände sich jemand, der etwas zu fressen hinunterwürfe,

wenn statt dieser Luftschwimmer Schweine unterhalb der Brücke grunzen und sich tummeln würden?

Zwei Putten ringen miteinander, zwei graugrün bemooste Putten. Die Krähen fallen in ihren Schlafbaum ein. Nimmermüde singt die Amsel, singt und singt. Aus dem blaugrünen Wasserbassin am *Slovan* schießen zweiunddreißig Fontänen; jede von ihnen steigt dreimal mannshoch, um dann als zerzauster, kraftloser Wasserstrahl ins Becken zurückzufallen. Steigen nicht auch wir so und springen und rauschen und fallen zerzaust in die Erde zurück?

Einmal ist es zu Ende, auch mit Piešťany! Wenn man zum Fenster hinaus in die Bäume sah, meinte man, es hätte aufgehört, doch wenn man auf den Erdboden hinterm Hotel sah, merkte man, daß es weiter regnete, und man sah, wie sich die Ringe, die Tropfen auf der Oberfläche der Pfützen auslösten, erweiterten und wie sie allmählich ineinander übergingen. Ein solcher Regentag war es, als die Frau fort mußte. Sie war siebenundachtzig Jahre alt, und sie war schon mehr Mann als Weib; sie war Haut und Knochen, und ihre Nase war scharf, alles an ihr war scharf, auch ihr Blick, und sie schien, wenn sie einen Gast musterte, das aus ihm herauszuschneiden, was an dem wahrhaftig war. Sie war eine alte Lehrerin oder so, und vor drei Jahren sah sie aus wie eine alte vertrocknete Bohne, von der man erwartete, sie würde im Wasser aufquellen und dann unfaltig heraussteigen. Im Vorvorjahr, so erzählte man sich, wäre sie noch am Nanga Parbat gewesen, und im Vorjahr, so erzählte man sich jahrsdrauf, irgendwo hinterm Polarkreis. Alle Badegäste fürchteten ihren Sarkasmus. Ich trink nach dem Schwarzen Tee stets noch eine Tasse Beruhigungstee, weil, der Schwarze Tee regt mich so auf, sagte die andere

Alte aus München am Nachbartisch. Was wär schon dabei, wenn Sie aufgeregt wären, sagte die ganz Alte mit ihrer Männerstimme. Mehr als eine halbe Stunde kann ich nicht gehen, dann muß ich ausruhen, sagte die Alte, die mit der blauen Warze an der Unterlippe, am Nachbartisch. Gehen Sie eben die halbe Stunde, sagte die ganz Alte, pausieren Sie und gehen dann weiter und pausieren wieder.

Aber dieses Jahr wars anders: Nach drei Tagen Kuraufenthalt teilte die Ober-Alte den anderen mit: Sie wollen mich hier nicht mehr, sie schicken mich fort.

Man will Sie nicht mehr?

Das Herz, ich soll erst mein Herz auskurieren. Sie schicken mich fort.

Frau Milchhuber fährt auch fort, da haben Sie Gesellschaft.

Ich brauch keine Gesellschaft, sagte die Ober-Alte männlich und bestimmt. Aber im September bin ich wieder da, sagte sie, ich laß nur mein bockiges Herz kurieren!

Niemand glaubte es ihr, alle fühlten, sie hat ihr Leben ausgelebt, nur sie, die Ober-Alte, schien es nicht zu spüren; es war ihr keine Spur *Todesangst* anzumerken. Sie zog ihren Trachtenmantel mit den billardgrünen Ärmel-Aufschlägen an, setzte ihren Bayern-Hut mit den wehenden Hahnenfedern auf und sah sehr aus wie der alte Fischer aus unserem Dorf, von dem Eva behauptet, er würde manchmal unten auf dem See übernachten, und die Aale hätten ihn schon ein wenig angenagt.

Dann ging sie, und die Unter-Alte sagte zu uns: Gestern ging ich mit ihr spazieren, und da hielt sie nicht einmal die halbe Stunde durch, die ich noch durchhalte. Bereits nach fünf Minuten mußte sie sich auf eine Bank setzen. Der liebe Gott fängt ihr an die Luft zuzumessen. Und das sagte die Unter-Alte in dem Augenblick, da die Ober-Alte durch die Schwing-Tür des blinkenden Marmorsaales ging, dieses marmorn-blinkenden Jugendstil-Saales aus dem Jahre neunzehnhundertundzwölf.

Es war, wie gesagt, ein Tag, an dem es regnete und regnete, und wenn man geradeaus aus dem Fenster sah, wars, als ginge es an, aber wenn man auf den Boden sah, bemerkte man die Ringe auf den Pfützen, jene Ringe, die sich ausbreiten und zum Schluß als kleine Wellen am Pfützenrand erscheinen.

DIE MASSEURE. Maimorgen, Montag, und draußen ruft der Kuckuck, und an den Pappeln, jenen Bäumen, die ich nicht mehr zu den Pflanzen, sondern ins Reich der Urtiere zähle, kriechen die Blattschmetterlinge aus ihren Knospenpuppen, und es herrscht jene Stimmung, aus der die deutschen Mai- und Wanderlieder entstanden. Ich aber klettere im Hause, das hier *Irma* gerufen wird, über die Steinstufen einer gewendelten Treppe zu den Masseuren hinauf. Im Vorraum ists dämmrig, auf dem engen Treppenabsatz stehen vier braune Schalensessel, sie sehen aus wie braune Nester ohne Gelege, und es sitzt schon ein Menschenmännchen dort und brütet auf nichts. Es fällt nur etwas Licht durch mattierte Türscheiben aus dem Raum, in dem die Masseure arbeiten, auf unsere *Brutkolonie*. Es ist sechs Uhr fünfzehn, und draußen in der blühenden Magnolie tutet der Türkentäuber. Die Zeit, für die wir zum Massieren bestellt sind, ist heran, und da sehen wir unter den mattierten Scheiben nackte Männer auf- und abgehen, hören es klatschen und klopfen und verdächtigen, daß die Männer mit dicken Geldbörsen vor Schwalbengezwitscher und Hahnengeschrei bevorzugt massiert werden. Doch die Story steigt aus Regionen auf, in denen in uns der Neid sitzt, und sie stimmt nicht, denn die Männer, die dort massiert werden, sind die Masseure selbst. Sie massieren einander, machen sich gelenkig und weich wie Artisten vor ihrem Auftritt, stärken sich und machen sich elastisch für den Kampf mit dem Schmerzteufel in unseren Gliedern.

Und dann liegen wir bäuchlings und später rücklings auf den Massagepritschen. Frischwäscheduft vom sauberen Leinentuch fährt mir in die Nase. Drei alte Recken von Masseuren sind hier als Schmerzteufelsaustreiber tätig, und nie sah ich einen jungen, weshalb nicht? Und einer von ihnen wirft sich mit geseiften Händen auf mich, walkt und palkt mich, knetet und kneift mich, beklatscht und betatscht mich, sucht mit beiden Daumen auf meinem Rückgrat, wie auf der Tastatur einer defekten Ziehharmonika, nach Tönen, und er ist erfreut, wenn er einen findet, einen Teufelston. Und die Teufel fahren aus. Einer aus den Knien, einer aus der Wirbelsäule, zwei aus den Schultern, wohin fahren sie? Es gibt dunkle Ecken genug im Raum der Masseure, den Haufen Leinentücher zum Beispiel, die dunklen Ecken des Baus im Brausebad, die Höhlen und Schründe unter den Pritschen, die durchdämmerten Ecken hinter den Schränken, überall Platz und Plätze für Teufel. Ihr seht sie nicht, ich seh sie nicht, längst kein Beweis, daß es sie nicht gibt. Weiß man nicht längst, was alles aus Wellen entsteht und was sich da alles in Wellen zurückverwandelt? Und jetzt fährt ein Gewühl von Wellen bei der Tür hinaus, wo die nächsten Geplagten hereindrängen, um uns von unsern hölzernen Wehbetten zu vertreiben.

NACHTRAG:

Sie nahmen einander her, als ginge es um ernste Kämpfe, und es ging auch um ernste Kämpfe, und jeder wollte dem andern beweisen, was er als Masseur zu leisten vermochte. Und der eine verbiß sich die Schmerzen, solange die ihm der andere beim Massieren zufügte, aber dann wars ihm wohl nicht mehr zum Aushalten, und er schrie auf, und das war für die anderen wie ein Sieg, oder es war eine Rache für

ein *Trinkgeld*, das ihm der andere, der unter ihm lag, wegge-
schnappt hatte. Und das alles sahen wir durch die mattierten Scheiben und wie in einem Fernsehapparat, der nicht
scharf genug eingestellt ist, und wir mußten manches, was
da drinnen geschah, ahnen, weil wir es nicht scharf genug
sehen konnten, aber wir ahnten es gern und wir ahnten sogar, daß es ein einmaliges Schauspiel war, das wir nicht sobald wieder erleben würden.

Erinnerungen an Kelassuri

In Kelassuri war das, in Kelassuri im Kaukasus. Zuerst
wohnten wir im *Intourist-Hotel* in Suchumi, aber wir wohnten nur eine Nacht dort. Es ging mir schlecht damals, und
mein Herz streikte, machte Bocksprünge, immer dann,
wenn ichs nicht erwartete. Todesangst überfiel mich, rich-
tige Todesangst. Und die Schwüle Abchasiens war auch in
der Nacht nicht abzuschütteln, war nicht abzuschütteln.
Nachts krochen Männer auf dem Balkon umher, dunkle
Abchasier, die nach blonden Frauen gierten, und ich sagte,
wir müssen hier weg oder ich sterbe auf dem Flecke.
Draußen krochen dunkle Männer umher, und mir war zum
Sterben.

Am nächsten Tag kam Lowa und sagte, zieht mit zu uns
nach Kelassuri. Kelassuri, wie das läutete, wie das lockte,
und wir zogen mit in das Haus von Irina und Genadi. Sie
arbeiteten jahrsüber in Sibirien, sie verdienten dort gut, und
sie hatten das Häuschen gebaut, und aller zwei Jahre im
September, wenn Isabellawein bei ihnen reifte, kamen sie
her und verlebten ihren Urlaub. Und in Irinas guter Stube
wurden zwei Betten für uns aufgestellt, zwei Betten und in
jedem eine Matratze, sonst nichts. Und Evas Matratze war
eine Polstermatratze, meine aber war eine Drahtmatratze,
und ich darf dreist behaupten, daß ich auf einem Drahtzaun
lag. Aber wir gingen in die Stadt und kauften eine dicke

Wolldecke, und die legte ich auf das Drahtgeflecht, und Irina gab mir ein weißes Laken als Zudeck und das genügte. Nein, es sollte mich nicht wärmen in der Nacht, nur ein wenig vor der Frühkühle schützen, und nun kamen gute Tage, und nur mein Herz war dagegen, daß ich sie damals als sehr gut bezeichnete. Ich war mit meinen Jahren in eine neue Phase meines Lebens hineingefahren, und mein Herz deutete das an, aber sonst war alles, was ich vorfand, neu und nie erlebt. Die Abchasier kochten außerhalb ihrer Hütten, und aufregender Holzrauch zog abends zu uns herüber. Überhaupt, all die neuen Gerüche, und der aufregendste war der Duft des Isabellaweins, und wenn ich morgens zum Waschen an den Brunnen in den Garten ging, mußte ich durch einen Laubengang aus Weinstöcken, und die Trauben hingen hernieder, und die Haut der Beeren war so dünn, daß sie platzten, wenn ich mit meiner Stirn an sie rührte. Und da war vieles andere, was meine Aufmerksamkeit fesselte. Die dürren staubgelben Hausschweine zum Beispiel, die umherliefen, die Straßenränder bewühlten und pünktlich beim Eintreffen der Omnibusse an der Haltestelle erschienen und dort versuchten, von den aussteigenden Passagieren etwas zu *ernten*. Sodann die Stierkälber allenthalben, und zu jedem Haus gehörte mindestens ein Schaschlik-Stier, der bei Einbruch des Winters sein Leben lassen mußte, und auch diese Stiere weideten in den Straßengräben und überquerten die Straßen, über die die Autos hinwimmelten, völlig *verkehrssicher*.

Und ich kam gar nicht nach, alles, was ich sah, hörte und fühlte, in meine kleinen Hefte zu schreiben, weil ich wohl damals schon fühlte, daß ich das alles nie wiedersehen würde, und weil ich meinte, all das würde mir verlorengehen, wenn ich es nicht aufschriebe. Heute aber weiß ich, daß es so gut wie umsonst war, denn wenn was nicht so wichtig war, daß es dir noch nach zwanzig Jahren zur Verfügung steht, um darüber zu schreiben, so zählt es eben für deine Arbeit nicht, und es war besser, es zu vergessen; und ich habe meine Aufzeichnungen von damals bis heute nicht wieder gelesen, und wie sich zeigt, steht mir zur Verfügung, was wichtig war, und das andere kann ich entbehren. Und während ich versuchte, schreibend festzuhalten, was nicht mit Schreiben festzuhalten war, sondern nur, daß mans erlebte, als es zu erleben war, und dann intensiv, und weil es immer nur dieses *Jetzt* gibt, dieses einmalige Jetzt, gingen die anderen an den Strand, gingen an den Strand des *Tschornoje Morje* (hört nur wie das klingt), und sie blieben dort den ganzen Vormittag, während ich schrieb, und zu Mittag kamen sie heim, und wir schliefen etwas, und am Nachmittag gingen sie wieder an den Strand, und ich fing an, mir langsam mein Herz wieder *untertan* zu machen, fing an, mit winzigen Schritten in die Berge zu steigen, mit Schritten, wie sie heute mein neunzigjähriger Vater nach dem *Schlaganfall* macht, ich hob meine Füße dabei kaum. Freilich schaffte ich in den ersten Tagen keine Höhen, aber es wurde besser, und nach acht Tagen hatte ich schon Kelassuri unter mir und dahinter das Meer, das Meer und das Gefühl in mir, hinter Kelassuri bestünde die Erde nur noch aus Meer und Meer. *Tschornoje Morje.* Und was sollte ich am Strand? Ich konnte damals noch nicht schwimmen, nein, ich konnte es nicht, und es war mir fatal, trocken in der Badehose am Strand umherzuliegen und nur mit dem Meer und den Wellen zu liebäugeln, ohne zu wissen, was ich zu tun hatte, damit es mich trägt. Und die täglich drunten am Meer und am Strand war, das war sie, und es will mich immer noch eine kleine Trauer beschleichen, wenn ich davon rede, wie sie in diesen Tagen war, obgleich ichs verdient hatte, daß sie damals so war, und am Strand waren außerdem Lowa und Raja. Lowa, der sich später einen Prophetenbart wachsen ließ und mit einem Stock durch die Lande ging, der aus einer Olivenbaumwurzel gemacht zu sein schien, wurde innerlich und äußerlich immer mehr zu dem, was nach meinem Dafürhalten ein Moses gewesen sein kann. Und seine Frau hieß Raja, und auch sie war eine von denen, die schon am Vormittag an den Strand und auf die heißen Steine gingen, Raja mit dem Gemsenblick, eine Spezialistin für amerikanische Literatur, und von der deutschen Literatur hielt sie wenig, und ich war für sie einer, der deutsche Geschichtchen zu schreiben versuchte und der es darin nicht weit bringen würde. Dafür verehrte sie alle Amerikaner umsomehr, alle, die *nackten* und die *toten*, nur Steinbeck mochte sie nicht, weil er sie nicht eingeladen hatte, als er in Moskau eine *Party* gab, sich später aber, in seiner *ewigen Besoffenheit*, auf einem gedruckten Kärtchen bei ihr für ihre Teilnahme an seiner *Party* bedankte. Andere, die zu denen gehörten, die mit ihr an den Strand gingen, waren eine Geologin, die in *Irkutskien* Diamanten suchte und ihren Urlaub hier verbrachte, und eine Chemikerin, glaube ich, die in Moskau wirkte, und dann, damit ichs nicht vergeß, Max und seine Frau, Max, ein Chemiker, der gleich nach dem Krieg bei uns in der *östlichen Republik* gewirkt und *verwaltet* hatte, und seine Frau Rosa, eine rundliche Hübsche, die mit einem Sonnenschirm umherging, den sie immer wieder irgendwo liegenließ und dann suchte, und die, sobald sie jemand essen sah, von dem kosten mußte, was der aß, und sie konnte nicht vorbeigehen, und es nutzte nichts, sie mußte *kosten*. Aber ich habe zu wenig über Max gesagt, der hatte das *Talent* eines *Weisen*, er hatte schöne Augen, das muß ich gerechterweise sagen, die Männer durchdringend und die Frauen, die ihm gefielen, schmachtend anschauen konnten. Beide, er und Rosa, sprachen einigermaßen deutsch, und was er mit Worten nicht auszudrücken vermochte, sagte er mit den Augen, der Max. Und Lowa behauptete, Max wäre so etwas wie ein *Rebbe*, und

132

manchmal hörte sogar Lowa, dieses große Kind, dieser große *Menschenfreund*, dem sonst seine übergroße Güte Streich um Streich spielte, auf den Rat von Max. Das waren sie alle, die unten am Strand waren, während ich schrieb oder mich Schrittchen für Schrittchen höher auf meinen Berg hinaufschob, jeden Tag ein Stückchen höher, und hinunterblickte auf Kelassuri und Tschornoje Morje. Und was sie dort trieben am Strand, das wußte ich nicht, denn ich war nie unten, und manchmal war es mir, als hörte ich sie droben auf meiner Höhe drunten lachen, besonders sie. Ich bin sicher, daß sie gute und geistreiche Gespräche führten, besonders über Literatur und über einen Dichter, über den sie sich alle einigen konnten, Pasternak. Am Abend aber waren wir allein im Quartier von Irina und Genadi, sie, Lowa und Raja und ich. Die Dunkelheit brach rasch herein, doch wir machten, glaube ich, kein Licht, um mehr vom Mondlicht zu haben, das mir in Kelassuri anders erschien als bei uns daheim, reifer, möchte ich sagen. Wir konnten das Meer nicht sehen, aber wir hörten es rauschen, und es erinnerte mich an das Rauschen des Mühlenwehrs, das ich hörte, wenn ich als Kind bei den Großeltern in der Vorderstube schlief, und der Duft des Isabellaweins zog durch die Veranda, und es war auch immer etwas Wein für uns zum Trinken da. Raja begann aus einem Essay vorzulesen, den sie in russisch geschrieben hatte, und sie las russisch, und Lowa übersetzte uns, was Raja las, ins Deutsche. Es handelte sich um Jugenderlebnisse von Raja, und der Essay behandelte den größten Irrtum ihres Lebens, wie sie sagte, und das war wohl auch so. Manchmal fuhr auf der Landstraße ein Auto vorbei, und seine Scheinwerfer beleuchteten für Augenblicke das kleine Haus, das tief unter der Straße stand, und bis dorthin, wo es stand, mußte einmal das Meer gereicht haben, und bei dieser Art von Beleuchtung wars, daß wir mitten in einem literarischen Gespräch über Ehrenburg oder so sahen, wie Irina, unsere Hauswirtin, ihren Schwager, der zu Besuch war, am Eingang des Laubengangs aus Isabellenreben wild umarmte und küßte, und sie mußte sich wohl für den Winter in Sibirien mit Liebe verproviantieren, und sie küßte ihren Schwager und bedrängte ihn.

Und so vergingen vierzehn Tage, und ich schrieb einige Zehn-Pfennig-Hefte voll mit dem, was ich sah und was mich äußerlich anrührte, und von dem, was mich bald innerlich anrühren würde, wußte ich noch nichts. Wir hatten vor, nach Tbilissi weiterzureisen und eine Stadt für uns zu entdecken, die bisher nur in Märchen und Geschichten bei uns vorkam. Am Tage vor unserer Abreise erreichte ich mit meiner Bergtrippelei den Grat des Vorgebirges, und das wollte ich, und das hatte ich mir vorgenommen. Das war ein Punkt, den zu erreichen es sich lohnte, von dem aus man nicht nur Kelassuri, sondern auch Suchumi unter sich liegen sah, und die Stimmen der Menschen und alle Geräusche, die sie verursachten, drangen nur noch wie zu einem Sterbenden zu mir herauf, zu einem Sterbenden, der, getäuscht von der Agonie, sich aufwärts entschwinden fühlt.

An diesem Tage blieb ich länger aus als sonst, und Mittag war längst vorbei, als ich abwärts stieg, und ich hörte Sprengungen oder Schießübungen hinter mir im Gebirge. Im Quartier aber erwarteten sie mich bang, und sie hatten wohl auch schon ausgespäht nach mir. Sie glaubten, ich wäre in die Sprengungen oder in die Artillerieübungen oder was es auch immer war hineingeraten, und sie hätten besorgt nach mir ausgespäht, und ihre Fürsorge tat mir gut, weil ich glaubte, sie sei ihrer Liebe entsprungen, und weil ich nicht wußte, daß sich irgend etwas verändert hatte.

Und am nächsten Abend fuhren wir nach Tbilissi. Ich war ein wenig überrascht, daß auch Max und Rosa mit uns reisten. Max und Rosa, die jeden Tag mit unten am Strand gewesen waren, Max mit den durchdringenden Blicken und

Rosa mit ihrem Sonnenschirm. Aber wenn sie mit uns reisten, so war das nicht meine Sache, es war Lowas Sache. Er war unser *Reiseführer*. Jedenfalls war vorher nie die Rede davon gewesen, daß die beiden mit uns reisen würden, aber das will nichts besagen, es konnte ebensogut an meinem Desinteresse für derlei Dinge liegen, daß ich es nicht erfahren hatte. Wir fuhren mit Lowa und Raja in einem Abteil, es wurde rasch dunkel, und es tat mir leid, daß ich nichts mehr von der kaukasischen Landschaft sah, und wir fuhren die ganze Nacht durch, aber mitten in der Nacht bekam ich auf meiner Schlafpritsche wieder so einen Herzanfall, die Todesangst fing an, mich zu schütteln, sie lag unter mir und wurde unruhig, aber ich weiß nicht, wie es kam, ich fühlte mich sehr, sehr allein. Ich nahm von den Beruhigungstabletten, die mir der Arzt verschrieben hatte, und dann schlief ich ein. Ich schlief, bis die Morgensonne zum Fenster hineinglühte, und sah, daß wir in einer gewaltigen Berglandschaft steckten. Die Berge erglühten rosarot im Widerschein der Morgensonne, und an den Bergwänden gab es schwarze Punkte, das waren Höhleneingänge. Eine gewaltige Sache, ein gewaltiges Land. Das nahm meine ganze Aufmerksamkeit in Anspruch, und daß Max schon zeitig vor den Gangfenstern unseres Abteils hin- und herpromenierte, bemerkte ich nur am Rande. Er fuhr mit einem Rasierapparat, der aussah wie ein metallenes Ei, in seinem Gesicht herum, und von Zeit zu Zeit zog er ihn auf, und man hörte das Schnarren bis in das Abteil hinein. Ich nahm an, daß er uns den Rasierapparat zeigen wollte, und hielts für einen nicht gerade guten Geschmack, daß er es auf diese Weise tat, aber weiter nahm ich nichts an. Wir kamen nach Tbilissi, der wundersamen Märchenstadt, wir wurden dort von den deutschsprechenden Professoren der Universität in Empfang genommen, als ob sie uns schon lange, lange kannten, aber sie kannten wohl nur Lowa und Raja, uns kannten sie damals kein bißchen, obgleich sie nun schon jahrelang unsere Freunde sind. In dieser Stadt erlebten wir, daß allenthalben Unmögliches möglich wurde oder, anders gesagt, was uns, die wir in Preußen aufwuchsen, nicht machbar schien, wurde hier gemacht. Unsere Freunde, die uns abgeholt hatten und die wir erst ein paar Stunden kannten, hatten weitere Freunde, und die hatten sofort unsere Freunde zu sein, das war so gut wie *Gesetz*. Ich habe nie wieder ein Land bereist oder von einem Land gehört, in dem von dem Wort *Gast* eine magische Gewalt ausging. Wir erlebten, daß unsere Freunde besetzte Taxis anhielten, herantraten und sagten, wir haben Gäste, die müde sind, und wir erlebten es, wie die Taxengäste ausstiegen, und, obgleich wir uns wehrten, wir durften einsteigen, und wenn wir es nicht getan hätten, wäre das einer Beleidigung unserer Gastgeber gleichgekommen, und viele solcher Wunder geschahen Tag für Tag. Man führte uns in die Ateliers von Malern und Bildhauern, man führte mit uns heftige und laute Gespräche über die Kunst im allgemeinen, und man feierte mit uns Tag für Tag Gelage, an denen außer uns ganze Familien und Sippen teilnahmen. Und jetzt das: es war in der ersten Hälfte des Vormittags, und der Oktobersonnenschein war noch erträglich, und mit unseren Freunden zusammen (es wurden ihrer immer mehr) waren wir ein kleiner Heerhaufen, der sich, gestikulierend und aufeinander einredend, durch die Straßen zog. Wir kamen an eine Stelle der Hauptstraße, an der sich unsere große Gruppe teilte. Raja, sie und ich und einige unserer Freunde wollten ins Museum und uns die Originale von *Pirosmani* ansehen, die andere Gruppe wollte zum Dichterfriedhof am Hang, wo Stalins Mutter, die nichts für das konnte, was später geschah, in der Nähe von Gribojedow in der Erde lag, und zu dieser Gruppe, die auf den Friedhof wollte, gehörten auch Max und Rosa, und es war sicher Rosa, die dorthin wollte, denn daß es Max war, der dorthin wollte, kann ich mir im nachhinein nicht denken. Unsere Gruppe schwenkte in die Seitenstraße ein, die zum Museum führte, unsere Unterhaltung litt trotz der Trennung keine Not, denn wo Lowa war, war immer was zu bereden und niemals, soviel ich mich erinnere, etwas Uninteressantes. Aber plötzlich bemerkte ich, daß ich allein war, daß sie nicht bei mir war, nicht neben mir ging, und ich sah mich um, und ich sah, daß sie an der Ecke stehengeblieben war und daß sie dem anderen Teil der Gruppe mit Max und Rosa nachsah, es war aber nicht so, daß sie zögerte und mit sich rang, ob sie dieser Gruppe nachgehen sollte oder nicht, jedenfalls konnte ich das nicht bemerken, aber weshalb stand sie da und sah denen nach, immer nach, nach, nach? Als die andere Gruppe auf der drübigen Straßenseite angekommen war, erfuhr ich es. Sie hatte erwartet, daß Max sich umschauen würde. Und Max schaute sich um, und Max gab ein großes Umschauen von sich, und er legte noch eine ergebungsvolle Verbeugung drauf, und das wars, was sie erwartet zu haben schien, seinen tiefen Blick und seine galante *Ergebung*.

Nun ist es ja so, wenn zwei Menschen einander tief in die Augen schauen, so kann ein dritter nur erraten, worüber sie sich einig sind. Man kann sich aber vertun, kann sich irren und den beiden etwas unterschieben, etwas, was die nicht meinten, als sie einander so ansahen. Aber das eine kann er sicher wissen, daß es sich in diesem Falle um ein tiefes Einverständnis handelt, das die beiden sich mitzuteilen haben. Meine Eifersucht sprang aus dem Dunkel, als hätte ihr jemand einen Wecker ans Ohr gehalten. Etwa zwei Stunden später fanden sich die Friedhofs- und die Museumsgänger wieder zusammen, und ich lag mit meiner Eifersucht zusammen auf der Lauer. Wir konnten an diesem Tage noch viele Augenblicke des Einverstehens zwischen ihr und Max einheimsen. Das erste, was ich tat, ich benutzte meine Be-

137

obachtungen, um mit ihnen die Berechtigung für ein stilles Selbstmitleid zu erzeugen. Da saßest du nun all die Tage in Kelassuri, schriebst und schriebst und trainiertest dein Herz und glaubtest ihrer Liebe sicher sein zu dürfen, und dieses Selbstmitleid steigerte sich bis zur Nacht, da wir endlich wieder in unser Hotelzimmer einfielen, bis zur Unerträglichkeit. Ich weiß nicht mehr, auf welche Weise mich die Vorwürfe verließen, ob laut, ob leise, ob wild, mild, ironisch oder demütig, und auch das weiß ich nicht mehr, sie zog sich aus oder ordnete etwas an ihrem Reisegepäck, während ich ihr mitteilte, was meine Eifersucht und ich entdeckt zu haben glaubten. Und als ich fertig war, sah sie mich groß an, und es irritierte mich, daß sie mich ebenso eindringlich und tief anblickte, wie sie tagsüber einen Menschen angeblickt hatte, der Max hieß und der übrigens schon einen ganz schönen Bauchansatz hatte. Nein, schau mich jetzt nicht so an, so harmlos, sagte ich, es war so, wie ich es sage, und du hast es getan, und wie alle Eifersüchtigen rechnete ich still damit, sie würde es *verreden*, daß sie und Max seit Tagen in Einverständnissen lebten, in Einverständnissen, und wer weiß, was sonst noch alles passiert war, während ich schrieb und mein Herz antrieb, wieder etwas mehr zu leisten, als es die letzten Monate getan hatte. Aber nein, sie verredete nichts. Und was sie sagte, war, du weißt, wofür das ist. Und wie ich darauf reagierte, weiß ich wieder nicht mehr. Und wenn nun ein paar Tränen aus meinen Augen kleckerten, so verdächtige ich, daß auch sie das Selbstmitleid aus mir herausdrückte. Wie dumm, wie primitiv damals für einen Mann in meinen Jahren. Apropos meine Jahre, ich *wechselte* sie damals gerade, wie man das so nennt, und die Zeit der Panik, die sich in diesen Jahren einstellt, lag schon ein Stück hinter mir, sie sind wie eine Krankheit, diese Jahre. Und ob Frauen in ihrem Leben eine ähnliche Zeit durchmachen, weiß ich nicht. Ich hörte nie eine Frau davon reden, daß sie so eine

Zeit der Peinigung über sich bringen mußte. Peinigung? Wer peinigt da? Es könnte sich anhören, als wollte ich mich herausreden, wenn ich sage, das *Leben* peinigt da. Jedenfalls fühlte ich es so. Den einen Tag glaubt man, nicht genug geliebt und gezeugt zu haben in diesem seinem Leben, und den nächsten Tag dreht sich das Gefühl um, und man glaubt, nicht genug geliebt worden zu sein in diesem seinem Leben, und daß dieser zweite Zustand noch mehrmals wiederkommt, ehe man stirbt, wußte ich damals noch nicht. Wenn ich durch die Straßen der Großstadt ging, hatte ich das Gefühl, ich müßte raffen, raffen, alles was mir an annehmbaren Frauen entgegenkam, einraffen. Und obgleich ich das nur so fühlte und dachte: wenn ich heimkam und bei ihr saß, fühlte ich sündig, *übersündig*, nicht, weil mir das Wort des Nazareners einfiel, siehe, und wer ein Weib ansieht, ihrer zu begehren, der hat schon mit ihr die Ehe gebrochen, nein, der konnte da nicht mitreden, der Herr *Gesus*, wie ihn einer meiner Söhne in Unkenntnis nannte. Er war von vornherein so gebaut, daß er keiner Frauen bedurfte, dieser Gesus. Das mag auch seine Reize haben, aber ich habe sie leider nicht kennengelernt, ich leider nicht. Ich suchte in dieser Zeit in aller Welt nach Liebe, und die Liebe, die für mich da war, die sah ich nicht. Ich wurde *gelebt*, ich war ein *Männchen*, ich war das Exemplar einer *Gattung*. Und ich sage es hier, daß ich sie damals *betrog*, und ich fühlte, als diese Zeit über mich kam, nicht einmal, daß ich sie betrog, denn ich war keinen Augenblick gesonnen, sie zu verlassen, wohl aber war ich gesonnen, die, mit der ich sie betrog, zu verlassen, um diese mit der nächsten zu betrügen. Doch der Drang in mir war zu *raffen*, zu *raffen*, und das sage ich noch einmal, ich sage es, ob ich verstanden werde oder nicht.

Jetzt nun wieder so eine Dummheit. Ich hielt mir zugute, daß ich sie damals zu *schonen* versuchte und zu vertuschen versuchte, was gewesen war, obwohl da nichts zu vertuschen war. Es existierten Briefe, und sie hatte sie gesucht, und sie hatte sie gefunden. Was für ein Unterfangen damals, in meiner Unzurechnungsfähigkeit Briefe zu schreiben, waren es nicht eigentlich Briefe an *alle Welt*, an das *Leben*, Briefe, die von meinem *Zustand* berichteten? Jedenfalls war, daß ich sie an eine bestimmte Person richtete, nur ein *Notbehelf*, und ich frage mich heute, wieso ich nicht darauf kam, diese Briefe an alle Welt in meine Tagebücher zu schreiben. Aber es war eben keine *normale gemäßigte* Zeit, und ich war nicht *normal*.

Wie ganz anders nun sie. Sie versuchte nichts zu vertuschen, so und so sind die Sachen. Sie spezifizierte sie übrigens nicht, die Sachen, so ist es, und das ist für *damals*, und da hast du es. Von heute aus gesehen geschah mir recht so, aber damals hielt ich es für *roh*, na, eben für *liebelos*, du hast mir lange genug gefallen, jetzt gefällt mir ein anderer, du benahmst dich nicht so, wie du solltest, jetzt gefällt mir eben der, von dem ich wenig weiß, aber er *gefällt* mir.

Die Nacht verging, und der nächste Tag kam, und ich nahm meinen Sack Lebens- und Liebeslast auf und ging mit ihm durch die Tage, und es war nicht abzusehen, wie lange ich damit umhergehen müssen würde, denn es war keiner unter uns, außer mir, der wünschte, den *Clan* aufzulösen, und wir nannten ihn unseren *Kafka*, diesen Clan, weil wir glaubten, damit einem Dichter Ehre anzutun, der zu dieser Zeit politisch *mißbraucht* wurde, obwohl er schon eine ganze Zeit tot war. Und der Clan begab sich nun nach Kachetien, nach dem Land, über das ich gern mal ein ganzes Märchen schreiben würde, und er flog mit einem kleinen Flugzeug über die Kaukasusberge zurück nach Tbilissi.

EINSCHUB:
Und ich erinnere mich, eines Abends erzählte Lowa, wie er geweint hatte, als Stalin starb, und daß er um diese Zeit im

Gefängnis gesessen hatte, im Gefängnis, in das ihn politische *Eiferer* gesteckt hatten, und wie er geglaubt hätte, Stalin wüßte nichts von solch ungerecht verhängten Gefängnisstrafen, wie Lowa eine absaß, und daß Stalin nun, da er gestorben war, nie von diesen Ungerechtigkeiten erfahren würde, und was für einen höchlichen Eindruck die Rede Stalins auf ihn gemacht hätte, die er für die *sibirischen Elitetruppen* gehalten hätte, bevor die losmarschiert wären, um die Deutschen vor Moskau zurückzuschlagen. Niemand hätte ihm einreden können, Stalin hätte etwas von den Ungesetzlichkeiten gewußt, die in seinem Namen geschehen wären, und eben, wie er an Stalin geglaubt hätte, und mir fiel dabei ein, wie *Glaubensbekenntnisse* von der Art, wie Lowa eines abgelegt hatte, zu Massen ein Weilchen früher in Deutschland für einen gewissen *Führer* abgelegt worden waren. Aber was ist ein *Weilchen* in der *Weltgeschichte*? Wir erwogen an diesem Abend, wie ich mich erinnere, vorsichtig, ob Glauben an etwas so Vordergründiges wie an Politik und Politiker eines geistigen Menschen *unwürdig* wäre, und wir kamen zu dem Schluß, daß es *unwürdig* wäre, und jeder kam auf seine Weise zu dem Schluß, nach seinem *persönlichen Befinden*, nach diesem Krieg und Nachkrieg und nach seinen Erlebnissen. Und als wir dahin gekommen waren, sagte sie eines ihrer Gedichte, und sie tat es, um uns von diesem *politischen Thema* wegzuheben, und ich war ihr dankbar dafür, es war eines jener Gedichte, mit denen sie mich schon daheim überrascht und in Erstaunen versetzt hatte. Obgleich ich wußte, daß sie schon eine ganze Zeit still und für sich Gedichte machte und sie vor mir versteckte, war ich daheim überrascht gewesen, überrascht allerdings von der Reife und der Gültigkeit und der Wortkraft, die ich da mit eins mit ihren Gedichten zu hören und zu sehen bekam. Ich weiß, daß ich glücklich darüber war und daß ich sie ermunterte, aber gewiß habe ich es, wenn ich es von heute aus sehe, nicht heftig genug getan, und daß ich bei ihr vielleicht den Eindruck erweckte, daß ich ihre Gedichte mit der gleichen Haltung *einnahm* wie später, als sie ihre ersten Gedichte veröffentlichte, Neidische bei uns daheim ihre Gedichte einnahmen. *Naja, die Frau eines Dichters, die will auch ein bissel dichten. Einfach ans schöne Gewerbe angehängt*, wie sie es später selber in einem Gedicht ironisierte. Lowa, der immer seine Fühler nach Kunstgenüssen und Kunsterlebnissen ausgereckt hielt, horchte auf, als sie an diesem Abend auch vor ihm und Raja ein Gedicht von sich sprach. Und wenn einer sich sichtbar begeistern konnte, sobald er auf ein Stück *in Kunst gekleidete Ewigkeit* stieß, so war das Lowa, und er hielt seine Begeisterung nicht zurück, und er verlangte *mehr*, und sie sagte zögernd und halb verschämt (ach, wie ich das stets bei ihr liebte) an diesem Abend noch einige ihrer Gedichte.

Das wars, was ich an diesem Abend erlebte, und ob sie am nächsten Tag oder einige Tage später auf Lowas Drängen und Zureden hin auch am Strand vor Max einige ihrer Gedichte gesagt hatte, das weiß ich nicht. Ich meine, sie wird es nicht getan haben, und daß ich damit gewiß recht hatte, wird man noch sehen.

Ja, und nun wieder Tbilissi, die Märchenstadt, in der das Weißbrot (sie nannten es *Lawasch*) und der Wein nicht vom Tisch kamen und die Trinksprüche nicht alle wurden, man trank auf die *Mütter*, auf die lebenden und die toten Bergsteiger, auf die Kinder und auf die Gesundheit, auf die Daheimgebliebenen und die Davongereisten, auf die Freundschaft und auf den Frieden, auf die Eltern und auf die *Gesundheit* und brachte Trinksprüche auf alles, alles aus, was sich nur *betrinken* ließ, nur auf meinen Zustand zwischen Eifersucht und Bußfertigkeit gabs keinen Trinkspruch, wer kannte ihn schon, diesen Zustand, außer mir, nicht einmal sie kannte ihn außer mir, denn sie fühlte sich im Recht, und so war es ja wohl auch.

Aber unsere Freunde aus Tbilissi, die Professoren von der Universität, hatten sich etwas anderes *ausgedacht*. Ich möge, so baten sie, möge unbedingt an der Germanistischen Sektion vor den Studenten und vor den Professoren irgendwas aus meinen Büchern lesen, und auch sie wurde gebeten, Gedichte zu lesen, und das hatte gewiß Lowa den Professoren vorgeschlagen, und sie wurde innigst gebeten, Gedichte zu lesen. Ich hatte nichts dagegen, wenn nun ihre Gedichte, die wie eingesperrte Brieftauben bisher den heimatlichen Schlag nicht verlassen hatten, in die Welt hinausfliegen würden, aber ich begrüßte es nicht stürmisch, ich sagte nicht etwa, *Rosen für meine Dichterin, bitte*, denn ich hielt es für ausgeschlossen, daß sie auf die Bitten der Freunde eingehen und lesen würde. Denn *daheim*, so meinte ich, hätte ihr niemand damit kommen dürfen, ohne von ihr mit Ironie, hinter der sie zuweilen auch ihre Unsicherheit zu verstecken pflegte, abgefertigt zu werden. Deshalb stimmte ich nicht stürmisch ein, als man sie zum Lesen einlud. Aber ich hatte mich geirrt, und meine Zweifel waren, wie sich herausstellte, fast taktlos unangebracht. Jetzt waren wir im Kaukasus und in Tbilissi, und alles, was daheim für sie und für das Ausfliegenlassen ihrer Gedichte gegolten hätte, galt hier nicht mehr. Kurzum, sie sagte zu, sagte freudig zu, und ich war, nachdem meine kleine Verwunderung verklungen war, nicht wenig glücklich darüber, daß wir beide zusammen lesen würden. Ich verstand auf einmal zu gut, daß es die milde Septemberluft und die mannigfachen Düfte waren, die aus der Märchenstadt aufstiegen, und die *alles* bewirkten. Der linde Rausch, in dem wir uns nach den vielen Gastmählern stündlich befanden, und das Zureden der vielen Freunde waren es, die sie in den Entschluß hoben, die Geheimnisse, die ihre Gedichte bisher waren, auf den

Markt zu tragen, zumal es ja kein Markt war, auf dem gefeilscht, gehandelt oder Ware beanstandet wurde.

Und wir lasen. Ich schon ein wenig mit Routine, weil ich es daheim oft und oft getan hatte. Sie aber hatte es nicht nötig zu lesen, ich glaube, sie hatte die Manuskripte ihrer Gedichte nicht einmal bei sich, sie trug sie im wahrsten Sinne in sich und gab sie im wahrsten Sinne von sich, und sie fing mit zitternder Stimme an, und da tat sie mir leid, und ich bangte unnötigerweise, sie könnte steckenbleiben oder gar anfangen zu weinen, ich war mir nie so gewiß, wie sehr ich sie liebte, als an dieser Stelle unseres Lebens, nicht, weil ihre Gedichte mit Beifall aufgenommen wurden und weil sie immer sicherer wurde, sondern weil ich von der Tatsache überwältigt war, daß wir beide aus demselben Brunnen schöpften und daß wir nie so zusammengehört hatten wie da, als sie mir schon nicht mehr zu *gehören* schien. Und das steigerte mein Leid in den nächsten Tagen um das Vielfache, denn unser *Kafka*, wie wir unsern *Clan* betont immer wieder nannten, blieb noch viele Tage zusammen, und es blieb mir auch nicht erspart, daß ich, nachdem wir auf unserer Rückreise in Moskau verweilten, an einem Gastmahl teilnehmen mußte, das Rosa und Max, vor allem Max, weniger für mich als für sie gaben. Und obgleich wir, sie und ich, im selben Hotelzimmer wohnten, schien sie mit Max im Einverständnis zu leben, immer mit Max, und ich schien nur jemand zu sein, den man mitgenommen hatte und jetzt nicht beiseite lassen konnte, und sogar Rosa fing an zu leiden an dem Einverständnis der beiden, in dem sie lebten und lebten, und Rosa versuchte starkes Interesse für mich zu bekunden, tat jedenfalls so, als ob sie es bekunden würde, aber ich hatte nicht im mindesten Interesse daran, mich von Rosa benutzen zu lassen und ihr zu helfen, Max darauf aufmerksam zu machen, daß auch sie noch da war. Nein, nein danke.

Ich war damals noch jünger, wie gesagt, ich hatte soeben *meine Jahre gewechselt*, und in verschiedenen *Heiligen Büchern* hatte ich gelesen, daß es kein Viel ohne ein Wenig gibt, keine Höhe ohne Tiefe, und daß man das Leid, das man anderen zufügt, dann oder dann mit Leid, das man auf sich zu nehmen hat, abtragen muß, und daß das Leben von diesen *Ausgleichungen* lebt. Doch ich dachte, wie ein in der Lebenskunst noch Unausgebildeter eben so denkt: Sacht man, sacht, das *Leben* ist hier, und die *Weisheit* ist dort, und es wird auch dort nicht so heiß gegessen, wies gekocht wird, und gewiß wirds schon nicht Heller auf Pfennig gezahlt werden müssen. Nun, was sich der kleine Mensch eben so denkt, der das *Leben* der Wirklichkeit und die *Weisheit* irgendeinem Idealismus zurechnet. Ich nahm mir auch die Zeit nicht zu prüfen, ob jene bekannte Weisheit wirklich *allgültig* und *unumstößlich* war. Jetzt aber bekam ich Zeit, die Summe der Rückzahlung, die langsam, langsam einpassierte, zu prüfen, und die Zeit, da ich die Schmerzen, die ich ausgesandt hatte, zurückzunehmen hatte, kam mir lang vor. Was warst du nur für einer, und wieviel Leid hast du nur ausgesandt und meine leise Hoffnung: Ists wirklich aus der Welt, daß du ein wenig Rabatt erhältst? Hast du damals eigentlich nicht nur das getan, was das *Leben* von dir verlangte, wars nicht die *Unschuld des Tieres*, in der du es tatest?

Vergebliche Hoffnung. Das Leben lächelte über meine Naivität, mit der ich mich, weils mir gerade so paßte, von ihm lossagte, mit der ich ihm, als wärs ein von mir *Verschiedenes*, zuschieben wollte, was ich getan hatte.

Und das alles erlebte ich, nachdem ich aus dem noch sommerlichen Tbilissi in das schon herbstliche Moskau geflogen war, und ich versteckte mich dort mit dem, was ich mit mir auszumachen hatte.

Die Tage wurden rauher und grauer, und am letzten

Abend, den wir in Moskau verbrachten, ging ich mittelmäßig tapfer durch den Nebel, der aus den Winkeln bei der kleinen Kirche neben dem *Riesenhotel Rossija* kroch. Dann waren wir wieder zu Hause, und der Winter kam. Er sah durch all die kleinen Fenster unseres Häuschens im Walde am zugefrorenen See zu uns hinein. Sie schrieb, und ich schrieb, denn das Schreiben war nun einmal mit den Jahren zu unserer Arbeit geworden, obgleich wir am besten schrieben, wenn wir das Schreiben nicht wie eine Arbeit, sondern wie eine Rettung betrachteten. Und das, schien mir, war in jenem Winter bei uns beiden so. Nun mußte ich nicht mehr Zeuge von einverstehenden Blicken sein, die sie mit jenem Mann aus Moskau, der Max hieß, wechselte, der übrigens eine Uhrkette auf seinem Bauch liegen hatte (und der war für mich schon ein *Schmerbauch* geworden), und an dieser Uhrkette war eine aufklappbare Schere befestigt, die der Mann, der Max hieß, in Gesprächen zuweilen aus der Hosentasche heraus aufklappte, und er machte schnippernde Bewegungen mit ihr. Und was sollte das nun sein, daß er seine Gespräche gewissermaßen mit der Schere häckselte? Trotzdem, die letzten Posten der Schuldsumme, die ich abzutragen hatte, waren immer noch nicht einpassiert. Während ich schrieb, war ich in *anderen Welten*, und nichts konnte mir etwas anhaben, aber an Nachmittagen zuweilen, wenn ich den Hengst durch den schneeverstaubten Wald ritt, ritt die Eifersucht *mich*. Jetzt erst fing ich mich an zu fragen, was vorgefallen sein mochte zwischen ihr und Max, war es wirklich alles, dieses Augengetechtel, das du von Zeit zu Zeit miterlebtest, konnte nicht irgendwo ein Mehr gewesen sein oder stattgefunden haben? Dann wieder fragte ich mich, ob ich überhaupt ein Recht hatte, eifersüchtig zu sein, und ob ich hier nicht ohne *Emotion* zu zahlen hätte und fertig. Dann aber sagte ich mir wieder, daß ja auch Eifersucht zu den Schmerzen gehörte, die ich ausgeteilt hatte und nun wieder empfing. Und das alles setzte sich fort bis zum Frühling, bis zu dem Tage, an dem wir auch in der *Heimat* in einer literarischen Veranstaltung nebeneinander lasen, wie wir es in Tbilissi getan hatten. Und sie las ruhig und schlicht, es war eigentlich mehr, als ob sie ihre Gedichte erzählte, und eines war dabei, das war ein Liebesgedicht, und ich bezog es sogleich auf mich, und es durchschauerte mich, und erst am Schluß des Abends stand leise Skepsis in mir auf, *mitteleuropäische Skepsis*, die eine längere Beglückung schlecht erträgt, ohne sie ein bißchen mit ihrer *Säure* zu bespritzen, und es hieß bei mir, konnte das Gedicht nicht auch für einen Mann aus Moskau geschrieben sein, für einen Mann mit durchdringendem Blick, für jenen Moskauer Sämann für handfeste Tagesweisheiten, der mit einem Metallei von einem Rasierapparat morgens vor unserm Schlafabteil patrouillierte, während hinter ihm die kaukasischen Berge rosarot aufleuchteten. Hin und her und her und hin, und ich weiß nicht, weshalb ich das nicht schon längst herausgefunden hatte, mit einem Mal war es mir so gleichgültig, für wen dieses Liebesgedicht geschrieben worden war. Es war ein Liebesgedicht, und es war ein großes Liebesgedicht, und es begann mir völlig gleich zu sein, ob es für mich oder für einen Mann mit einem eirunden Rasierapparat geschrieben worden war, und mit eins wußte ich auch das: dort in Tbilissi hatte sie für ihn gelesen, und ob er nun der rechte Empfänger war oder nicht, sie hatte für ihn ihre Grenzen gesprengt, ihre Grenzen, die ich ihr gewiß, wenn auch unabsichtlich, die ganze Zeit gezogen hatte, denn wie oft hatte sie neben mir gesessen, wenn ich öffentlich las, und sie hatte die letzte Zeit vielleicht mühsam verborgen, was in ihr war. Aber in Tbilissi hatte ihr Max dazu verholfen, jene Seite ihres Wesens zu zeigen, die sie bisher verborgen hatte. Und plötzlich wollte mir scheinen, als ob auch ich meinen Anteil an all dem hatte, weil ich meine Schuldsumme geduldig abzahlte und nicht versuchte, mich *unreif* zu rächen, ehe alles beglichen war. Und ganz zum Schluß fragte ich mich, ob nicht ganz und gar das, was ich damals getan hatte, schon im Zusammenhang mit dem stand, was jetzt geschehen war. Aber eine Antwort darauf wagte ich mir nicht zu geben.

JEDES ERLEBNIS HAT SEINEN FESTEN PLATZ, und du mußt zu ihm hingehen. Willst du hören, wie die Luft *kocht* vom Gegurre der Türkentäuber, so wie es im Gestüt von *Babolna* in den großen Linden und Kastanien war, so mußt du dich auf eine der Bänke am *Slovan* setzen und dich hineinfallen lassen in diesen *Sud* aus Taubentönen, und du mußt dich leicht machen und auftreiben lassen, und du wirst auf ein *Urgefühl* stoßen, und das wird dir sagen: falte die *Flügel deines Willens* wie der Falter, wenn er auf der Blüte sitzt, laß dir geschehen, was dir geschehen soll, und alles wird gut sein.

Aber eine andere Bank mußt du aufsuchen, wenn du dem Spiel der zweiunddreißig Fontänen zuschauen und erfahren willst, wie immer wieder *Geformtes*, das nach einem Namen lechzt, aus dem großen Wasserreservoir aufsteigt und wieder in das große Wasserreservoir zurückfällt. Nimm diesen Anblick ganz in dich hinein, und der Anfang und das Ende deines Lebens wird dir kein Rätsel mehr sein.

Und wenn du am Familienleben der Stockenten teilnehmen willst, so mußt du am Anfang der Dämmerung auf der Brücke stehen, über die die Privatautos der Badegäste abends, wie die Schafe in ihren Stall, auf ihren Parkplatz getrieben werden. Hin und wieder wird eines die Brücke erdröhnen machen, aber das wird nur *dich* stören, nicht die Entenmutter mit den fünfzehn Jungen, die unten auf dem *Schlammkanal* schwimmen, und wenn du lange genug dort stehst, wird dir sogar an derselben Stelle ein zweites Erlebnis werden, denn auch das hat seinen Platz dort, du wirst sehen, wie die Bisamratten ihre Baue im Teich verlassen und auf Jagd ausziehen, du kannst ihre kantigen Schwänze erkennen und feststellen, daß sie gute Taucher, aber weniger gute Schwimmer, allenfalls gute *Gleiter* unter Wasser sind.

Und solltest du noch vor dem Vorabend auf dem Damm sein, wenn der Wind auffährt, um von den Bergen am Horizont herzuwehen, dann steht dir das Erlebnis zu, wie die Schwaneneltern ihr Junges füttern, wie sie, das Junge zwischen sich, das Kanalwasser kneten und treten und Wasserlinsen und Pflänzchen aufbringen, die in den Schnabel des Jungschwans passen, für den sie geschaffen zu sein scheinen oder umgekehrt.

Dort, wo der Kurpark sich ein Stückchen in das Städtchen hineinwagt, plätschert ein Brunnen. Aus Sandstein gehauene nackte Knaben umarmen große Fische, um sie fortzuschleppen. Sie bringen sie nicht von der Stelle, und ihre Körper, die das Brunnenwasser Tag für Tag und Stunde um Stunde überrieselt, sind algengrün und glitschig, und ihre Haut und die geschuppte Haut der Fische gleichen sich, je weiter sie in den Sommer und in die Zeit der sprudelnden Brunnen hineinkommen, mehr und mehr, und die Armbeugen der Jungen und die aufgesperrten Mäuler der Fische, sie sind zu kleinen *Wasserbehältern* geworden, und aus ihnen tränken sich die Vögel, fliegen an, trinken, baden ein bißchen, schütteln sich derweil und fliegen wieder davon, und ihr Wohlsein teilt sich dir mit.

Jedes Erlebnis hat seinen Ort und seine Stelle. Manche haben auch ihre Tageszeiten, und manche verfehlst du, wenn du um eine Minute zu spät kommst. Und jene, die mir noch einfallen, werde ich an anderer Stelle aufschreiben, jetzt aber schreibe ich das: Wenn jedes deiner Erlebnisse seinen Platz und seine Stelle hat, an der du es findest oder an der es auf dich wartet, so ists doch nicht abwegig,

149

daraus zu schließen, daß es auch mit deinem Tod so sein wird.

Fahrt in die Tatra

Violettrot blühende Japankirschen als Umrandung von Dorfplätzen, in Tücher gehüllte Frauen, ältere Frauen zumeist, in Gruppen. Sie obliegen dem Feiertagsvergnügen, dem Schwatz, auch schon am Sonnabend. Läutende Kirchenglocken. Leute, die feierlich gekleidet, Gesangbuch unterm Arm, (auch Jugendliche) gemächlich zur Andacht in die Kirchen gehen. Schafe wie Flocken an grünen Hängen. Bergkuppen mit Schnee bedeckt, der Schnee schon ein wenig frühlingszerfressen.

Nur zwei, drei Pferde, aber Herden braunkohlenaschfarbener Rinder und je ein Hirte und ein Hund dazu. Auf den Dorfplätzen Männer mit dunklen Anzügen, Hüte auf dem Kopf und werweißwie feierlich in Gruppen zum Schwatzen.

Rapsfelder hellgelb in Blüte, als hätte sich die Mittagssonne aus kleinen Erdteilchen vergessen zurückzunehmen. Bergschichtungen, von der Ferne verschieden gefärbt, von Grün über Lila ins dunkle Blau. Ab und zu Steinbrüche, in denen auch mit Maschinen mühselig genug versucht wird, das Felsgewurzel eines Hügels zu zerbröckeln, zu zermahlen. Versuche des Menschen, die Erde zu zertrümmern, bei denen man bedauernd ausrufen möchte *Scheißkerl!* Mal rechts der Straße ein Flüßchen, mal links der Straße ein Fluß, jetzt zahm, aber man sieht ihnen und dem Bett, in dem sie sich recht schmal machen, doch an, was sie im Frühling bei der Schneeschmelze zu *leisten* vermögen. Und immer wieder Bauern in dunklen Anzügen mit weißen zugeknöpften Hemdkrägen und den Hut auf dem Kopf, den Hut, der hier noch zur Sonntagsbekleidung gehört, aus welchem Stadtladen und wie modern er auch sein mag.

Ein Tankstellenwart ist in Rot gekleidet, sogar mit roter Mütze. Gingen nicht die Scharfrichter zu einer bestimmten Zeit so gekleidet? Er ist erst beim Zeigen eines Trinkgeldes, das aus einer Menge Kronen besteht, bereit, einen Eimer, einen Lappen und eine Bürste herbeizuholen und die vielen an der Frontscheibe zerplatzten Insekten abzuwaschen. Das Hotel liegt am Rande einer Alm mit vielen Stufen bis zum Eingang, Stufen aus wackelndem, bröckeligem Gestein mit Mulden und Vertiefungen, als wäre die Treppe in den Naturstein gehauen, auf dem das Hotel steht, doch sie ist weiter nichts als *Architektenpfusch*, diese Treppe. Blick aus dem Fenster, wie in ein Gemälde hinein, wie in ein naturalistisches Gemälde. Das Gras auf den Matten fängt erst an zu wachsen. Wacholder und Tannen, harmonisch angeordnet, aber dann sieht man Steinplatten, und dann sieht mans kribbeln und krabbeln, als ob Schadinsekten in das Bild gekommen wären, man hört Zurufe, ungarische, slowakische, aber auch sächsische, viel sächsische sogar. Welches der sogenannten *Bruderländer* haben die sächsischen Touristen nicht erobert?

Vorabendspaziergang zu dritt. Hinter den Tannen und Wacholdern, die nur Kulissen für sie abgaben, Bungalows und Bungalows. Halb betrunkene Slowaken, singend, immer singend, kochen etwas in einem Hängekessel ab, der Holzfeuerrauch zieht herüber, Schaschlikduft fällt aus der Hotelküche ins Tal. Starke Erinnerungen an *Kaukasien*. M. erzählt von seiner *unausstehlichen* Schwiegermutter. Schlimme Zeiten, wenn meine Frau verreist ist und ich mit dem Bua alloan mit der Schwiegermutter bin. Beispiel, a Zitrin ist aufgeschnitten, ich nimm mir a Stück, sie sogt, was nimmst dös Stück da, nimm doch dös hier, und so gehts bis zum Narrischwerdn. Dazu ruft der Kuckuck, die Amsel singt hier wie überall, die Drosseln schlagen, die Drosselweibchen sind hier besonders schön gezeichnet, kommt mir vor, eine Bergbachstelze seh ich, der Himmel ist hoch und klar, verspricht gutes Wetter für die Weiterreise. Dumpfe Nacht in harten Betten ohne Fußstütze. Zwei Schlaftabletten, obwohl ich am Abend ganz für mich noch zwei Stunden gelaufen bin, um den Quell eines Rinnsals zu finden, das die Alm durchrieselt.

Morgens ziehn die *Bungalisten* wie Heuschrecken ins Hotel ein. Wir *erstehen* und *erarbeiten* uns unser Frühstück. Weiterfahrt, noch höhere Berge in der Ferne mit fast glatter Schneedecke jetzt. Viele verschiedene Grüns spielen sich auf. Wohl zwei Stunden vor Mittag kommen wir dort an, wos M. hinzieht. Ich habe den Namen des Ortes nicht aufgeschrieben, er ist mir nicht im Gedächtnis geblieben, für mich war es wie eine Art slowakisches *Avignon* oder ein kleiner *Prado*. Über eine Herde historischer Bauten hinausragend ein Dom oder eine Kirche. Wann ist eine Kirche ein Dom und wann ein Dom eine Kirche? Das hier wird Kirche genannt, und wir gehen hinein. Kühle, sozusagen *Doppelkühle* springt mich an, und eine Erinnerung weht mir entgegen. Die Kühle jenes Eiskellers, in dem ich als Lehrling an jedem Sonntagmorgen für den Kaffeehausbetrieb Stücke von einem Eisberg hacken und sie in Säcke stopfen mußte. Also auch hier in diesem heiligen Dom bin ich mit dem Gefühl meiner *Vergangenheit* verpflichtet. In der Kirche soll es *unerhörte* Altäre geben, unerhörte Altäre mit unerhörten Figuren, Altäre, die man gesehen haben *muß*. Ich bin skeptisch gegen alles, was man gesehen haben muß. Und wieder weht eine Erinnerung her. Die Enttäuschung, als ich im *Louvre* der *Mona Lisa* gegenüberstand, das kleine *Format* des Gemäldes irritierte mich. Die Glasscheibe vor dem Gesicht der *Lisa* gleichermaßen. In dieser Glasscheibe spiegelte sich die Scheibe des Schreins, in den das Bildnis eingeschlossen war. Man mußte hin und her *trampeln*, um einen Standpunkt zu finden, von dem aus man die *Lisa* unbelästigt von Spiegelungen betrachten konnte. Nun sehe ich die *unerhörten* Altäre und die *unerhörten* Figuren in dieser Kirche und finde sie so unerhört nicht. M. und Eva sprechen von *Barock* und *Gotik*. Mich interessiert anderes. Der junge Priester zum Beispiel, der unter seinem langen Rock vor Schneid und Sportlichkeit mit den Knien wippt und gleichzeitig drei oder vier oder sinds gar fünf, was tuts zur Sache, Kinder tauft. Eine lange Zeremonie, und die Kinder sind gut verpackt und gebündelt, damit die Kirchenkälte sie nicht packen kann. Eine Kindsmutter und eine Patin tragen Halbschuhe aus goldgefärbtem Leder. Zigeuner, flüstert M., also, auch sie lassen ihre Kinder taufen. Das religiöse Bekenntnis scheint eine der Stellen zu sein, an denen es ihnen gelingt, sich anzupassen. Mich interessiert, was eine halb-alte Nonne tut, die dem jungen Priester zur Hand geht, ihm das Taufwasser reicht und Kerzen anzündet und die sich mitten in der *heiligen Handlung* in ihr weißes Taschentuch schneuzt, was man einer Verkäuferin für *Fleisch- und Wurstwaren*, wenn sie die *heilige Handlung* des Abwägens und Einwickelns der Lebensmittel zelebriert, stark übelnehmen würde. Mich interessieren die Beterinnen und Beter, die in den Betbänken hocken, die versunken sind, vielleicht außerhalb aller Gedanken sind und sich in *außerkosmischen Zonen* aufhalten, in denen ich jetzt nicht sein kann, weil ich mich *interessiere* und beobachte, und was mich interessiert, ist, daß die Haltungen und die Gesichter einiger inbrünstiger Beter genau denen gleichen, die mir die Altarfiguren entgegenhalten, und es begeistert mich, daß da eine *Kraft* ist, eine Kraft ohne Namen, die sich über die Jahrhunderte hinweg und in Menschengesichtern, die nach menschlicher Zeitrechnung durch Jahrhunderte voneinander getrennt sind, den gleichen Ausdruck zu schaffen weiß. Und das wars wohl, was ich auf der Fahrt in die *Tatra* erkennen sollte und wozu mich ein *loser Bekannter* zwei Tage im Auto an Landschaften und Menschen *vorbeischleppte*, auf die mich einzulassen er mir keine Zeit gönnte.

NACHTRÄGE ZUR FAHRT IN DIE TATRA
ERSTER NACHTRAG:

In einem Museum. Das merkwürdigste Museum, das ich je besuchte, nichts überwacht, nichts eingeschlossen, man konnte in alten dicken Büchern blättern, in handgeschriebenen Bibeln und Gesetzesbüchern. Ich konnte ausprobieren, wie man sich als Mönch, an einem Stehpult schreibend, fühlte, konnte in einem Ratsherrnsessel aus vorigen Jahrhunderten sitzen, und dann war da ein Saal mit Richtschwertern, es waren wohl zwölf, in allen Größen, und sie hingen dort neben *Räderinstrumenten*, und neben den Richtschwertern eine *instruktive* sepiafarbene Grafik, die die Handhabung eines Richtschwertes erklärte, die den Mann zeigte, der seinen Kopf auf den Richtblock gelegt hatte, demütig, wie es aussah, weil ein Mensch mit einem Gebetbuch danebenstand und dem *Todeskandidaten* wohl versprach, daß der nun sogleich das *Paradies* sehen würde und daß er *eigentlich glücklich* zu sein hätte. Und dem Delinquenten schien wirklich nichts anderes übrigzubleiben als demütig, mit dem Kopf auf dem Hauklotz, dazuknien. Wo hätte er hin sollen, überall Kriegsknechte mit Lanzen und Spießen. Ich konnte mich nicht *enthalten*, eines der *Richtschwerter* in die Hand zu nehmen, es fühlte sich nicht anders an als eine *ungeschmiedete* Eisenstange. Weshalb mußtest du es anfassen, fragte ich mich sogleich, frage ich mich noch heute, bist wohl doch noch *sensationslüstern*, alter Knabe, sagte ich mir. Was werden sie getan haben, jene, denen man mit diesen *Richtschwertern* die Köpfe abschlug? Sie werden etwas anderes geglaubt haben, als *vorgeschrieben* war, und sie werden über ihr *Andersglauben* geredet haben. Man darf aber, was man *glaubt*, nicht in Worte *stopfen*. Denn immer hats Menschen auf dieser Erde gegeben, die anderen vorschrieben, was sie zu glauben hatten, und immer brachten sich die, die etwas anderes glaubten, als gängig war, und darüber sprachen, in die Gefahr, vernichtet zu werden, und ich mit meinem kurzen Menschenleben habe zwei dieser Epochen durchlebt, und morgen kann schon wieder eine beginnen, und täglich werden auf dieser Erde irgendwo in einem Land denen, die nicht glauben wollen, was sie glauben sollen, die Köpfe abgeschlagen, und doch geb ich nicht auf zu hoffen, daß es sich mit den Zeiten ändert, denn schon ist ziemlich selten geworden auf dieser Erde, daß ein Mensch den andern zu Mittag frißt.

Zweiter Nachtrag:

Wir sind bis ins Hintere der Kirche vorgedrungen und sind dabei, uns in die Figuren des linken Altars zu vertiefen, da hören wir hallende Schritte hinter uns, das Hallen nicht gerade von eisenbeschlagenen Absätzen hervorgerufen, aber von hartem Leder auf jahrhundertealtem Steinfußboden. Ein Pater in schwarzem Langrock nähert sich uns von hinten. Keine Güte in seinem Gesicht, sondern stiller Zorn, man meint Zähneknirschen zu hören. Er tritt neben uns, sagt etwas auf slowakisch. Bitte, sagen wir als höfliche Deutsche. Er sagt in Akzentdeutsch mit noch zornigerem Ton, die Besichtigung der Kirche ist nicht gestattet. M., der etwas seitwärts von uns steht, hat schon vor dem Altar seinen *Knicks* gemacht und sein *Kreuz* geschlagen, er ist *unverdächtig*, er ist kein *Heide*, und er entfernt sich auch nicht, aber wir gehen. Und der zornige Priester macht seine *Kreuzchen* vor dem Altar und seine *Knickse*, dann folgt er uns, scheucht uns vor sich her wie zwei lästige *Truthühner*, sperrt die Gänge mit Schnüren ab und verfolgt uns dann weiter bis zum Ausgang. Da hatten wir es, da hatten wir den *Fanatiker*, da hatten wir den, der zu anderen Zeiten vielleicht das Richtschwert von der Wand genommen hätte, einem, dem es eine Freude war, zwei Menschen aus seinem *Heiligtum* zu jagen, die an die Kraft der Kunst, nicht aber an einen personifizierten Gott glaubten. Zu seiner Entschuldigung sei gesagt, daß wir draußen im Sonnenlicht erst das handgeschriebene Verbotsschild sahen, das in vielen Sprachen abgefaßt war. Der deutsche Text hieß: Besichtigung der Kirche am Sonntag nicht *geeignet.*

Aber ganz gleich wie, von jener Kraft, die in Menschengesichtern über die Jahrhunderte hinweg sich den gleichen Ausdruck verschaffte, schien dieser Pater oder was er nun immer sein mochte, kein Gefühl zu haben.

Gedanken über einen General

Nun hat auch der General *abgemustert*, der *große* General. Und wenn man *groß* gleich *dick* setzt, so ist er groß geblieben, seine Wasserverdrängung hat, im Gegenteil, noch etwas zugenommen. Sobald er sich ins *Thermal-Bassin plumpsen* läßt, schwappt das Wasser über, und in den Abflüssen fängt es an zu schlürfen und zu glucksen. Die Uniformjacke hängt daheim, und er zieht sie gewiß nur noch für *feierliche Angelegenheiten* an, was ihm schwer genug fallen mag, jene Uniformjacke, mit den vier oder fünf Auszeichnungen, jeder Buchstabe ein Orden, bunte Buchstaben wie die in alten von Mönchen geschriebenen Bibeln. Seine tarnfarbene Badehose hat er beibehalten. Fraglich, ob er in ihr mit den Ausdehnungen, in denen er sich jetzt befindet, je einen reißenden Fluß überquerte. Sein Gesicht spiegelt immer noch das *Aus-dem-Weg-da, Aus-dem-Weg-da, jetzt komme ich,* und wahrscheinlich hat er immer noch nicht aufgehört, sich darüber zu wundern, daß die Leute nicht zur Seite treten, wenn er naht. Die Leute, diese *undankbaren Leute,* deren kleine *Zivilistenleben* er sein Leben lang geschützt und vor dem Verderben bewahrt hat. Sie beurteilen ihn jetzt nach seinem Gehstock, seinem etwas zivilen Gehstock mit der Gummimuffe am unteren Ende, und gewiß deucht es ihn zuweilen schade, daß es nicht mehr dröhnt, wenn er mit diesem Stock aufstampft, daß das Stockgeklapper nicht wie das Geklapper des Leprakranken anzeigt, hier kommt er, der General. Wenn man in sein Gesicht mit den herunterhängenden Wangen schaut, wenn man seinem Blick, der in die Ferne gerichtet ist, dorthin, wo die Siege errungen werden, wenn man diesem Blick unterstellt, daß er traurig ist, kanns dazu kommen, daß man leise meint, der General leide unter seinem Übergewicht. Aber das ist eben eine *Fehleinschätzung*, die wir uns damit leisten. Er leidet unter einem Mangel an *Gewichtigkeit*. Er leidet jetzt einen gewissen Teil seines Lebens, gewiß den mittleren Teil, ab, durch den er ging wie ein mit Macht vollgestampfter Sack, ein Sack, der nicht leer zu werden schien, bis sein *Pensionsalter* erreicht war.

Ein Buchfink singt, aus der Küche duftet es nach *Falschem Hasen*, die blühenden Kastanien spiegeln sich im gelb-blauen Wasser, über das der Wind leise hinfährt, die Wasserwellen, die vom Bauch des *Generals a. D.* ausgehen, wenn er sich bewegt, erreichen mich und scheinen mich leise aufzufordern, eine *Lehre* aus dem Vorhandensein meines Gegenübers zu ziehen, denn seit ich weiß, daß nichts, was mir begegnet, auf *Zufall* beruht, versuche ich zu erkunden, was das, was mir begegnet, mir zu sagen hat. Freilich komme ich nicht nach, denn es begegnet mir zu vieles, und das meiste muß ich auslassen, nach seinem Sinn für mich zu befragen, und deshalb *reife* ich so langsam.

Hast nicht auch du Freude an der Macht, frage ich mich. *Ich?* Freude an der *Macht*, wieso? frage ich zurück. Ist nicht die Verehrung, die dir entgegengebracht wird, ein *kultivierter* Ableger der *Macht*, und weidet sich dein *Ich* nicht an ihr, dein *Ich*, das nur zuschaute und *nassauerte*, das dem, was dir wurde, und dem, was dir jetzt *Verehrung einträgt*, nur im Wege stand?

Das wars, was mir die kleinen Wellen, die vom Schmerbauch des Generals ausgingen, flüsterten und was sie mir rieten zu bedenken.

NACHTRAG ZU: GEDANKEN ÜBER EINEN GENERAL

Dann wurde es heißer, der Mai ging zu Ende. Der General kam in einer weißen Schirmmütze, die in der Form den *Gebirgsjägermützen* ähnelte, die Treppe zum Badeplatz herunter, mit einer weißen Schirmmütze zum *Sonnenbaden*. Das Treppabsteigen zu den unten versammelten und umherliegenden Kurgästen schien im *befleischten* Kopf des Generals eine Mechanik in Betrieb zu setzen. Er legte fast bei jeder Treppenstufe, die er hinunterstieg, die Hand grüßend an den Mützenschirm, machte eine leichte Drehung nach rechts und nach links, man konnte aber niemand sehen, der ihm zugegrüßt hätte, und man konnte auch niemand sehen, der sich für den Gruß, falls der General jovial zuerst gegrüßt haben sollte, bedankte. Es war nur so, ein General stieg eine Treppe hinunter zu *Mannschaften* oder *Zivilisten* oder was die Welt immer für ihn war, und er grüßte, vielmehr, die *Mechanik*, die in seinem *Fleische* saß, grüßte.

NOTIZ ZU DER SAMMLUNG: ALLES HAT SEINE FESTE STELLE

Hinter den jung-grünen Pappeln das große Maisfeld. Auf dem Maisfeld liegt eine weiße Taube, sie liegt auf dem Rücken mit aufgeknöpftem *Federmantel*, man kann ihr bis ins Herz sehen. Sie war auf Maiskeimlinge aus, der Sperber war auf sie aus. Nachdem er sie getötet hatte, wurde er vertrieben. Die Taube bekam ihr Maiskorn nicht, der Sperber bekam die Taube nicht, Maiskorn und Sperber, *Mittel zum Zweck*. Dort, wo die Taube jetzt liegt, stand ihr Tod, sie flog auf ihn zu, fühlte sich gedrungen, aus dem kilometerweit entfernten Dorf hierher zu fliegen, um ihren Tod zu finden.

NOTIZ ÜBER BADEGÄSTE

Immer wieder schätze ich die Leute, die hierher zum Baden reisen, geistig eine Nummer zu groß ein. Andererseits, sie *nieder* einzuschätzen käme mir vor wie eine *Überheblichkeit*.

DER SCHEICH

Sein langer Rock ist sandfarben, oder nennt man ihn beige? Es scheint immer der gleiche Rock zu sein, in dem ich ihn treffe. Seine Kopftücher allerdings wechselt er, mal paßt eines in der Farbe zum Rock, mal ist es blau-rot, aber heute zu Pfingsten trägt er ein weißes und darauf der *Heiligen-schein* aus schwarzer Kordel. Das ungehorsame rechte Bein, um dessentwillen er hier in Piešťany ist, wirft er bei jedem Schritt, den er rechtsseits tut, mit *Kraftaufwand*, als handele es sich um ein Holzbein, nach vorn. Er trägt europäische Turnschuhe in Weiß. Aber all das ist nicht, was ihn abhebt von den anderen, denn es laufen auch andere Scheichs und Wüstendamen mit ganzem Hofstaat hier umher. Was ihn auszeichnet, ist, daß er singt, wenn er geht, eine monotone Hirtenweise singt er, zum *Lobe Allahs* singt er, um sich aus den Tönen des eigenen Gesangs ein kleines Zelt zu bauen, das ihn vor den aufdringlichen Blicken, vor dem verständnislosen Lächeln der anderen Badegäste, unter denen er umhergeht, schützt, dieser einsame Sänger aus der Wüste.

ICH LESE PROUST, ich lese Hamsun, und vorher las ich Hemingway, und alle drei lese ich unter bestimmten *Ge-sichtspunkten*. Ich suche zu erforschen, wann und wo diese drei *Vorgänger* Berührungspunkte mit dem *Absoluten* hatten und wie sie und auf welche unauffällige Weise sie das Absolute in ihre Kunst einbrachten.

Ich lese jedoch auch in zwei Büchern jenes Grafen Dürck-
heim, der einige Jahre unter Zen-Buddhisten in Japan verbrachte und Zen praktizierte, und ich beobachte, auf welche Weise und wie er, gar nicht so dumm, versucht, das, was
er vom Buddhismus für praktizierbar hält, *herauszuarbeiten*,
und ich höre ihn fortwährend sagen, machts nicht so wie
die alten *Weisen im Osten*, laßt nicht die Welt die Welt sein
und beschränkt euch auf eure *Weisheit*, sondern bringt in
diese helle Welt ein, was ihr auf der dunklen Seite dieser
Welt erfahrt, durchdringt diese mit jener und jene mit dieser. Und das eben erscheint mir, beim Stand meiner jetzigen
Erkenntnis, möglich zu sein.

ERINNERUNGEN AN SOTSCHI

Damals war ich schon kein *Journalist* mehr, ich schrieb *frei-
beruflich*, wie man das nennt. Ich schrieb Bücher. Trotzdem
wurde ich noch für diese oder jene *Funktion* ausersehen,
und ich gehorchte, weil ich damals noch nicht wußte, daß
man, wenn man sich für das Schreiben entschieden hat,
keine Minute seines Lebens vertändeln darf, auch nicht mit
Aufträgen, die einem *Talentlose* zuschieben, und daß für
unsereins nur eins noch wichtig ist, das Schreiben nach
Aufträgen, die einem aus einer Gegend geschickt werden,
die für jene, die nur die *anpackbare* Welt für *real* anerken-
nen, eine Art *Unterwelt* darstellt. Kurzum, ich *funktionierte*
in meiner *Unwissenheit* damals noch wie ein *Apparat*, der jeden Auftrag, der ihm gegeben wurde, zu erfüllen trachtete.
Ob er mir zusagte, ob er zu mir paßte oder nicht, ich suchte
den Auftrag zu erfüllen. Und ich bekam auch Störungen
wie ein *Apparat*, wurde *reparaturbedürftig*, und *medizinische
Monteure* glaubten die Fehlerquellen gefunden zu haben,
und sie schickten mich zur *Überholung* ans *Schwarze Meer*,
ans südliche Schwarze Meer, nach *Sotschi*. Es war schon
Ende Oktober, als ich dort ausstieg, und es strömten mir

noch vielerlei Blütengerüche entgegen, und ich fühlte mich in den Sommer zurückversetzt, aber der Hauptgeruch, der mir sogar die Ruhe meiner Nächte raubte, war der Geruch des Buchsbaums, ein Geruch, der die *Sinnlichkeit* fördert. Weshalb soll man nicht darüber reden, und daheim, wo der Buchsbaum nur in Villen-Gärten und Parks vorkommt, in die hinwiederum ich nur zu selten kam, gab es als adäquaten Geruch nur den von großen ausgereiften Brennesseln. Wenn sie in Wiesen in großen Beständen vorkamen und man durch so einen Bestand hindurchwatete, verletzte man die Stengel und zerstörte *Drüsen*, die eben diesen Buchsgeruch von sich gaben. Aber das wußte ich damals noch nicht. Und überhaupt will ich nicht von Buchsbaum und Brennnesseln reden, sondern ich will nur andeuten, in welcher *Stimmung* ich mich damals befand. Und da wars, daß ich auf den *Turnlehrer* traf, bei dem ich wöchentlich zwei oder drei *Gymnastikstunden* zu absolvieren hatte. Zur *Gymnastikmannschaft* gehörten Mitglieder aus aller Welt. Ich erinnere mich, ein Chilene, ein Indonesier, ein Mongole, ein Burjate. Ich glaube, Mitglieder aus allen Ecken und Enden der Welt, und was wir *gymnastisch* zu betreiben hatten, wurde uns vom *Gymnastiklehrer* vorgemacht. Ich war der einzige Deutsche unter all denen dort, und es fiel auf, daß der Lehrer mir, ausgerechnet mir, zuweilen die Übungen in gebrochenem Deutsch zu erklären suchte, und ich glaubte zunächst, daß er in mir einen *netten Menschen* sah, den er *gymnastisch* für besonders *unbegabt* hielt, und ich fühlte mich ein wenig beleidigt. Er führte zum Beispiel das Fußkreisen vor. Zu mir sagte er extra: beide Fußen rund, und die Kniebeuge untermalte er mit folgendem deutschen Kommando: Knie gebickt, Gesitz bis in die Hacken.

Aber nach und nach bemerkte ich, daß das der Anfang zu einer Geschichte war, die der Gymnastiklehrer mir erzählen wollte. Und eines Tages war es dann soweit. Er erzählte, er wäre als *Siegersoldat* nach dem Kriege noch eine ganze Zeit in Deutschland *kaserniert* gewesen, in einer Stadt, die jetzt *Luderstadt* hieße, früher aber *Wittenberg* geheißen hätte. Das fürs erste, und nach jeder Gymnastikstunde kam er ein Stück weiter in seiner Erzählung. Ich wartete, daß er, wenn auch nicht auf alle Deutschen, so doch auf die *Hitlerdeutschen* schimpfen und daß er ihnen vorwerfen würde, sie hätten ihn mit ihren *Schandtaten* gezwungen, in den Krieg zu ziehen und lange fern seiner Heimat zu leben. Aber davon hörte ich nichts, im Gegenteil, er versicherte mir, Deutschland sei ein schönes Land, und Wittenberg sei eine schöne Stadt, und es gäbe dort schöne Mädchen, und ein Mädchen hätte Inge geheißen, und mit dem wäre er spazierengegangen. *Wunderschön*, er sprach das Wort mit drei »u« aus. Nun, dachte ich, wäre die Geschichte zu Ende oder er würde mich beauftragen, nach dieser Inge in Wittenberg zu suchen, aber nein, das alles nein. Den Schluß der Geschichte bildete ein kleiner Vogel, der nachts wunderschön sänge, wieder mit drei »u«, und der Vogel wäre immer dabeigewesen, wenn er und Inge nachts spazierengingen. Und von mir wollte er wissen, ob es von diesen Vögeln noch welche gäbe. Ach, wenn er noch einmal solchen Vogel singen hören könnte! Und weshalb ich diese Geschichte erzähle? Wie gesagt, es war schon im Oktober, und ich konnte nicht wissen, was ich später erfuhr. Nämlich, daß es nirgendwo auf der Welt soviel Nachtigallen gibt wie in den Parks der Kurorte am Schwarzen Meer und auch in Sotschi. Und an der Geschichte des Gymnastiklehrers erfuhr ich einmal mehr, wie sehr der *erotische* Zustand eines Menschen, gemeinhin *Liebe* genannt, ihm die Sinne erweitert und ihn *durchlässig* macht für die Poesie.

Piešťany 1981

16. September bis 11. Oktober

LANDEN. Wer hat vor siebzig Jahren dran gedacht, daß man das auch einmal aus der Luft tun wird. Wir sind wieder direkt in Piešťany gelandet; ein paar Jahre landeten wir in Bratislava. Wenn die übergroßen Hasen (das Flugplatzgras scheint gut zu nähren) zu unserer Erheiterung neben der Landebahn erschienen waren, dann wars vergebens; es war schon dunkel, als wir landeten, doch wir waren trotzdem heiter.

Scheene willkomm! – Widerrsähn in nächste Jahrr! Wie oft im Jahr mögen sie es zu den Gästen sagen, vom Hoteldirektor bis zum Masseur. Fast täglich kommen welche an, fast täglich fahren welche weg. Kann noch Gefühl, noch wirkliche Freude oder wirkliches Bedauern in den Worten sein bei denen, die sie sagen? Sie dürften so glatt sein wie polierter schwedischer Granit.

SPIEGELBAD. Die Mannskörper sind in getöntes Wasser getaucht. Zehn bis zwanzig Männerköpfe scheinen auf dem Wasser zu schwimmen. Es gibt Köpfe, vor allem Gesichter, die sind in der Hauptsache von außen gestaltet, einige aber auch von innen. Beide Arten sind beeindruckend. Dann: Die Zwischenformen, die Gesichter, an denen sowohl von innen als auch von außen *gearbeitet* worden ist. Man trägt eine Sammlung von Gesichtern in sich, die man gesehen, mit deren Trägern man Erfahrungen gemacht hat, und man wird durch Gesichter, die man soeben zum ersten Male sieht, an dieses oder jenes Gesicht, das man in sich trägt, erinnert, und man überträgt die Erfahrungen, die man mit ihren Trägern machte, auf die Träger jener Gesichter, die man soeben zum ersten Male sieht. Und die Schlüsse, die man bei dieser Übertragung der Gesichter von Menschen, die man kannte, auf Menschen, die man eben erst kennenlernt, zieht, sind ein wenig verschwommen, aber in der Regel zutreffend.

RATTEN. Wie viele Millionen von ihnen gibts auf der Erde? Wie mag die ihnen entsprechende Spezies auf anderen *Erden* aussehen? Zur Zeit bin ich hier auf der Erde nur mit einer Ratte bekannt. Sie lebt an der *Waag*. Ein Bagger hat *Plunder* und *Zivilisationsgeröll* vom Flußgrund heraufgeholt und am Ufer abgekippt: Schlamm und Blech und altes Leder und Knochen. Das Blech ist verbeult und bildet Höhlen. Dort lebt sie, *meine* Ratte. Daß sie meine Bekanntschaft machen mußte, ist ihr unangenehm. Wovon sie lebt, verrät sie mir nicht.

KRÄHEN. Die Dämmerung ist schon mehr Abend als Dämmerung. Die Krähen kochen in den alten Parkbäumen noch immer ihre *Abendsuppe* aus Gequarr und Gekrächz.

Das Waagwasser *fotografiert* die ganze Nacht die beleuchtete *Bäderbrücke*.

AM ABEND AM ENDE DER BÄDERBRÜCKE. Eine Bäuerin verkauft ohne amtliche Erlaubnis goldgelbe Birnen. Sie beargwöhnt mein genaues *Hinschauen*. Dieses scharfe Hinschauen hat mir im Leben manches verdorben, aber auch eine Menge eingebracht.

SPIEGELBAD. Schwefelwasser mit rheumazersetzenden *Tendenzen*, aus dem rußigen *Erdtopf* geschöpft und den Kranken zur Benutzung in eine viereckige, gekachelte *Schüssel* gegeben, damit sie, so wollen es die Zivilisatoren, erkennen, wie weit sie die *Mammuts* hinter sich gelassen haben, die die ersten waren, die in diesem Wasser badeten. Aber haben sie? Vielleicht hätte man, lebten sie noch, bei ihnen ähnlich perfekte Gehirnfunktionen entdeckt, wie es in den letzten Jahren bei den Delphinen geschah? Vielleicht ist der geistige Schritt von den Mammuten zu uns gar nicht so groß, wie uns die gekachelte Massen-Bade-Wanne weismachen soll.

DER KLEIBER. Mein Gott, auch die schon verdorben, dachte ich, als ich sah, wie sie in die blechernen Papierkörbe, die im Park aufgestellt sind (sie sehen Briefkästen ähnlich) hineinschlüpften und dort nach Futter suchten. Da werden sie ja winters zu faul sein, ihre Nahrung aus der Baumrinde zu picken, dachte ich auch, aber gleich darauf fing ich an, vor meiner Tür zu kehren: Schlüpfe nicht auch ich in jede *zivilisatorische Bequemlichkeit* hinein, die an meinem Lebensweg aufgestellt ist?

EINIGE GÄSTE HIER, sie können aus Wien, aus Kanada, aus der Schweiz oder aus *unserem Ländchen* kommen, leben *daheim* etwa so: Sie drehen an einem Hahn und bekommen Wasser, sie drehen an einem Knopf und bekommen Musik, sie drehen am Knopf eines anderen Apparates und bekommen lebende Bilder von Menschen, die fern von ihnen leben; sie drehen an einem Knopf und bekommen Wärme; sie drehen an einem noch anderen Knopf und bekommen *stadtgesättigte* Luft; sie verschaffen sich Bewegung auf einem *stationären Fahrrad* (auf einem *Phantom* von einem *Fahrrad*, ähnlich wie Bullen, Eber und Hengste animiert werden, an ein Phantom Sperma abzugeben). Sie betätigen andere Knöpfe und bewegen sich in Fahrzeugen von Haus zu Haus und von Ort zu Ort, und immer wenn sie eine Strecke Lebens in dieser Weise verbrachten, kommen sie hierher, und die Mediziner schrauben an ihnen herum, aber die meisten Knöpfe an ihnen sind überdreht.

165

BADEWÄRTER. Andere Menschen mit *Schlamm* zu beschmieren, sie einzuwickeln, ihnen von Zeit zu Zeit den *Schweiß* zu wischen, sie wieder auszuwickeln, Badekarten zu *stempeln*, beschlammte Laken auszuwechseln, Guten Morgen und Aufwiedersehen zu sagen – das alles hat sich zu einem *Beruf* verfestigt. Sie haben ihn *ergriffen*, und er ist noch lange nicht der eintönigste, sich sein Brot und sein Fleisch dazu und die *zweite Haut*, die *Kleidung* – im Volksmund ja auch *Pelle* genannt – zu verschaffen. Noch ist die *Spezialisierung* nicht beendet. Man wird erst damit aufhören, wenn *Verschleiß* und *Frühtod* oder *Früh-Invalidisierung* der Menschen es gebieten.

ZUGEMAUERT DER WANDELGANG, in dem ich Dach und Schutz hatte, als ich *Charlie Wind*, die *Heckenbraunelle*, *Tina Babe* und die *Mingedö* zu den *Lesern* in die *Welt* schickte. Jetzt läuft dort, wo diese Gestalten aus meinem Mund ins kleine *Diktiergerät* sprangen, heißer Schlamm in dick-isolierten Rohren in neue *Kur-Etablissements*, die inzwischen erbaut wurden. Niemand weiß, daß ich dort drei Geschichten *abdiktierte*, niemand weiß, daß man mich nun von dort vertrieben hat.

DIE KLEINE FRAU IST NOCH DA: Braunes Wintermäntelchen, buntes Kopftuch, rote Strümpfe, moderne Bänderschuhe. Die Punktnase, das etwas verschmitzte, etwas erwartungsvolle Lächeln unterm *Kopftuch-Dach*. Vor acht Jahren hatte sie noch den Alten bei sich, und sie mußte vor ihm laufen; er *dirigierte* sie stets *halbzornig*, und sie bewegte sich nach seinen Kommandos wie eine *Somnambule*. Er war *lahm* und ging am Stock; er war *dürr* und *ausgesaugt* vom Leben und sah *verbittert* in die Welt.

Ob die kleine Frau noch an ihn denkt, oder ob sie sich befreit fühlt, seit er tot is? Zwei oder drei Jahre nach dem Tode des Alten sah ich sie als *Geschirr-Abräumerin* in einer *Milch-bar* arbeiten. Jetzt *schlendert* sie (gewiß als *Rentnerin*) allein durch den Park. Man sieht sie nie mit jemand zusammen. Vielleicht war ihr der Alte doch eine Gesellschaft? Meine Stiefgroßmutter, war sie eigentlich froh, als der Großvater gestorben war? Vielleicht. Aber ich habe sie nicht genügend beobachtet damals; meine *Beobachtungsfreude* war von den ersten *Erfahrungen* aufgezehrt, die ich in jener *Klassenpartei* machte, in die ich eingetreten war. Sie war mein *alter Mann*, diese Partei; sie *dirigierte* mich damals fortwährend *halbzornig*. Ich bin froh, daß sie mir *abstarb*.

Victoria regia. Sieben Jahre war sie für uns nur eine Ankündigung: *Aber wenn die Victoria regia dann blüht!* Dieses Jahr sind wir vier Monate später im Jahr hier, und die *Victoria blüht.* Ihre Blätter sind grüne Schalen mit einem festen aufrecht stehenden Rand, und der Rand ist proportional zum Blattdurchmesser fünf bis zehn Zentimeter hoch. Die Gäste werfen Geldstücke in diese Schalen. Pfennige und Fünfer aus unserem *Ländchen.* Die *Dräsdner gehen vorsichtig mit'm Gelde um.* Man wirft sonst Münzen in Brunnen an Orten, in die man wiederzukommen wünscht. Weshalb Münzen? Meinen Geldfetischisten, daß sogar Orte und Plätze auf Geld, jenes *Austauschobjekt für geleistete menschliche Arbeit*, reagieren?

Sonnabend und Sonntag auf der Kurpromenade und nachher, wie von Überdruß getrieben, in die *Wildnis* hinaus. Männer kommen mir entgegen. Sie haben ihre Jacken aufgeknöpft und zu *Sehschlitzen* gemacht. Man soll ihre Krawatten sehen, die sie auf vorgereckter Brust und auf den Bäuchen tragen. *Ordensträger* recken die *Ordensseite* heraus. Manche von den *Schlips-Schaustellern*, als ob sie eine unsichtbare *Perche-Stange* schleppen würden.

Woher die Krawatte, der Schlips? Wovon ist sie, ist er der Rest, wovon ein Anfang? Man weiß zu wenig über die Herkunft der *Moden*. Aber was hülfe es einem *geistig*, wenn man es wüßte? Genügts nicht, wenn man den *Rundlauf* der *Mode* erkannt hat?

JUNGE MÜTTER. Die slawischen *Urlaute*, die sie ihren Kindern zuraunen, sind ihnen trotz *Jeans* und *Pfennigabsätzen* nicht verlorengegangen. Und unsereiner hat, obwohl er einen modernen Anzug trägt, die Art und die Tonart, mit der man Hunde und Katzen und Pferde anlockt, nicht verloren. Man scheint es da mit der *ältesten* Sprache zu tun zu haben, mit der Verständigung von *Kreatur* zu *Kreatur*.

OBERKELLNER JURCA GEHT VON TISCH ZU TISCH und erkundigt sich nach dem Befinden der Gäste und wacht über die Ordnung in den beiden marmorierten Speisesälen. Er leidet an Altersschwerhörigkeit, versucht den Mündern der Gäste abzulesen, was sie sagen, versteht trotzdem nicht und fragt ein über das andere Mal: Wie meinen? Der *rote Draht*, der ihn mit den Gästen verband, ist *zerschlissen*, aber J. will nicht erkennen lassen, daß es so ist, und er überrennt die Gäste mit dem, was er zu sagen hat, es spricht nur noch *er*. Man weiß, daß es keine *Unhöflichkeit* von ihm ist, sondern Angst, daß die Gäste ihm Fragen stellen könnten, die er dann nicht versteht. Freilich sollte er längst daheim sitzen, auf den Wochenmarkt einkaufen oder angeln gehen, aber die geltungssüchtige Frau daheim treibt ihn immer wieder ins Hotel. Und er geht ins Hotel, und da ihm die Füße oft schmerzen, stützt er sich, wenn es eben geht und wenn er sich unbeobachtet fühlt, auf einen kleinen Serviertisch, der dem Ausgang zur Küche zunächst steht.

Auch mein *Draht* zur *Welt der Laute* fängt an zu zerschleißen. Wie wirds in ein paar Jahren mit mir sein? Freilich werde ich so manches unnütze Geschwätz nicht mehr hören, aber ich werde trotzdem nicht dankbar dafür sein, weil ich sehen werde, wie sich Menschenlippen bewegen, aber nicht wissen werde, ob diese Lippen Nützliches sagen oder *Unnützliches* schwatzen. Ärmer wird mein Leben schon durch das Fehlen der Tierlaute, besonders das der Vogelstimmen, auf jeden Fall sein.

DER SCHRIFTSTELLER FRANZ G. gestern auf dem *Damm*. Durchaus doppeldeutig zu verstehen. Ich glaube, jetzt fand ich die Formel für ihn: Mit dreiundsiebzig Jahren immer noch der Junge, der vom drehenden Karussell stolz in die Menge guckt: Seht her, was ich schon kann!

EINER DER KELLNER in unserem Saal sitzt mit schwarzem Hängebart und geduckter Stirn in seinem schwarzen Anzug und rührt *Gift*. Die lange, etwas fade, eben erst ausgelernte Kellnerin mit der Brille sucht umher nach einem guten Wort. Von den Gästen bekommt sie es nicht, weil sie steif und unverbindlich ist, also gibt sie dem Schwarzbart ein gutes Wort, damit sie eines wiederkriegt. Der Schwarzbart wendet sich ab und macht ein Fingerzeichen zu seinem Kollegen hin, ein Fingerzeichen aus der *Pissoir-Sprache*, das ins etwas *Menschlichere* übersetzt bedeutet: Sie will *entjungfert* sein. Der Schwarzbart geht zu Gästen an einen Tisch, nimmt eine Bestellung entgegen, kommt zurück, geht an seinem Kollegen vorbei, macht wieder dieses Fingerzeichen, sitzt in seinem schwarzen Anzug und rührt *Gift*.

WOCHENMARKT AM MORGEN. Der Nebel fällt noch, und die Stammgäste des Platzes, die blechernen Verkaufstische, sind mit Farben beladen, die die Bauern von Beeten und Bäumen holten. Das *Blusenweiß* der Bäuerinnen, die *Pflaumenblau* in Tüten und Beutel stecken, auch *Tomaten*- und

Paprika-Rot werden in solchen Behältern davongetragen. Die Buntheit der Blumen wird nicht in Verliese versenkt, sondern in Frauenarme gelegt, oder sie wird von Männerfäusten in Häuser und Stuben geschleppt. Die Öffnungen gläserner oder irdener Vasen warten auf sie. Bäuerinnenhände brachten ihnen den Todesschnitt bei und ordneten sie zum Strauß. Nun werden sie (mitleidig?) mit Wasser versorgt. Das *Blumenleben* wird noch um einige Tage verlängert.

Und der Fluß der mannigfaltigen Farben über die Wochenmarkt-Tische wird fortgehen, so lange der Herbst noch währt, aber der Herbst währt *nicht ewig*, und dann werden die wintertreueren Farben, das *Weißkohlgrün* und das *Rotkrautviolett*, das winterlich zusammengezogene *Möhrenrot*, das *Heugrün* der Gewürzkräuter über die Ladentische fließen, spärlich, aber doch eben – *fließen*.

BLICK AUS DEM SCHMALEN FENSTER beim Ruhen nach dem *Perlbad*: Eine flache Wand und die Rundung eines *Jugendstil-Türmchens* stoßen aufeinander. Lehnt die Wand sich an das Türmchen, lehnt das Türmchen sich an die Wand? In der Wand ein *quadratisch-gleichgültiges* Fenster; im Türmchen ein (eben im *Jugendstil*) etwas *schräg geschnittenes* Fenster, kleiner als das Fenster in der Wand, aber *aktiver* und herausfordernd und *erotisch* auf das fade Rechteck-Fenster in der Wand schielend. So hängen sie hoch oben in der Wand des Sanatoriums, und immer das Herausfordernde des Turmfensters in der Hoffnung, noch etwas Ungleichgültigkeit in das gelangweilte Scheibengesicht des Rechteck-Fensters zu zaubern, und das vielleicht, bis ein Erdbeben oder ein Krieg kommt, der die Scherben der beiden drunten im kleinen Innenhof vermischt. Das wäre vielleicht das Glück des Jahr um Jahr herausfordernd blickenden kleinen *Turm-Fensters*.

AUF DEM BALKON UNSERES APPARTEMENTS. Ein Kastanienbaum hängt seine Blätter über die Brüstung. Die stacheligen, noch grünen Frucht-Bälle zwischen den Blättern. In den grünen Fruchtbällen, in weiße Wattehaut verpackt, die braunen Zwillinge. In den Kastanienbäumen nebenan sitzen Jungen und schütteln. Mir wirft der Wind, ohne daß ich sie mir wünschte oder nach ihnen gierte, braune Kastanien vor die Füße. Ein Symbol: Es wird dem Menschen, was ihm werden soll, ohne daß er in die Naturvorgänge eingreifen muß. Schließlich bleibt frei, wer nur braucht oder besitzen will, was ihm, ohne daß ers begehrte, zufiel, oder ob ers des Mitnehmens nicht wert findet und liegen läßt.

DIE WAAG. Sie fließt mit *Nachdruck*, den ihr ihre Quellen im Gebirge verleihen, dahin. Sie täuscht Ewigkeit vor. Bei manchen Menschen mag ihr die Täuschung glücken. Aber sie ist ebensowenig *ewig* wie ich und du oder ebensowenig ewig wie wir alle. Muß ich es noch beweisen?

NOCH RUCKST DER TÜRKENTÄUBER UND RUCKST. Die Taube trägt Zweige zusammen. Noch ist nicht Winter, noch ist September, sagt sie und sieht schiefköpfig zu mir auf den Balkon hin. Noch will sie zwei Junge aufziehen.

Wozu zwei Junge noch? frag ich.

Mit zwei Tauben mehr ist die Taubenkette, die von Noah her kommt, besser gesichert, wenn die große Kälte hereinbricht.

Und was habt ihr davon? frag ich.

Nichts als Lebenslust, sagt sie. Nichts als Lebenslust, du Zweck-Erfinder!

NACHT. Kastanien, Linden, Platanen und Pappeln striegeln das *Bauchfell* der *Nacht*. Ein Windjunges, das übermütig aus dem großen *Windnest* sprang, zieht zu meiner geöffneten Tür herein und spielt mit der gestärkten Gardine.

GÄSTE. Viele von ihnen sind nur zur *Erholung*, zur Kur gewesen, wenn sie mit gebräunter Haut daraus hervorgehen. Es sind die gleichen Leute, für die *Jugend* nur eine *Jugend* war, wenn sie sie *genossen* haben; für die das *Leben* nur ein *Leben* ist, wenn sie es mit der *Einbildung* hinbringen dürfen, es *besessen* zu haben. Das *Leben* aber lacht sich eins darüber.

DIABETES. Dreimal am Tag muß ich drunten im Labor Urin und Blut abliefern. Die *Damen* von der *Kaste* der *Weißkittel* bearbeiten meine Körpersäfte, wie mein Großvater einst das gedroschene *Getreide* mit der *Wurfschaufel* bearbeitete. Vor seinen Füßen fiel die Spreu nieder, ein Stück weiter die Unkrautsamen, und am weitesten von ihm weg lagen die Körner. Ich wünschte, daß die Unkrautsamen, die die Damen aus meinen Säften worfeln, nicht etwa gar hinter den Körnern lägen.

Jetzt habe ich sie abzutragen, die *Sünde*, die ich im Sommer mit der *Einverleibung* von *gesahntem* Speise-Eis beging. Und ich muß mich *entsündigen*, indem ich auf die *primitive Süße* des Lebens verzichte.

IM SCHWIMMBASSIN. Auf einmal erklärt sich mir die Herkunft des Wortes *Rücksichtslosigkeit*. Es kommt von den *Rückenschwimmern* her.

WASSER. In dem, was wir mit *Übung* bezeichnen, liegen *Wunder* versteckt: Ein *Einbeiniger* schwimmt, ein *Einarmiger* schwimmt, ein *Ohnarmiger* schwimmt. Einer, der seine Hand verlor, pellt gekochte Kartoffeln, legt die heißen Kartoffeln auf den *Unter-Arm-Stumpf* und schält. – Ein Trost fürs Alter: Man wird ein Glied, einen Körperteil, die ihren Dienst versagen, ersetzen. Man wird den Dienst, den ein Körperteil versagen sollte, auf einen anderen übertragen können.

Eva erzählt: von einer Bauernfrau, die im Park saß: Wenn ich sie mit jenen Wiener Frauen, die ich hier herum *prachtieren* sehe und die im gleichen Alter sind, vergleiche, dann war am auffälligsten, daß sie nicht *wirken* wollte, daß sie nicht sein wollte, was sie nicht ist. *Großartig!*

Und das ist auch großartig. Man denke nur, wie man selber noch von Zeit zu Zeit vom *Wirkenwollen gepiesackt* wird, weil man bisher noch immer nicht alle Wünsche auf *Eindrücke*, die man auf andere machen möchte, schlafen schickte.

Damals, als es anfing mit diesem *Staat*, gab ich mich, wie andere Intellektuelle auch, eine Weile *proletarisch*. Aber ich log und schauspielerte dabei nicht ganz und gar, weil ich viele Jahre als Hilfsarbeiter tätig war und es von Jugend an mit Hand-Arbeit zu tun hatte, innerlich aber war ich längst kein *Proletarier* mehr. Ich verbarg aber in jener Zeit mein Wissen, *verhöhnte* zum Beispiel sogar meine *philosophische Beschlagenheit*, und das sogar in voller Ehrlichkeit – damals.

Nochmals Victoria regia. Die Pflanze könnte das Vorbild des mehrarmigen Kronleuchters sein. Das Ende jedes grünen Stil-Armes, der mit allen anderen nach allen Seiten in das Becken hineinwächst, ist jeweils ein Blatt in der Form einer nach oben geöffneten *Ampel*.

Wenn ich richtig sehe, gibt es kaum etwas Technisches, dessen Form und Funktion (in abgewandelter Form manchmal) der Mensch nicht von der Natur übernommen hätte.

173

G. ERZÄHLT von Walther Victor: Seinen Zuzug nach Weimar begründete Victor folgendermaßen: In Friedrichsfelde (Friedhof der kommunistischen *Kämpfer*) werden sie mich nicht begraben, auch auf dem Dorotheenstädtischen Friedhof (Friedhof der *Dichter* und *Intellektuellen*) begraben zu werden, habe ich keine *Chance*, so ziehe ich nach Weimar, damit ich in *Goethes Nähe* begraben werde.

Lange vor seinem *Achtzigsten Geburtstag* erwog er, was für einen Orden er an diesem Tage wohl kriegen würde: Den Goldenen Vaterländischen könnte ich vielleicht kriegen, mehr werden sie mir wohl nicht geben.

Aber dann kriegte er den *Goldenen Vaterländischen* in der Drehe seines fünfundsiebzigsten Geburtstages zusammen mit einer Schar anderer (gewesener) *Sozialdemokraten*. Zum achtzigsten Geburtstag kriegte der liebe Walther nur die *Goldene Heckert-Medaille*. Da ging ich zur Bezirksleitung, sagte G., und *kurbelte*, daß V. wenigstens noch den *Professorentitel obendrauf* erhielt.

Victor war schon krank und resignierte. Wenn ich mich nicht allzu sehr täusche, so wieder G., hatte er angefragt, wie es mit einem *Staatsbegräbnis* für ihn aussähe, und er hatte eine *abschlägige Antwort* erhalten. Darauf hin sagte er alle *Riten* und *Feierlichkeiten*, jegliches *Begräbnisgefolge* testamentarisch ab. Was hat er von dieser *Genugtuung* gehabt? so wieder G. Meine Frage: Und was hätte er von einem *feierlichen Begräbnis* gehabt?

Freilich, auch nichts! sagte G.

Übrigens wußte ich, daß Walther Victor, als an Sterben noch lang nicht zu denken war, Helmut Hauptmann *testamentarisch* zu seinem *Begräbnis-Redner* bestellte. Also muß er ihn *testamentarisch* wieder abbestellt haben.

FLUGZEUGE ZERMAHLEN an manchen Tagen von früh bis abends die Stille über dem friedlichen Badestädtchen zu grob-gekörnten Geräuschen. Man bildet hier *Flugzeugführer* für aller Herren Länder aus. Wie leicht ist es möglich, daß der oder der von den hier ausgebildeten Fliegern mit Bomben unter seinem Ursch zurückkehrt und statt eines Dankes das Städtchen, dessen Bewohner sich von dem Verkauf von Heilquellen-Wirkung ernähren, zertrümmert.

An der überdachten Brücke, die zur Bade-Insel führt, besagt eine Inschrift, daß sie wieder aufgebaut wurde, nachdem die Deutschen sie im letzten Kriege zerstörten.

Ich sehe unter dem berechtigten Vorwurf gegen die Deutschen schon den nächsten stehen. Gegen wen wird er sich richten?

Im toten Flussarm hinterm *Thermia-Palace* wird der schon in Verwendung gewesene *Schlamm* mit Heilwässern *regeneriert*. Es ist ein Schlamm, der wohl über die meisten Menschenbekanntschaften verfügt, über die ein Schlamm auf dieser Erde je verfügen kann. Mit ihm wurden Menschen aus aller Welt eingeschlämmt. Er müßte eigentlich vor *Schmerzen*, die er jenen Menschen nahm, Tag und Nacht stöhnen.

Gleich hinter der Brücke, die über den toten Schlamm-Arm führt, ist die Wäscherei für die Bäder, eine *Waschfabrik*. Weißer Dampf steigt aus einer Dachluke. Er hat es eilig, sich über den Gärten mit der Luft, die von den Bergen herunterströmt, zu vermischen. Man muß sich fragen, ob Menschendunst und Menschenschweiß, den die Waschmaschinen aus Laken, Wisch- und Umschlagetüchern herausschlugen, nicht in Kirschen und Nüssen in feinen Spuren wiederzufinden sind.

Nochmals rheumabeladener Schlamm. Ich vermute, daß dieser Schlamm mit Menschenschmerzen gesättigt sein muß. Die *Einheimischen* von Piešťany verwenden die Fische, die in diesem Wasser besonders gut gedeihen, nicht. Sie nennen sie *Rheumafische*. Die *Instinkte* der *Ureinwohner* und der meine haben sich getroffen. Ist das nicht schon eine *Verdichtung* zu einer *Tatsache*?

DIE FONTÄNE MIT DER FRAUENFIGUR, die den Fisch mit dem Märchenring hält, ist umgeben von aus den Beeten gerissenen Salvien, die zu kleinen *Misthaufen* aufgepackt sind. Manche der Salvien schreien noch rot, andere, die dabei sind, rosa zu werden, geben mir Zeichen, daß sie morgen grau sein werden, um übermorgen dorthin zu gehen, wo alle Farben aufhören, für menschliche Augen jedenfalls.

KONRAD S. UND HERBERT O. schieben sich durch die Glastür, die die beiden großen Speisesäle im *Thermia* trennt, schieben sich zwischen uns und die mit jungem Käse bestrichenen Vorspeise-Brötchen. Jeder der beiden Männer hat, bevor er unser *Ländchen* verließ, ein abgeschlossenes Manuskript an seinen Verlag gegeben. Nun sind sie froh und zum Lachen und Witzeln geneigt. Zwei *Jungen*, die eine Rechen-Arbeit abgeliefert haben und sich auf dem *Schulausflug* befinden. Die halbbrüderlichen *Kumpeleien*, die noch in der *Arbeitsgemeinschaft Junger Autoren* vorkamen, wurden später rar, für manche von uns unmöglich. Konrad S., scheint mir, wäre ein Mann, mit dem auch mir noch *Kumpelei* möglich wäre.

MEINE BEQUEMEN SCHUHE, die sich von Anfang an nicht entscheiden konnten, ob sie von brauner oder von gelber Farbe sein wollten, habe ich zur *Absatz-Erneuerung* zum Schuhmacher gebracht. Morgen oder in vier Tagen? fragen sie mich in der Schnellreparatur. *Morgen* ist teurer. Die Schuster schlagen aus der *Fiktion ZEIT* Geld. Rechenaufgabe: Sie verwandeln *eine* Fiktion in die *andere*, und es kommt dabei heraus, daß ich nicht mehr mit *schiefen* Schuhabsätzen umherlaufe. Es sieht aus, als wäre *Geld* wohl doch *keine Fiktion*, sondern in bedrucktes Papier umgewandelte geleistete Arbeit.

SOHN JAKOB SCHREIBT UNS EINEN BRIEF. An der Form einiger Buchstaben erkenne ich, daß Jakobs *Individualität*, die man im täglichen Leben an ihm schon lange gewahren kann, jetzt erst in seine *Schrift* einzieht. Bisher war ich der Ansicht, *Schrift* und *Individualität* würden sich *parallel* zueinander entwickeln.

WIR GEHEN der Managerin Frau B. zum Geburtstag gratulieren. Seit wir ihr Geburtstagsdatum wissen, gratulieren wir alljährlich telegrafisch von daheim. Diesmal, da wir im Herbst anreisten, also persönlich. Eva mit einem Blumenstrauß, ich mit einem meiner ins Slowakische übersetzten Bücher. In dem kleinen Büro der B. gibts nur Atemluft für zwei Menschen, aber es sind noch drei Männer dort, Gratulanten wie wir. Die B. stellt uns erfreut und doch ein wenig verlegen dem *Generaldirektor* vor, dem wir jährlich unsere *Kuranträge* einreichen müssen. Unsere *Ehre*, sagt die B., unsere *Schriftsteller*. So stellt sie uns vor, und es steht eine Haltung dahinter wie: Entschuldigen Sie, Herr Generaldirektor, daß die Fremden Ihre *Gratulationscour* stören, aber es sind unsere *Künstler*, man muß sie gewähren lassen.

Aus der *Freundlichkeit*, die wir der B. erweisen wollten, wird für mich eine *Peinlichkeit*. Ein ähnlich *ekles Gefühl*, wie ich es allemal habe, wenn bei *Schriftstellerkongressen* im *Hauptblatt*, das uns Platz für den Abdruck unserer Verhandlungen einräumt, etwas gezwungen darauf hingewiesen wird, daß wir auch *Schriftsteller* haben. Und, seht, der *Herr Staatsratsvorsitzende* war sich *nicht zu schade*, zwei,

177

drei Stunden mit ihnen zu sitzen. Entschuldigt, ihr ernsten *Politiker* und *Ökonomen*, es ließ sich nicht umgehen, aber nun gehts weiter mit der *Ökonomie* und der *hohen Politik*.

Nun wird mir auch wieder meine zeitweilige Freude am Essen gekappt. Nun reduziert sich dieser Vorgang wieder auf das *Essen um zu leben*. Vielleicht sollte es so sein und *Kräfte* freisetzen für die *Arbeit*. Wenn ich jetzt so denke, muß mir doch wohl über den *Instinkt* eingekommen sein, daß meine *Arbeit* wichtig ist.

Dem oberflächlichen Blick scheinen Ahorn- und Platanenblätter sich zu gleichen. Aber beim Ahornblatt sind alle Einbuchtungen gerundet, während sie beim Platanenblatt gezackt sind.

Seit sieben Jahren komme ich her, aber heute sah ich das erste *Pferdegespann* im Park. *Zufall* oder *erstes Anzeichen* einer allgemeinen *ökonomischen Umstellung* in der *Energieverwendung*?

Und ist das ein Zufall, wenn ein Jahr nach dem Erscheinen des *Wundertäter III*, in dem ich an einer Stelle ausspreche, daß die Kohle, die uns Energie lieferte, eine verwüstete Erde zurückläßt, daß aber der Hafer wieder gesät und geerntet werden kann? Nun taucht auch bei uns in der Landwirtschaft allmählich die Erkenntnis auf, daß Maschinenkraft immer mehr durch Pferdekraft ersetzt werden müßte. Habe ich da nicht doch *rechtzeitig* etwas *erkannt*, von dem ich dachte, es auszusprechen wäre noch ganz und gar *unzeitgemäß*?

In der Hotelhalle stehen Sessel. Man versinkt wie in einem Moorloch in ihnen. Man bekommt instinktiv Furcht vor dem Versinken und wirft die Arme über die Ses-

178

sellehne. Beim Kaffeetrinken aber muß man die rettende Sessellehne doch loslassen, man trinkt den Kaffee unbequem. Auch die Unterhaltung mit Gästen, die gegenüber am Tisch sitzen, wird schwierig und marterhaft, besonders wenn der nachgemachte Ungar mit dem slowakischen Teint seine Geige befährt, und wenn der kurzbeinige Pianist in der viel zu langen Jacke das Klavier befingert. Sie üben Tätigkeiten aus, die auf dem *Kurprogramm* als *Nachmittagskonzert im Thermia* ausgezeichnet werden. Und man muß sich im Sessel sehr nach vorn beugen, wenn man sich mit jemand unterhalten will, muß die ganze Zeit mit eingeknicktem Leib dasitzen, wenn man hören will, was das *Gegenüber* sagt oder antwortet, und die beiden Freunde, mit denen wir es hier zu tun haben, sind Herbert O. und Konrad S. aus K., und wir kennen sie aus der Zeit, da wir uns mit Eva kennenlernten, aus der Zeit, da unser *Familiennest* entstand, in dem wir uns jetzt so wohlfühlen.

DER KONZERTFLÜGEL döst in einer Nische der Halle vor sich hin, wenn nicht musiziert wird, er bringt den Vogelflügel, dessen Form er nachahmt, in Verruf, denn er braucht, um etwas zu sein, mindestens vier, fünf Menschen, und einer dieser Menschen darf tot sein. Der Flügel braucht, um *existent* zu sein, den *Instrumentenbauer*, den Klavierstimmer, den Klavierspieler und schließlich den Komponisten. Der vorhin beschriebene Pianist mit den kurzen Fingern und dem viel zu langen Rock setzt sich zu ihm und *wühlt* in der Klaviatur. Da erst fängt der Flügel an zu *leben*, er wird nicht *eleganter* in der *Figur*, aber er stürzt sich mit einem *Kopfsprung* in die Stille, mit Tönen gefüllte Luft schwappt aus der *Musik-Nische* der Halle, der slowakische *Primas* bestreicht seine kastanienbraune Geige, die *weint* sich mit einem *Schlager* aus der Operette *Der Zarewitsch* aus. Was der Flügel, nachdem er einmal angefertigt wurde, von sich aus hat, das ist seine individuelle Klangfülle, seine individuelle Klanglage.

Wie viele solcher Kaffeekonzerte mögen seit dem Jahre neunzehnhundertzwölf, meinem Geburtsjahr, in dem dieses Hotel erbaut wurde, aus dieser Musiknische hervorgegangen sein, sich einmal um die eigene Achse gedreht haben, um dann in die Halle zu strömen. Eigentlich müßte diese Nische Zersetzungsspuren von dieser süßlichen *Gräfin-Maritza-Musik* aufweisen.

SECHS JUNGSCHWÄNE wurden auf dem Schlammkanal flügge. Noch sind sie graubraun, erst ganz langsam fängt das Weiß ihnen zu wachsen an. Die Jungschwäne machen ihre ersten Flugversuche, den Kanal als Wasserschiene unter sich. Es mischt sich ein Fremdkörper in ihren Flug. Sie müssen niedergehen. Es handelt sich um die eiserne Brücke mit ihrem Bogengeländer. Einer fliegt jedoch gegen das eiserne Geländer der Brücke, bricht sich das Genick, und nun liegt er tot auf dem Rücken im flachen Wasser am Brückenpfeiler. Seine Eltern und die fünf Geschwister schwimmen an ihm vorüber, als wäre er ein Bündel Schilf, als hätte es ihn nie gegeben. Ich denke an die entsprechende Stelle in Rilkes Elegien: Mit allen Augen sieht die Kreatur ins Offene ...

DRÜBEN ÜBER DEM FLUSS neben der Kirche auf dem Sportplatz tobts roh um ein Fußballspiel. *Fußballspiel* – eines der Mittel, den strengen Forderungen des *Heiligen Geistes* zu entgehen.

DIE LAUTE der vom abendlichen Wind gerüttelten *Pappelblätter* mengen sich mit dem rieselnden Geräusch der *Springbrunnen.*

EINE DUNKELROTBLÄTTRIGE KLEINE KLEEART blüht mondgolden am *Trajan-Brunnen*. Ich umkreise diese Pflanze seit Tagen. Wird es mir gelingen, sie zu verpflanzen? Voriges Jahr schleppte ich ein Pflänzchen vom *Zimbelkraut* mit in unser Land, und es wuchs in Schulzenhof ein. Ich transportierte das Pflänzchen in einem faustgroßen Ballen angefeuchteter Watte heimzu. Um aber zu dieser Watte zu kommen, mußte ich ein Kilo Watte kaufen. Was war ich nun bei dieser *Aktion*? Eine große Pflanzensamen verschleppende *Ameise*? Ein Wind, der von Land zu Land weht?

WENN ICH FORTFLIEGE VON HIER, werde ich es in der Gestalt einer eleganten Möwe tun.

DER GRÜNSPECHT blickt aus dem grünen Ufergras in eine Pappel. Vergeudete Vorsicht. Selbstverrat. Ich hätte den grünen Vogel im grünen Gras nicht gesehen.

EINE HERDE VON ETWA DREISSIG SCHAFEN drüben auf der Waag-Insel. Sie zieht langsam wie eine große Schnecke stallwärts und rollt dabei einen Grasteppich in sich hinein. Der Ton einer Schafglocke weckt etwas in mir, ein Vorfahr in mir ist wachgeworden.

DIE DÄMMERUNG IST KURZ VOR DEM SATTWERDEN. Die Bäderbrücke leuchtet im Neonlicht ganz zart auf, zartgrün wie eine Brücke, die in einem Märchen ausgeträumt wurde.

DEN STAND DER KUNST innerhalb der Hierarchie der geistigen Zustände des Menschen kenne ich, seit ich vor vierzig Jahren als Chemiearbeiter Schopenhauer studierte. Doch ich war damals noch zu jung, zu unerfahren und der

Kleinwelt zu sehr verpflichtet, um den Erkenntnissen dieses Philosophen Vertrauen entgegenzubringen. Für mich galt damals noch der Ausspruch Goethes, obwohl ich ihn nicht kannte: So ward durch zweier Zeugen Mund noch allerorts die Wahrheit kund ..., und ich lud im Laufe meiner Lebensjahre viele geistige Zeugen zu mir, die schließlich einer nach dem anderen der Kunst jenen Platz zuwiesen, von dem Schopenhauer gesprochen hatte. Nun erst ist mir dieser Platz eine Gewißheit. Und was ist mit meiner künstlerischen Unschuld? Habe ich sie nach dieser philosophischen Weltreise verloren?

DIE ZIMMERFRAU IST NOCH NICHT FERTIG mit der täglichen Durchforstung unseres Appartements. Ich sitze hinterm hohen Fenster in der Wartenische und sehe auf die besonnte Waag. Der Wind weht beim geöffneten Fenster herein und formt sich aus der weißen Tüllgardine eine Haube. Diese Haube läßt die von Schaufensterpuppen getragene Haube weit hinter sich. Sie ist weder von einem lebenden noch von einem toten, nicht einmal von einem sichtbaren Körper ausgefüllt. In diesem Augenblick geht es mir auf, weshalb die Indianer Mexikos die Winde der verschiedenen Stärken als unsichtbare Wirklichkeiten gelten lassen und weshalb sie sie in ihr Leben hineinspielen lassen.

EIN PRIESTER GING DURCHS STÄDTCHEN. Ich sah, wie die Leute im Morgengedränge ihm Platz machten, manche aus Ehrfurcht, manche vielleicht aus Furcht, der Priester könne ihnen zürnen und sie ins Fegefeuer befördern, wenn sie ihm den Weg verstellten. Der Priester ging, ohne zur Seite zu blicken, durch die Menge, und ich hörte niemanden ihn *belästern*, obwohl er doch ein wirklich auffälliges Gewand trug. Anders gesehen: Dem Priester hielt das Gewand die lästige Arbeit fern, Lästerer zu bekehren, und er wähnte sich wohlgelitten. Ich dachte an unsere *Funktionäre* und an die Wirkung ihrer *Parteiabzeichen*.

Ein Erlebnis von daheim, Erinnerung an ein Erlebnis vom Tietzen-See daheim und ein Erlebnis von heute und hier: Ein Altschwan zog mit den fünf noch lebenden Jungschwänen vom Schlammkanal in Baumhöhe über unser Schwimmbassin im Hotelgarten hinweg. Die Schwanenschwingen rauschten. Die Luft, die sie durchschwammen, preßte sich durch ihre Schwungfedern, und dabei wurden Töne erzeugt, wie man sie auch von fliegenden Tauben her kennt. Woher kommts, dieses *Ewigkeitsgefühl*, das mich allemal beim niederen Flug von Schwänen und Kranichen befällt? Kommts aus den Fluggeräuschen, kommts aus den Flugbewegungen, kommts aus der Tatsache, daß hier der Schwerkraft etwas entgegengesetzt wird, was sie aufhebt? Aber aus der Aufhebung der Schwerkraft kanns nicht kommen, sonst müßte ich beim Fliegen von Flugzeugen aus dem *Erschauern* nicht mehr herauskommen.

Warten auf die Teilnahme am Spiegelbad. Zweieinhalb Quadratmeter Raum, ein Treppenabsatz. Für ihre Absätze verbrauchen Treppen in geschlossenen Räumen viel Raum, und wenn sie das nicht dürfen, fordern sie Steilheit und Kraft von ihren Benutzern. Auf dem Treppenabsatz, von dem ich rede, stehen vier Sessel von durchschnittlicher *Urschbreite*, mit rostbraunem Möbelstoff überzogen. Ich beschrieb sie schon im vorigen Jahr. Links eine Tür aus eingerahmtem Preßglas. Das Preßglas ist mit Maschendraht versetzt. Die Tür hat zwei Funktionen, sie ist Rachen und Zunge, und sie schluckt damit die Menschen ein, die zu den Badekabinen wollen. Von der andern Seite her fängt die Tür Licht aus dem Kabinenraum auf, wirft es auf den Treppenabsatz und sorgt dort für ein wenig Schummerigkeit. Ein

Wärter hält die Tür verschlossen. Die badewilligen Männer schauen zu dieser Tür auf, die einen hocken in den Sesseln, die anderen lehnen sich aufs Treppengeländer, und wenn es zu lange dauert, bis sie eingelassen werden, hocken sie sich auf die Treppenstufen. In den vier Sesseln sitzen die Zuerstgekommenen. In jedem von diesen Männern liegt ein Wunsch auf der Lauer. Der Wunsch, eine Kabine ganz vorn zu belegen. Sie wollen die ersten im Bad sein, sie wollen die ersten aus dem Bad heraus sein, um nachher nicht eine Viertelstunde und länger umherzusitzen, nackt und naß, und auf das *Massieren* zu warten. Aber auf die Tür starren nicht nur die vier Männer in den Sesseln, auf die Tür starren alle Männer, wie sie dort sind. Sie warten auf den Wärter, der die Tür aufschließen wird, und sie achten auf jeden *Husch* hinter den Scheiben.

Etwas Weißes *flitzt* hinter der Tür heran, die Männer aus den Sesseln erheben sich, die anderen auf den Stufen und am Treppengeländer recken sich, aber die weiße Gestalt hinter der Glastür biegt nach rechts ab. Es war nicht der Wärter, es war der Masseur.

Eine Fliege rutscht am Boden über den roten Treppenläufer, sie scheint mich verständnislos anzublicken, sie weiß nicht, was ich hier will, ich weiß nicht, was sie hier will, aber ich weiß auf einmal, daß ich hier menschenunwürdig dränge und harre.

Im Schwimmbassin. Morgenmitte, Vorregendämmerung, braune Ahornblätter schwimmen auf winzigen Wellen, bläulicher Wasserdampf tanzt über ihnen. Die Türkentauben sind verstummt, man hört nur die Geräusche, die ihre Schwungfedern erzeugen, wenn sie ihren Flug bremsen. Das ergibt einen Ton, als bliese wer auf einem mit Seidenpapier bedeckten Kamm. Auch ist dieses Bremsgeräusch dem Ton ähnlich, den *Orientalische Rollertauben* erzeugen, wenn sie sich aus der Höhe fallen lassen. Ich schwimme. Der Himmel ist geschlossen, ich kann ihn aber mit meiner *Erfahrung* öffnen. Ich kann mir sagen: Hinter den Wolken ist *Blau*, hinter den Wolken ist *Ferne*. Das heißt also, ich vermag mir *Zukunft* zu machen. Aber ist es nicht besser, den Himmel so anzusehen, wie er ist, und nicht auf das *Blau* hinter ihm und nicht auf ein *Morgen* zu warten?

ELEKTROMASSAGE. Zwei Räume. Siebenfach unterteilt, unterteilt mit dünnen Eisenstangen, die mit gelben Gardinen bespannt sind. In den so entstandenen Unterräumen steht je eine *Apparatur*. Wie klein darf ein Raum sein? Ein Raum, in den ein *Menschenkleinfinger* nicht mehr hineinpaßt, ist auch für den *Menschen* nicht mehr *nutzbar*.

Von Rheuma geplagte Alt- und Jungfrauen lassen ihre Klageschreie los, und sie entreißen damit den hin- und hergehenden Schwestern, die die Apparate bedienen, je nach der Höhe der *Trinkgeldgabe*, Rufe des Bedauerns. Natürlich sind die Schwestern nicht ohne *Mitgefühl*, aber das geben sie in der Regel nicht hier ab, sondern daheim. Hier sagen sie: Ach, ist das denn möglich, und sie *schnalzen* drei- bis viermal bedauernd mit der Zunge, und sie sagen wieder: Ach, wie ist das möglich. Flögen diese Zwiegespräche nicht hinaus in den *Weltraum*, die kleinen Behandlungsräume wären so dick gefüllt mit ihnen, daß man darin nicht mehr atmen könnte. Die hellen, freundlichen Gardinen wären längst von diesen Zwiegesprächen zersetzt. Die Apparate wären von ihnen längst zerschrunden.

ZWEI TAUBEN FLIEGEN ÜBER MICH HINWEG. Eine weiße und eine blaue. Ich denke an meine Tauben daheim. Die weißen fliegen nicht schlechter als die gescheckten, nicht schlechter als die schwarzen und die roten, doch sie werden als erste von den *Greifvögeln* geholt. Wenn sie nicht flugunfähiger als die anderen sind, sind sie naiver? Oder sind sie den Augen der Greifvögel nur *bequemer*, diesen Augen, die aus hundert Metern Höhe die Grille im Grase sehen?

ICH BETRACHTE aus dem Schwimmbassin heraus einen Ahorn. Ich erkenne seinen Drang, eine geschlossene Krone zu bilden, die das Heranreifen der Früchte genügend schützt. Dieser Drang ist allen Lebewesen eigen. Schopenhauer nennt diese Kraft durchgehend den *Willen zur Macht*. Ich kann Schopenhauer in dieser Beziehung nicht mehr beipflichten. Der *Wille* ist ein *Denkprodukt* der menschlichen Natur, er ist der *Urstoff* des Wettbewerbs und des Zweckverfolgens. Wenn der Mensch dem von ihm produzierten Willen folgt, entstehen oft Konflikte mit seiner *Umwelt* und mit seinen *Mitmenschen*. Der Drang der Materie, der den Menschen, den Tieren und den Dingen innewohnt, ist eine Kraft, die im Laufe der Jahrtausende vom Menschen mit verschiedenen Eigenschaften und Namen bedacht wurde. Wenn das Tier ihm folgt, sprechen wir von Instinkt, der Mensch nennt ihn den *dunklen Drang*, und er stellt ihm, seinem *Selbsterzeugnis*, seinen *hellen Willen* entgegen, und er greift damit ein in die Vorgänge der Natur, und er erzeugt sich mit ihm die *Illusion*, daß er die *Welt* verändere, daß die *Zivilisation* ein Fortschritt sei, den Drang aber, der ihm eingeboren ist, läßt er verkümmern. Alle Weisen wußten und wissen aber, daß dem Menschen mehr frommt, sich seinem dunklen Drange hinzugeben und ihm zu gehorchen und nicht dem *Willen*.

DIE MEISTEN BADEGÄSTE schleifen ihre *Gewohnheiten* hinter sich her wie aus dem Erdreich gerissene Wurzeln. Und sie versuchen sie hier am anderen Ort wieder einzupflanzen. So versuchen sie zum Beispiel zur gewohnten *Tagesstunde* zu ihrem *Kaffee* zu kommen, oder sie beschaffen sich *Nachbarn*, mit denen sie über *nichtige Dinge* reden können, was auch daheim ihre *Gewohnheit* ist. Sie suchen, da sie nichts mit sich anzufangen wissen, ihre *Langenweile* zu entkommen, als handele es sich bei der *Langweil* um eine zum Tode führende *Krankheit*.

Der pensionierte Zöllner. Er ist verkrümmt. Er ist oberhalb der Hüften verbogen, beide Beine schlagen bei ihm nach rechts aus. Ohne Stock würde er nach links umfallen. Seine Nase ist das, was man eine *Schnüffelnase* nennt, sie ist verformt von Natur her und verfärbt vom Genuß tröstenden *Alkohols*. Er bewegt sich mit kurzen, schabenden Schritten vorwärts. Die Wege, die er zurücklegt, bestehen für ihn aus Segmenten von auf- und abklingenden Schmerzen. Zwanzig Meter Schleifen und Schlürfen, und der Schmerz befiehlt ihm, sich völlig auf den Gehstock zu stützen und *abzurasten*. Eine Viertelminute und der Schmerz klingt ab, und er *schlürft* wieder weiter, er geht mit Schmerzen zwanzig Meter, dann wieder Rast. Ein Unfall hat den *Zöllner* zu diesem Gang verurteilt. Die Ärzte wollen es dem Zöllner nicht glauben, daß seine Schmerzen und der zerstückelte Gang von einem Unfall herrühren. Sie sagen oder sagten, der Zöllner leide an *Multisklerose*. Ich soags ihn immer wieder, es is keene *Multisklerose*, sagt der Zöllner, es ist von am *Unfall*. Immer wieder sagt ihnen der Zöllner, daß es ein *Unfall* war, immer wieder sagen die Ärzte, es handelt sich um *Multiple Sklerose*.

Ich treffe diesen Zöllner allhie das achte Mal. Er ist jährlich zwei Mal hier in den Bädern. Sein schlürfender Gang wurde in den Jahren schwerer, seine Wegsegmente wurden kürzer. Jedes Mal erzählt er mir von neuem über seinen Streit mit den Ärzten. Ich sehe ihn prüfend an, allein seine *Nase* würde bestätigen, daß er ein *Zöllner* war. Ein guter Zöllner für seinen Staat, ein schlechter Zöllner für die, die ihn sich gefallen lassen mußten. Wie kam es zum Unfall? fragte ich ihn.

Der Zug hat gebremst, das Gepäck fiel herunter, ein schwerer Koffer, den ich einem Reisenden aus dem Gepäck heben ließ, fiel uff mir druff, ich sackte zusammen.

Sie wollten sich den Koffer also öffnen lassen?

Das wulldich, der Koffer woar so verdächtig schwer.

Und schließlich konnten Sie ihn doch nicht kontrollieren, da Sie ja verletzt waren, sage ich.

Haben Sie ne Ahnung, sagt er, ich hoabe meine Pflicht erfüllt.

Und was war in dem Koffer.

Schwere Bücher, nischt wie schwere Bücher und obendruff ein zerquetschter Rosenstrauß.

NIEMALS WÄRE MIR EINGEFALLEN, einem *Westberliner Bürger* einen Weihnachtsbrief zu schreiben. Aber nun kam Albert, der *Nachtportier*, und sagte: Biete, Herr Schrrrieftstellerrr, schrrreiben Sie mir auf ein Stück Papier einen scheenen Weihnachtsbrief für eine gute Herr aus Westberrrlin, was ist immer so vorrrzüglich zu mir. Seine Tochter würde den Brief abschreiben, und er würde ihn dem Herrn (es war erst September) dann zu Weihnachten zuschicken. Eine scheene deitsche Weihnachtsbrrrief, Herrr Schrieftsteller, Sie wissen.

NACHDEM ENDGÜLTIG FESTGESTELLT IST, daß sich in meinem Bauche jene Krankheit aufhält, die sich *diabetes mellitus* nennt, muß ich meine Nase dazu *erziehen*, die Wohldüfte aus Küchen zu *unterschlagen*.

VIELE MENSCHEN DIESES STÄDTCHENS verdienen ihr Brot und ihre Wurst, die sie sich in Fabriken herstellen lassen, mit dem Verteilen von Schwefelwasser und Schlamm an die Kurgäste, und sie holen mit ihrer Arbeit für das Gebilde, das Bürokratenseelen den *Staat* nennen, hochwertiges Geld aus Arabien, aus Amerika, der Schweiz und den angrenzenden *Ländern Mitteleuropas* herein. Vor allem aus Ländern, in denen die sogenannte *Arbeitsproduktivität* höher ist als in ihrem Lande, einem sozialistischen, in dem am *Paradies* gearbeitet wird.

UND ALSBALD SAGTEN DIE FREMDEN, die gekommen waren, zu den *Vätern des Städtchens*: Und habet ihr nicht noch auch Vergnügungen außer Schlamm und Heilwasser, Vergnügungen für uns, so werden wir euren Ort meiden und zu anderen Orten *nach Italien zum Beispiel* hinziehen. Und sie droheten und droheten, und die *Stadtväter* sagten: Also lasset uns Blumen pflanzen, lasset uns *Möwen* zu Sehenswürdigkeiten erklären, auch einige der alten *Pappeln*, erklären wir sie zu *Jahrhundertbäumen* für die Fremden.

Und die Fremden waren es zufrieden für einige Zeit, aber dann verlangten sie wieder nach mehr Dingen zu ihrer Belustigung und Freude. Und sie sagten den Stadtvätern: Außer den Blumen, den Möwen und den Pappeln habt ihr nichts? Und sie droheten wieder hinwegzubleiben, und sie sprachen von *Einrichtungen*, die ihnen in anderen Ländern *zu Gute getan* werden.

Und um des *Geldes*, das die Fremden im Städtchen ließen, nicht *verlustig* zu werden, sagten die Stadtväter zueinander: Lasset uns *Örter* errichten, in denen musiziert und getanzet wird, und lasset *Huren* kommen aus den *unfrommeren* Städten des Landes und lasset Weine und andere berauschende Getränke kommen aus anderen Ländern und aus *Übersee*.

Und die Fremden warens eine Weile zufrieden, aber alsbald hatten sie wieder Wünsche auf *Neues*. Und so ging es fort bis *Babylon*.

WENN EIN WEIB SCHLAMPIG IST, seinen Haushalt schlecht führt und sich nicht darum kümmert, ob seine Kinder etwas zu essen haben, so werden die Nachbarn wohl über dieses Weib *reden* und sie werden es von ihren wohlbestallten Wohnungen und Tischen her mit Worten tadeln, aber sie werden nicht zu diesem Weibe in die Küche marschieren, und sie werden sich nicht dort hinsetzen und mit einem Stock fuchteln und dem Nachbarweibe abfordern, daß es *unschlampig* sei und Ordnung in seinen Haushalt bringe. Bei Völkern allerdings, die sich untereinander als *Brudervölker* bezeichnen, geschieht solches.

MEINE DIESJÄHRIGE REFLEX-MASSEUSE, eine blonde Frau mittleren Alters, nicht schön, nicht häßlich, scheint mir ständig auf der Lauer zu liegen, um ihrer *Bosheit* in Worten oder Taten Ausdruck zu geben. Ähnlich ists bei einer neuen Schwester im *Labor*, die, wie ich beobachtet zu haben glaube, Patienten bei der Blutabnahme mit wahrer Lust *ansticht*. Einmal sah ich in einer *Putenfarm* eine Frau, die mit ähnlicher *Wollust*, wie jene Schwester im Labor, den Truthähnen Sperma für die Besamung der *Truthennen* abzapfte.

EIN BADWÄRTER IM PERLBAD. Wie der Auspuffausgang eines Motorrades nach versottenem Brennstoffgas riecht, so riecht er nach dem versotteten Qualm von Zigaretten. Es geht heuchlerische Freundlichkeit wie von einem christlichen Frömmler von ihm aus. Er ist ein *Heiliger* unter den Badewärtern. Wenn das wilde Perlwasser über den Rand der Wanne zu schwappen droht, streicht er wie *segnend* mit der Hand über es hin, und das Wasser *beruhigt* sich.

DER ADÄQUATE GEISTESZUSTAND der *Wirklichkeit* ist die *Wahrheit*.

SONNTAG IST ES, und regnen tut es, ich komme mit einem weißen Tütchen aus der Ordination. Es enthält Tabletten von der Größe eines Pfennigstückes. Ich bin fast wie fröhlich, daß ich meinem Diabetes nun mit diesen Tabletten begegnen kann. Zwei halbe Tabletten jeden Tag, und es sei, so wurde mir versichert, als ob der Diabetes nicht mehr da wäre. Und ich tue, als wäre das mit dieser Krankheit ohne Ende nicht ein Rückfall, sondern ein Sprung nach vorn. Wie soll man das nun nennen, Optimismus, Selbstbetrug, Verblendung, Mut zur Wirklichkeit oder einfach *menschlich schwach*?

JUNGE SCHWÄNE. Vor drei Wochen waren es sechs, jetzt sind nur noch vier zu sehen. Beim Bemühen der Jungschwäne, sich ein zweites Leben in der Luft zu beschaffen, verunglückten also bisher zwei. Und sie verwesen an Orten, die ich nicht kenne, und ihr *veraasendes* Fleisch wird vielleicht von anderen Tieren gefressen, und die jungen Schwäne verkörpern sich auf diese Weise anderweitig oder sie mineralisieren sich.

ANGLER AM SCHLAMM-KANAL. Sie lassen angebundene Würmer und Köder im Wasser schwimmen, und den Würmern und den Ködern haben sie kleine Metallhaken in ihr Inneres hineingearbeitet, und sie warten Stunden auf die Arglosigkeit, mit der ein Fisch dahergeschwommen kommt, der den Köder schluckt und sich an dem Haken aufhängt, und die Männer am Strand zeigen einander voll Stolz die Ergebnisse, die ihnen ihre List einbrachte, jene List, die sie mit Fuchs und Leopard gemeinsam haben.

AUCH SO KANN MAN PIEŠŤANY SEHEN: Eigentlich ist der Ort ein *Nistgeflecht* um die heißen Quellen herum, in das die *Heilungsuchenden* schlüpfen, wenn sie sich matt *gebadet* und matt *gemoort* haben.

Raupen. Heute, am dritten Oktober, auf der *Promenade* am *Schlamm-Kanal* laufen dunkelbraune Raupen von mittlerer Länge. Sie haben es eilig, sie rennen, sie müssen es mit den Pappeln zu tun haben. Die Pappeln, sie scheinen ihre Lebensgrundlage zu sein. Rennende Raupen als Verwandte von raschelnden Pappeln.

Auto, das über die Kanal-Brücke fährt. Vier Räder und über ihnen eine stabile Fläche, und auf die stabile Fläche ist ein Motor montiert, und der Mensch hat sich sozusagen neben den Motor hinmontiert, zu seinen Gunsten sagt er allerdings, er hätte sich *plaziert*. Der *Motor* treibt die *Räder* an, die Räder transportieren die stabile Fläche von Ort zu Ort und der *Mensch* darf daran teilnehmen.

Mögliche Titel für mein letztes Buch:
Erstens: Alter Mann redet alles durcheinander.
Zweitens: Immerwährender Kalender.
Drittens: Kalender ohne Anfang und Ende.

Auch hier die fetten *Oktoberdrosseln* wie daheim.

Gewohnheiten. Wie schwierig, wie schwierig, Gewohnheiten loszuwerden. Im Elternhaus wurde es einem eingepflanzt, sich mit den Augen anderer, mit den Augen *Außenstehender*, mit den Augen der *Kundschaft* eines Kramladens zu betrachten.

Ich verordne Ihnen vorläufig eine halbe Tablette zur Herabminderung Ihres Diabetes, daheim müssen Sie sich dann von Ihrem Arzt *einstellen* lassen, sagt der *Kur-Doktor*. Für die Chirurgen und Internisten ist der Mensch ein *Apparat* mit etwas geistigem *Gespinst* drumherum. Das Drumherum aber interessiert die Ärzte nur, wenn sie *Psy-*

chologen sind. Für die hinwiederum ist ein *Dichter* ein Mensch mit einem *anormalen Unterbewußtsein.*

DAS EICHHÖRNCHEN sitzt aufrecht auf seinen Hinterpfoten in seinen Vorderpfoten. In diesen Affenhändchen läßt es ein Sämchen kreisen und versucht, es von allen Seiten zu benagen. Die Ohren stehen in die Höhe, so daß sie sich berühren, und sie sind spitz, und da ists mir, als wüßte ich auf einmal, daß das Eichhörnchen das Urbild des *Wichtelmanns* ist, des Zwergs mit der spitzen Mütze, das in die Volksmärchen einging.

FRAU R. Schwarzes Haar, beginnende Frauenglatze, die Brillengläser blitzen wie geputzte *Römer* im Glasschrank, ein sauberes Gesicht, darin aber nicht ein Untätchen von Charme. Ihre Persönlichkeit rechtwinklig und wie ausgerechnet, nirgendwo ein Häkchen, mit dem sie in der Welt der kleinen Angestellten, in der sie lebt, anhaken könnte. Sie erzählt merkwürdigerweise von einer Kollegin, die mehr Rechenmaschine als Mensch ist, von einer Rechnungsprüferin, deren Glück es sei, Fehler in fremden Rechnungen herauszufinden. Auch auf Weihnachten nimmt sie sich zur Unterhaltung zu überprüfende Rechnungen aus dem Betrieb mit nach Hause. Ich weiß nicht, weshalb die R. von dieser Kollegin erzählt, abträglich erzählt, sie müßte ihr, nach meinem Gefühl, nahestehen.

Ich versuche mit Blicken zu erkunden, was die R. für den, der sie liebt, liebenswert macht. Eva lernte sie im zweiten Kurjahr bei der Frauengymnastik kennen. Seitdem kommt die R. jedes Jahr, wenn wir hier sind, Eva besuchen. Ich kann nicht ergründen, was sie veranlaßt, ihren Nachtschlaf von zwei Tagen auf die Eisenbahn zu bringen, aber sie wuchs bei deutschen Eltern auf, und ich vermute, ihr Glück ist es, mit Eva vor allem, auch mit mir, deutsch zu sprechen und deutsche Bücher von uns zu bekommen, und auch, wenn da meine Eitelkeit mit im Spiele ist, empfindet sie es ein bißchen als *Glück*, mit deutschen Schriftstellern bekannt zu sein.

Die Doktor S.s aus Jena. Sie sind Verehrer von Evas Lyrik. Der Hauptverehrungs-Veranstalter ist ein weißhaariger Akademiker und fast achtzig Jahre alt. Er hat ein rötliches Bauerngesicht mit rötlichen Tüpfelchen auf der Haut der Oberwangen. Wenns um Kunstdinge geht, fängt er an zu eifern. Das Alter erlaubt ihm nicht mehr, in der Wissenschaft zu wirken, deshalb gibt er sich mit der Kunst ab, mit Lyrik zum Beispiel, Lyrik, in deren Nähe ich mich als Student schon gern aufhielt, sagt er. Er hat sich Meinungen über Kunst angelesen, hat sich Meinungen über Kunst von anderen Leuten abgehört, und er hat jene Meinungen, die ihm gefielen, übernommen, besonders, wenn sie von Leuten stammen, die er als *akademisch* gebildet *klassifizieren* konnte. Kurzum, ein Mensch voll fremder Meinungen über Kunst, die er stückweis und unverarbeitet wieder von sich gibt, dort wo sie hinpassen oder wo sie nicht hinpassen. Wenn er merkt, daß er sich vertan hat, zieht er sie lieber und rascher zurück, zumal wenn es sich bei seinem Kontrahenten um einen akademisch gebildeten Menschen handelt, und dann gibt er zu, nicht genügend *informiert* zu sein. Er ist nicht in die Kunst eingedrungen, und er wird auch nie eindringen, obwohl das sein innigster Wunsch ist. Deshalb wird er weiterhin in den Meinungen wühlen, die in ihm eingesackt sind, und es wird dabei rasseln im Sack, und er wird eine nach der anderen der *eingelagerten Meinungen* vorzeigen.

Sie, die S., ist liebenswürdig und hat sogar noch *Alters-Charme*. Beim Meinungenäußern läßt sie ihrem Manne selbstverständlich den Vortritt, doch sie ist skeptisch und bleibt skeptisch, und sie lehnt alles ab, was nicht in ihrer *Küche* erprobt ist, lehnt alles ab, was nicht als *erprobte Gewohnheit* auf dem halbgeistigen *Speisezettel* steht.

Ich verbrachte in Evas Beisein mit den S. zwei, drei Nachmittagsstunden, und ich wurde das Gefühl nicht los, daß sie nur *anstandshalber* zuhörten, wenn ich etwas sagte. Die ganze Zeit saßen sie mir mit der Haltung gegenüber: Wir werden es einmal gestatten, aber eigentlich hast du hier als Nicht-Akademiker, als Nichtstudierter, nicht mitzureden.

NOCHMALS DIE REFLEX-MASSEUSE: Sie zog den Vorhang auf und ließ mich in die Kabine treten, dann zog sie den Vorhang zu, und ich sah auf ihrem *Arbeitstisch* einen in durchsichtiges Seidenpapier eingepackten Karton *Pralinen* stehen. Den sollte ich mir wahrscheinlich einprägen. Sie erschien erst fünf Minuten später und fing sogleich an, mit mir zu reden. Fragte mich nach meinem *Wohlergehen* und wollte wissen, ob ich *Kinder* hätte, ob ich gar schon *Großvater* sei, und sie brachte sogar ein Lachen auf.

Als ich mich anzog, fragte sie, und was ist mit der *Bonbonniere*? Sie *verdächtigte* mich, daß ich diese *Bonbonniere* dort hingelegt hätte. Ich erklärte mich für *unschuldig*. Sie *parierte* sogleich und sagte, dann ist sie ja auch nicht für mich, diese Bonbonniere, dann ist sie für meine Kollegin, die vorher hier massiert hat. Ich gab ihr meine üblichen fünf Kronen Trinkgeld. Vielleicht sollte die Bonbonniere dazu verhelfen, daß ich ihr *zehn* geben sollte, aber ich gab nur fünf Kronen. Die arme Masseuse, sie hatte ihre Freundlichkeit, ohne Nutzen von mir dafür zu empfangen, verausgabt.

VOR DEM EINSCHLAFEN. Eine Mücke über mir. Ein Zehntel Milligramm beflügelte *Sumpfmasse* aus dem *Schlamm-Kanal*. Es ist ausgeschert, es will nicht mehr an der Heilung von Rheumakranken teilnehmen, es hat sich selbständig gemacht, und es nähert sich dem Menschen, der ich jetzt bin, auf seine Weise. Es will sich Blutzoll für seine bisherige *Arbeit* holen.

Der Primarius. Ist gefällig, Platz zu nehmen. Wir sitzen vor seinem Schreibtisch wie auf dem Standesamt. Er überprüft nach der ersten *Kontrolluntersuchung* unsere Badekarten. Kann ich nicht auch wieder Schlammbäder nehmen, Herr Doktor? frage ich.

Wollen wir lieber vorsichtig sein, die Belastung ist zu grrroß. Mit dieser Feststellung hat mich der *Primarius* amtlich in die *Kategorie der Alten* verwiesen. Soll ich mich damit abfinden? Ich will nicht.

Die Nachbarn nebenan: Bazile, a Hemderln mußt mir noch naustun, sagt er.

A döscho, sagt sie, welches Gwanderl willst anziehe?

Sie haben es mit den Verkleinerungen und Verniedlichungen, die Österreicher. Es gibt Leute, die da meinen, es wird damit Gemüt zum Ausdruck gebracht. Ich hatte es in der Kriegszeit mit vielen Österreichern zu tun, die bessere Nazis waren als viele Preußen. Sympathisch ist mir der Gedanke, daß es vielleicht die Gebirgswelt ist, in der sie leben, die großen Berge, die sie vor sich haben, die ihnen sozusagen *befehlen*, alles um sich herum zu *verkleinern*.

Marxisten: Was mich an ihren politischen Praktiken so abstieß, war, daß sie denen ihrer Gegner glichen. Als es mir zum ersten, zum zweiten und zum dritten Mal und immer wieder auffiel, wußte ich noch nicht, daß es in der *Politik* nie andere Praktiken gegeben hat und daß man, wenn es sie einmal geben wird, nicht mehr von Politik, sondern von etwas anderem sprechen wird.

AN MANCHEN TAGEN zerfräst der Lärm der Flugzeuge die Stille, und es entsteht ein Gemisch aus Lärmspänen und Stillespänen, und die Ohren stellen ihr feines Hinhören ein und geben sich der *Gewohnheit* hin, aus diesem Haufen von Spänen nichts *Hörenswertes* mehr herauszufinden. Der Mensch zwingt dem Menschen *Gewohnheiten* auf, so daß er sogar den Mord an seinesgleichen als *Gewohnheit* hinnimmt. Wie kann *das* gutgehen?

MEINE LETZTE NACHT WAR ZERSTÜCKELT bis in den Morgen hinein, sie war ein Gemisch von Nachtlampenanschalten und Leseversuchen, von Nachtlampenausschalten und Schlafversuchen, die Lektüre von Proust war die Ursache, dazu ein körperliches *Unwohlsein*. Gegen Morgen begegnete ich Proust im siebenten Band seiner *Suche* nach jener Tiefe, zu der er hinmußte, zu der er sich hinschrieb, bis in sein Sterben hinein. Merkwürdig, diese *Tiefe* war für mich schon *gehabtes Erlebnis*, und zwar hier in Piešťany. Vierzehn Tage dürfte das her sein. Ich war durch *Krishnamurti* und durch eigne *Exerzitien* etwas mehr in die *Tiefe* gelangt als Proust. Ich sage das immer noch mit dem alten Respekt vor denen, die *vor mir* waren, ich sage es nur ganz leise, und ich deutete es auch Eva gegenüber nur mit den Worten an: Es ist mir hier etwas *geschehen*. Es wäre mir *unlieb*, wenn jemand davon *erführe*, ehe es in meiner *Arbeit* sichtbar wird.

EIN ANGLER, der aus den Flußauen kam, hatte ein Netz, gefüllt mit Champignons, am Lenker seines Fahrrades hängen. Er schob das Fahrrad. Die Leute auf dem Flußdamm starrten auf seinen Fang. Er genoß den *Neid* der *Mitbürger*. Er verschaffte sich eine kilometerlange *Vorlust* und machte sich *Lust am Essen*, die folgen würde, zur *Nachlust*.

197

Ein Kellner, heißt es, ein *Laienornithologe*, habe das erste Schwanenpaar nach Piešťany geholt und hier auf dem *Schlamm-Kanal* ausgesetzt. Übrigens ist der fünfte Jungschwan wieder da. Möglich, daß er doch abgestürzt war, sich dann aber wieder aufrappelte. Tats nicht *Hemingway* auch, als er in Afrika mit dem Flugzeug abstürzte? Die Vermutungen um den Tod zweier Lebewesen nach einem Absturz trafen sich in meinem Kopfe.

Der Himmel ist leicht krank und lauschend, bis es bei ihm zum völligen Blauschwund kommt, bis es sich zur völligen Krankheit verdichtet, Regen.

Der ägyptische King und sein Hofstaat wurden erschossen. Die Leute ringsum bleiben nicht bei der Ungeheuerlichkeit der Tatsache stehen, sondern sie mutmaßen gleich, daß ein Krieg daraus entstehen könnte und unter welchen Bedingungen und wann dieser Krieg ausbrechen könnte, und sie mutmaßen, wer der Nachfolger des *Kings* wird und wie der sich verhalten werde.

Man stellt mit einiger Verwunderung fest, daß es die eigenen Sicherheitskräfte des *Kings* waren, die ihn erschossen. Also auch das gibts. Es ist nichts unmöglich, und keine *Sicherheit*, die sich die *Kings* von außen herstellen lassen, ist *sicher*. Was für literarische Stoffe damals und heute! Immer wieder *Shakespeare-Stoffe*. Immer noch zu wenig *weise* Leute auf der Welt, die wirklich *wissen*, wo mit der *Wandlung* begonnen werden muß, damit die Menschen *friedlich* miteinander leben.

Ein Rotkehlchen sang am Morgen, als ich zur *Reflex-Massage* ging. Jetzt singt eine Amsel. Die letzten Singvögelgrüße dieses Jahr für mich.

VOR EINIGEN JAHREN nannten der albanische Führer und der chinesische Führer den sowjetischen Führer einen *Revisionisten*. Aber der sowjetische Führer nannte den chinesischen Führer auch einen *Revisionisten*. Nunmehr nennt auch der albanische Führer den chinesischen Führer einen *Revisionisten*, und der sowjetische Führer verdächtigt die Führer Jugoslawiens und Rumäniens, *Revisionisten* zu sein. So sieht die Einheit aus, von der wir einst träumten. Ich habe keine Lust mehr mitzuträumen.

GELDWECHSLER IN PIEŠŤANY. Er hat das Gesicht eines *Pferdemaklers*, eines jener Gesichter, wie ich sie auf den Pferdemärkten meiner Jugend vorfand. Das waren zumeist Leute, die nie ein Pferd im Stalle hatten, die auch nie ein Pferd anfaßten und die doch an den Rössern *verdienten*. Einer der hervorstechendsten Züge in diesen Gesichtern ist die Gnadenlosigkeit, dazu kommen Frechheit und Abgebrühtheit. Diesen einen von den Geldwechslern hier kenne ich seit sieben Jahren. Vor sieben Jahren ging er noch zu Fuß und jedes Mal, wenn ich angekommen war, sprach er mich an. Er hielt mich für einen *Skandinavier*, wie viele Leute mich hier für einen *Skandinavier* halten, mein roter Bart! Jetzt fährt dieser Wechsler mit einem *Damenfahrrad*. Den Sattel des Damenfahrrades hat er mit einer dünnen Plastefolie überzogen, damit er seine gute Hose nicht abwetzt. Man erkennt den Typ des *Unredlichen* aus zwanzig Meter Entfernung. Er nickt Leuten, auf die er es abgesehen hat, von seinem Fahrrad wie von einem Thron *jovial* zu, die Leute stutzen und wundern sich über die *Vertrautheit*, mit denen ihnen ein *Unbekannter* entgegenkommt, und in diesem Augenblick sagt der Geldwechsler halblaut: Brauchen Sie was?

Von diesem Augenblick an müßte jeder, der nicht zu spät *aufgestanden* ist, wissen, mit wem er es zu tun hat. Ich weiß nicht, ob er außer der deutschen auch andere Anredeformeln in anderen Sprachen benutzt. Mit mir, dem *Skandinavier*, spricht er jedenfalls *deutsch*. Ich verdächtige auch, er ist ein *Zuhälter*. Es gibt einige von diesen älteren Männern, die in die *Vogelwelt*, ins *Geierleben* zurückfielen. Wenn ich einige von diesen *Geldwechslern* kenne, so müßte sie auch die Polizei kennen. Mir scheint aber, die Leute in den staatlichen Stellen sehen das Treiben dieser *Geldwechsler* nicht ungern, man kennt ihn, den *Devisenhunger* in unseren *Ländern*!

ALLE DINGE VERGEHEN, verändern sich, werden etwas anderes und das aus einem Gesetz heraus, das in allem, was da besteht, innen ist und das, solange wie die Welt besteht, und das heißt seit immer. Und auch der Mensch erscheint und vergeht nach dem Gesetz, das in ihm ist, doch er hält sich für eine *Zweitausgabe* eines *imaginären Gottes*, und er spielt sich als kleiner Schöpfer auf, und er fügt selbstherrlich Dinge zusammen, die auf dem Wege sind, sich zu verändern. Er fügt zum Beispiel Steine und Teer zu Straßen zusammen und verzögert dadurch die Veränderung dieser Dinge, und er wills nicht wissen, daß die Ergebnisse seiner Einmischung doch nicht von Dauer sind, und er hält sie für seine *Schöpfungen*, wie Kinder ihre Sandburgen am Meeresstrand für ihre *Schöpfungen* halten, auch wenn der Wind und die Wellen sie alsbald in das große Spiel der Veränderungen einbeziehen.

BESTÄTIGUNG, daß man auf dem Weg nach *hinter den Dingen* ist: *Freunde* verlassen einen, die *Leser* suchen einen.

IN DER PAPPELAUE wächst eine Art von wilden Malven, die im Oktoberanfang die rechte Zeit hat, sich der *Welt* rosablühend darzustellen. Sie muß herhalten, diese Malve, um den mit zu wenig *Zehrgeld* ausgestatteten *Kurdamen* als Vasenschmuck in ihren Zimmern zu dienen, und um die prächtigen Gartenblumen, die auf dem Markt angeboten werden, zu *ersetzen*. Und die Malve tut das mit einer schlichten Schönheit, die die Farbigkeit gezüchteter Gartenblumen überstrahlt. Ihre Stämme rechts und links des Dammweges sind jedoch von den gierigen Händen der sächsischen und österreichischen Patientinnen zerrauft und zerknickt, und sie taten mir leid, und ich konnte mich nicht entschließen, nur *einen* Stengel davon abzubrechen und der kranken Eva mit aufs Zimmer zu nehmen.

LETZTER TAG IN PIEŠŤANY. Der Tag, an dem es mir so vorkommt, als wäre die Ehe eine Institution, in der einer vor dem anderen zu verbergen sucht, was er vorhat, und daß auch in unserer Ehe, vielleicht gerade in unserer Ehe, weil wir aus demselben *Born* schöpfen, eines vor dem anderen besonders eifrig zu verbergen sucht, wann er *schöpft*.

GEIST UND MACHT. Er ist ja nicht selber darauf gekommen, sein Rheuma in Piešťany behandeln zu lassen. Seine *Höflinge* haben es ihm angeraten, dem *Minister* und *Geheimdienst-Chef* eines arabischen Landes. Sein Scheichtum liefert Öl in dieses Land hier, wie wohl in alle europäischen Länder. *Öl* und *Devisen*, die *stillen Beherrscher* allen gesellschaftlichen Lebens zur Zeit auf dieser Erde.

WIR MUSSTEN für *die letzten anderthalb Tage* das große Appartement (die Kellner nennen es die *Maharadscha-Suite*) räumen. Wir hatten uns das Appartement mit einem dänischen Schriftsteller teilen müssen. Aber auch der devisenträchtige *Däne* mußte hinaus aus dem Appartement. Devisen setzen Gastfreundschaft außer Kurs, und Öl setzt Devisen außer Kurs.

Die ganze *erste Etage* des Hotels wird *freigemacht*, außerdem dreißig Zimmer im benachbarten Hotel, in dem die Wachmannschaften des Scheichs untergebracht werden. Schon sieht man die slowakischen Sicherheitsleute in Steppjacken mit dunklen Brillen über die Promenaden hinschlendern, die Pistole am Halfter unter der Jacke, bereit und auf der Lauer, die Mitmenschen von dem, den sie zu bewachen haben, fernzuhalten, wenn es sein muß mit einer Kugel mitten ins Herz.

WAS ABER HILFTS, die Vorfälle in *Ägypten* zeigen, daß es keine *Sicherheit* gibt. Eine Genugtuung ist das doch: An solchen Punkten zeigt sich, daß das *Dunkle* doch nicht *allmächtig* ist.

DIE SUMME von mehreren tausend Kronen, die die staatliche Bäderverwaltung für unsere Kur vereinnahmt, dazu eine Flasche Cognac für den leitenden Arzt, hundertfünfzig Kronen für die Oberschwester, je hundert Kronen für die vier Kellner, hundert Kronen für die Zimmerfrau, der Erlös von vielen, vielen Arbeitsstunden, den wir hingaben, um unser *Rheuma* an den heißen Quellen, die die Mammute einst entdeckten, etwas zu lindern. Die Arbeitsstunden, die die Mammute einst dafür zahlten, waren die langen, langen Märsche, die sie machen mußten, um zu den Quellen zu gelangen.

AN SO TRÜBEN TAGEN wie dem heutigen verfalle ich der negativen Lust, damit aufzuhören, die Zersetzung meiner Knochen mit Schlamm und Thermalquellen zu bremsen. Allein kann ich nicht mehr herfahren. Jahr für Jahr spüre ich, daß meiner Liebsten der Aufenthalt hier nur halb angenehm ist. Sie immer wieder zur Herfahrt zu überreden scheint mir so ohne Sinn zu sein, weil nicht absehbar ist, ob

nicht in der Lebenszeit, die ich der Geliebten damit ab-
schwatze, in einem anderen Lande, in dem die Geliebte sich
wohler fühlt, in Jugoslawien zum Beispiel, epochema-
chende Gedichte entstehen würden.

LETZTER TAG. Mittag. Ich wollte ein wenig ruhen. Es
wurde geklopft. Niemand klopfte mir auf die Schulter, niemand klopfte an meine Tür. Das Klopfen war ein Signale-
ment, daß irgendwo Gewalt angewendet wurde, Teile eines
Dinges, die sich gelöst hatten, sollten mit Klopfen wieder
zusammengebracht werden. Zwei Dinge, die entfernt voneinander lebten, sollten durch das Klopfen wieder vereinigt
werden. Das Klopfen steigerte sich, es verriet sogar menschliche Wut, die dahinterstand. Vielleicht auch nur starker
menschlicher Wille. Dann noch wuchtigere Schläge, und
endlich brach das Klopfen ab. Stille auf dem Gang, die nichts
darüber aussagte, wie der Kampf des Menschen beim Zu-
sammenfügen von Dingen ausging.

EINE KNIEHOHE STRAUCHIGE PFLANZE, dicht mit gänse-
blumengroßen hell-lila Blüten besetzt. Der Strauch wächst
jetzt hier allüberall an den Dämmen und in der Aue. Eine
verwilderte Zwergaster, könnte man vermuten. Ich sah sie
bisher nirgendwo, aber was bedeutet das schon? Sie ist vielleicht auch ein Kind des Lößbodens, ist aus den Gärten ent-
wichen wie einst die Goldrute.

DER LANGSAM STERBENDE PROUST. Daß er über das Al-
tern, über die Merkmale vergangener Zeiten in den Gesichtern von Menschen spricht, ist unwichtig. Wichtig ist, daß
ers von mindestens hundert Personen, die in seinen sieben
Büchern vorkommen, tut, auch von solchen, die er erst er-
findet oder heranführt. Ist da zu merken, daß ihn langsam
bei seinem Dahinsiechen das ästhetische Maß verließ?

DAHEIM. Auch daheim ists oft so, daß ich, wenn ich zwei, drei Stunden unterwegs war, annehme, es könnte jemand gekommen sein und die Atmosphäre im Haus verändert haben. Ein jemand, der Rücksichtnahme verlangt, ein jemand, der glaubt, er könne verlangen, daß man ihm zuhört, ein jemand, der verlangt bestaunt zu werden, wenn er sein Geschwätz in die Stube gießt, wenn er seine Eitelkeit zwitschern und spielen läßt. Manchmal wünscht man, daß es so sein möge, aber dann ist man selber nicht in guter Ordnung, nicht *fruchtbar*, sondern man wartet auf *Befruchtung*, die man aber so gut wie nie von solcherlei Menschen erfährt, die, während man abwesend ist, unangemeldet ins Haus und in die Familie einfallen.

NOCHMALS ANGLER. Eigentlich haben die Fische die Männer an der Angel und halten sie stundenlang daran fest.

Piešťany 1984

Das dachte der alte Mann, bevor er losfuhr: Wenn du wieder dort hinfährst in den südlichen Ort, ins *knochen-heilende Bad*, das die Mammute entdeckten, ehe noch an den Menschen zu denken war, wenn du wieder dort hin-fährst und etwas aufschreibst, was dir an diesem Ort ein-kommt, so muß die Sicht, aus der heraus du schreibst, *un-bekannt* sein, nicht einmal dir bekannt.

Eine Absicht ist ein Mohnkorn, die Tat ist die rote Mohnblume. Keine Mohnblume ohne Mohnkorn, doch am Mohnkorn ist nicht zu sehen, wie und ob die Mohnblume blühen wird.

Der alte Mann ist *krank* gewesen, lange, ein Vierteljahr lang. Was ist ein Vierteljahr? Ein *Zeitmaß*, das an die Länge eines Menschenlebens angelegt wird.

Die Ärzte haben in guter Absicht mit dem Hirn des *alten Mannes* gespielt. Sie haben den *Fluß* seiner Ge-danken stillgelegt. Es zog sich für eine Zeit ein trockenes Flußbett durch die weiche Masse, die sein Hirn ist.

Es ist für eine Weile nötig, den Fluß deiner Gedanken ver-sickern, das Flußbett austrocknen zu lassen. Der *alte Mann* verließ sich auf das *Gerede* der Ärzte, verließ sich nicht, ver-ließ sich, verließ sich nicht, verließ sich dann doch.

Zeitchen bei Zeitchen verging, die Ärzte zogen das Wehr, der Gedankenfluß fuhr zögernd in sein altes Bett zurück.

Jede Krankheit ist eine Verwandlung, sagte sich der *alte Mann*. Man geht schwach aus ihr hervor, doch man erstarkt wieder, und wenn man Glück hat, geht man stärker, als mans zuvor war, aus ihr hervor.

Glück ist in diesem Fall das Zusammentreffen günstiger Umstände. Du hast *Glück* gehabt, sagt sich der *alte Mann*, günstige Umstände sind zusammengetroffen, du bist verwandelt, wähnst dich stärker, schreib also los und sieh nach, ob nicht *Glaube* wie ein *Spinnrich* sein Netz in dir ausgespannt hat.

Wie kam der alte Mann hierher, an die Badestelle der Mammute? Im Flugzeug kam er hierher, diesmal wie die anderen Male. Wie ein *Gewürm* im Leibe einer *Taube*, einer Taube aus *Leichtblech*, kam er hierher. Im *Flugzeug* – Zeug zum *Fliegen* – Sehnsucht des Menschen, dem Vogel gleich zu sein, er hat sie sich erfüllt. Fliegen – Sehnsucht des Menschen, seinesgleichen und was ihn auf Erden umgibt, aus anderer Sicht zu sehen, sie hat sich ihm nicht erfüllt. Er kam herunter, kam sogar vom Mond herunter, und seine *Sicht* blieb die, die ihm anerzogen ward. Er *kämpfte* nach wie vor gegen seine *Zeitgenossen*, von denen er glaubte, sie würden ihm sein *Brot* nehmen. Und es waren ihm die Zeitgenossen weiterhin nicht recht, die da nicht glaubten, was er glaubte. Und er verabscheute die, die nicht so dachten, wie er dachte. Er kämpfte nicht wie der *Hund* um den *wirklichen* Knochen; er kämpfte weiterhin um einen erdachten Knochen, um einen Knochen, den seine Gedanken ihm erdachten. Und er ließ zu, daß die Tauben aus Leichtblech, die er sich erdachte, von Parteiischen mit tausend Toden beladen wurden, und er ließ zu, daß *tausend Tode* auf seinesgleichen geworfen wurden, auf *Menschen*.

UND NUN SOLLTE, denkt der *alte Mann*, für dich der Zeitpunkt erreicht sein, ohne Idole, Ideale und Ideologien zu
leben.

Man wird dir entgegenhalten, du weißt es schon: Der
Mensch muß *Ideale* haben! Da du weißt, was man dir entgegenhalten wird, hast du das *Gegengeflüster* der *Belehrer*
schon ins Nichtige geschickt.

Ein *Ideal* haben, sagt sich der *alte Mann*, heißt, aus der
Welt, wie sie ist, flüchten und für eine *Wunschwelt* leben.
Ein Ideal haben heißt, einer Ideologie hörig sein, heißt, die
Zahl derer zu vermehren, die unter den Flaggen ihrer Ideale
aufeinander losgehen, um *Ideale* einander erschlagen, erste-
chen, vergiften.

DER WILLE, ETWAS ZU SCHREIBEN, geht in der Regel von
einem *Ideal* aus, beobachtete der *alte Mann*, deshalb mußt du
auf *das* lauschen und warten, was *von dir* geschrieben sein
will. Du darfst nicht Leser im Auge haben, die du veranlassen
willst, ihre Ansichten zu wechseln, denen du mit *einem*, mit
deinem Ideal die Sicht auf die *wirkliche Welt* verstellst.

Warte also und lausche, was aus dir werden will!

Denk an den Dichter, der in Raron begraben liegt. Er
kannte das Warten auf das, was von ihm geschrieben sein
wollte. Er richtete sein Leben darauf ein. Er wartete zwanzig Jahre (wenn auch oft verzweifelt) auf das, was von ihm
geschrieben sein wollte.

Denke daran, sagt sich der *alte Mann*, daß alle große
Kunst so und nicht anders entstand. Aber denk nicht *wil-
lentlich* so, wie der in Raron begrabene Dichter gedacht hat,
weil dann dein *Wille* im Spiel wäre! Leb einfach! Sei! Laß
dir geschehen, beobachte und warte.

AUF DEM FLUGHAFEN IN PRAG, an der Stelle, an der der
alte Mann seine Koffer für Bratislava aufzugeben hatte, saß

ein jüngerer alter Mann. Er war nicht weniger beglatzt als der alte *alte Mann*. Seine Gesichtszüge waren verschliffen, er war blau uniformiert und silberbetreßt.

Der *alte Mann* stellte seine Koffer auf die Waagenrampe. Was stellen Sie die Kofferrr hierrr, fragte der Waagendiener. Nach Bratislava, sagte der *alte Mann*.

Nach Bratislava Kofferrr errrscht sechzehn Uhr dreißig, sagte der jüngere alte Mann, und seine Tressen funkelten selbstherrlich. Er zog einen Apfel aus seinem Brotsack, öffnete sein Taschenmesser, schälte die Apfelhaut herunter, machte sie zu einer geringelten Schlange und ließ sie auf einen Fetzen Zeitungspapier fallen, und dort wippte die Apfelhautschlange ein wenig nach.

Es kamen andere Reisende, die ihre Koffer aufgeben wollten. Der jüngere alte Mann sagte schmatzend und kauend: Errscht sechzehn Uhr dreißig.

Die Reisenden trampelten hin und her, wippten auf der Stelle, schaufelten mit ihren Händen in den Taschen, vergewisserten sich ihrer Reisepapiere und richteten die Eile, mit der sie weiter wollten, gegen den jüngeren alten Mann. Alle hätte gern gesehen, der hätte den Apfel weggelegt und sich mit ihrem Gepäck beschäftigt. Es ging ihnen nicht darum, das Apfelleben zu erhalten. Was war ein Apfel gegen ihren Drang, davonzukommen?

Hinter dem *alten Mann* stand ein Reisender, der ihn bedrängte, der ihm den vorderen Platz an der Waage neidete. Es war ein Herr, denn er trug einen Hut. Der Hut war gescheckt, als wäre der Herr mit ihm zu lange in einem Park spazierengegangen, und als hätten sich die Schatten- und Sonnenflecke für immerdar auf dem Hut niedergelassen.

Wünschen Sie vielleicht, Ihre Koffer vor die meinen zu schieben? fragte der *alte Mann* den Herrn, der ihn bedrängte und beneidete.

Sehr freundlich, sagte der Herr, nahm das Angebot an,

schob seine Koffer eiligst vor die des *alten Mannes* und bedankte sich.

Vom freundlichen Dank des Begünstigten ermutigt, fragte der *alte Mann*: Da ich Sie vorließ und da Sie mit dem gleichen Flugzeug fliegen wie ich und nicht früher auf dem Flughafen in Bratislava ankommen werden als ich, bin ich vielleicht berechtigt zu wissen, ob sie weiterreisen werden, oder ob Sie vorhaben, in Bratislava zu bleiben.

Was bleiben? fragte der Herr, es geht mir ums Ankommen.

Aber wenn sich wer wo angekommen fühlt, bemerkte der *alte Mann*, ist anzunehmen, daß er dort bleibt.

Wo bleibt?

Wo er sich angekommen fühlt, sonst müßte doch nur von einem Verweilen die Rede sein.

Sie sind mir ein Hecht, sagte der Herr. Er hatte, nachdem seine Koffer vorn standen, keinen Grund mehr, dankbar zu sein: Was geht es Sie an, ob ich bleibe oder weiterfahre?

Verzeihen Sie, sagte der *alte Mann* und wandte sich wieder dem jüngeren alten Mann, dem mit der blauen Uniform und den Tressen, zu, und er sah auf ihn wie auf einen *Helden*. Dieser betreßte Mann ließ sich von nichts und niemand treiben. Er schnitt Scheiben von der zweiten Hälfte seines geschälten Apfels, steckte sie in den Mund und kaute und saß kauend da und war eine Mole, gegen die die vielen nervösen Kofferaufgeber andrängten. Es muß nicht immer *Bürokratie* sein, was aussieht wie solche, sagte sich der *alte Mann*.

Es REGNETE UND REGNETE, und jetzt am Abend war der Regen anscheinend so dicht, daß den *alten Mann* der Telefonanruf seiner Söhne von Land zu Land nicht erreichte.

AM MORGEN saß der *Alte* mit einem wienerischen Menschen, der ein Gesicht hatte wie ein alternder Chinese, zusammen im Schwefelwasserbad. Das Schwefelwasser reichte den Männern bis ans Kinn, und es gingen kleine Wellen vom Kinn des wienerischen Mannes aus, als der sagte: Regen, immerzu Regen, jetzt will ich anderes Wetter und Sonnenschein!

In diesem Augenblick bemerkte der *alte Mann*, daß sich in ihm etwas umgelagert hatte. Das mußte während seiner Krankheit geschehen sein. Er stimmte nicht in die Wetterbeschimpfung des wienerischen Mannes ein, schloß sich auch dessen Wünschen nicht an. Weshalb sollte er auch einstimmen in dieses umsonstene Gerede? Welchem Menschen, wenn man vom Nazarener Jesus absieht, war es bis jetzt gelungen, Einfluß auf das Wetter zu nehmen, und dann auch nur, weil er der Sohn eines Gottes war, wie es heißt.

Die isländischen Bauern verbringen, nach dem Bericht des alten isländischen Dichters, mehrere Wochen ihres Lebens damit, über das Wetter zu reden, wie es ist, wie es war, wie es sein sollte und wie es vor zehn und zwanzig Jahren war. Aber selbst wenn man in dem alten isländischen Dichter seinen Bruder sieht, darf man die Gewohnheiten isländischer Bauern nicht aufnehmen.

Wieviel Energie wird auf der Welt verbraucht, um über das Wetter zu reden!

Der *alte Mann* blieb also beim Wettergerede seines wienerischen Badegenossen stumm wie ein Axtstiel und sah den Wellchen nach, die vom Kinn des Wetterverwünschers ausgingen, den Wellchen, die sich über den ganzen Badebottich verbreiteten, und er nahms auf sich, für unhöflich gehalten zu werden, und er schwieg, und er war froh, daß er schwieg, ohne es sich vorgenommen zu haben; er blieb draußen aus dem Gespräch, ohne es sich vorgesetzt zu haben; er war an einer Stelle seines Wesens, und wenn sie noch so schmal war, ein anderer geworden.

UND SO SOLLTE DAS NUN WEITERGEHEN. Wie über den wienerischen Mann mit dem alternden Chinesengesicht, wollte der *alte Mann* über dies und das schreiben. In seinem Notizbuch hatte er schon eine Reihe Themen aufgezeichnet, über die er schreiben wollte. Er wollte zum Beispiel über einen Minister schreiben, dem anbefohlen war oder der sich vorgenommen hatte (es war nicht herauszukriegen, wie die Dinge lagen), sich unters Volk zu begeben und seine Knochenkränke nackend unter den anderen Knochenkranken auszuheilen, und wie wenig dem Minister das gelang, weil ihn die Sucht nach der Ehrerbietung, die ihm sonst in seinem Ministerium gezollt wurde, nicht in Ruhe ließ, und wie er sich abseits setzte und mit niemand sprach, in der Hoffnung, es würde bald jemand merken, daß er etwas Besonderes und ein Minister war. Aber niemand sah es seiner behaarten Brust, seinen Brustwarzen oder seinem verschrumpelten Glied an, daß es sich um Ministerbrustwarzen und um ein verschrumpeltes Ministerglied handelte. Denn das Gesicht des Nackten unter Nackten strahlte nichts aus, was stutzen ließ und den Minister zum Minister machte.

UND ES GESCHAH WIEDER ETWAS, was den *alten Mann* ins Verwundern setzte: Er vernahm ein Wispern, und er wußte nicht, ob er es hörte, sah oder fühlte. Ha, sagte der *Alte* sich, ein Überbleibsel der Verrücktheiten, die sich in dir abspielten, bevor die Ärzte dein Zukunfts- und Vorausbedenken abstellten, ein kleiner schöner Rest. Bist du innen oder außen, fragte der *Alte* das Wispern.

Innen und außen, wisperte es, und ich bin am eifrigsten mit denen, die mir zur Wirkung verhelfen. Ich bin die *Stille*.

Der *alte Mann* sah skeptisch umher, weil er vermutete, es noch immer mit einem Rest seiner Hirnkrankheit zu tun zu haben.

Nimm mich nur ein! wisperte es. Du nahmst so vieles, was die Ärzte dir eingaben, lehne nun auch mich nicht ab!

Ich lehne dich nicht ab, sagte der *alte Mann*.

Doch, wisperte es. Hast du nicht schon wieder Themen aufgeschrieben, über die du nachdenken willst, um sie in Worte und Sätze hineinzuzwingen?

Was ist dabei? fragte der *alte Mann*!

Es ist dabei, daß du schon wieder Absichten verfolgst, wisperte es, daß du schon wieder wirken und am allgemeinen Wettbewerb teilnehmen willst, mit dem die Menschen einander plagen.

Meint das, ich soll nicht mehr vorausbedenken, was ich vorhabe aufzuschreiben?

Das meint es, wisperte die Stille.

Und du wirst mich beglücken, wenn ich mein Vorausbedenken schlafen schicke? fragte der *Alte*.

Deine Frage zeigt, daß du dein *Vorausbedenken* noch nicht aufgegeben hast, wisperte es.

Hier endete das Gespräch des *alten Mannes* mit der Stille in Sprachlosigkeit.

UND DER ALTE MANN SETZTE SICH auf eine der Bänke, die an der Badepromenade standen. Hinter ihm war der Fluß, und hinter dem Fluß war ein sonnenbeschienenes Dorf, und von dort her klang *Trauermusik* herüber. Die Dorfleute begruben jemand, der unter ihnen gelebt hatte. An der gemessenen Musik konnte der Mann erkennen, daß dort ein Totenfest gefeiert wurde. Ein Fest, das die feierten, die zurückgeblieben waren, ein Fest, zu dem ein Gestorbener Lebenden verhalf.

Wie ratlos die Lebenden dem Tode gegenüberstehen, dachte der *Alte*. Noch immer sind sie sich nicht sicher, ob der Tod nicht ein Unglück für den Gestorbenen ist. Noch immer wissen sie nicht recht, wie sie mit den Bestandteilen, die ein Verstorbener übrigläßt, verfahren sollen. Und die einen sind dafür, daß man sie vergräbt; noch andere fordern, daß man sie drei Tage liegen läßt, und manch ein Verstorbener bat sich, als er noch lebte, einen Herzstich aus, damit man ihn nicht scheintot begrabe. Auf den Ägäischen Inseln sah der *alte Mann* die Hinterbliebenen mit der Leiche im Dauerlauf zum Begräbnisplatz rennen, um sie rasch in die Erde zu kriegen. Die Seeleute übergeben ihre Toten den Fischen, und die Tibetaner zerhacken das Fleisch ihrer Toten, zerklopfen deren Knochen und geben sie den Adlern und Geiern zum Fraße. Woher wird den Menschen je die *Sicherheit* kommen, wie mit ihren Toten umzugehen ist?

Das habe ich nicht erklügelt oder erdacht, sagte der *alte Mann* zur Stille. Das erfand die Trauermusik, die mir der Wind aus dem Dorf herüberwehte; trotzdem konnte ich nicht bemerken, daß du Neigung zeigtest, dich in mir auszubreiten, wie du versprachst.

Keine Antwort. Sprachlosigkeit.

Kalte und warme Luft mischen sich und beeinflussen Dinge und Verhältnisse auf dem Erdfleck, auf dem die Mischung stattfindet. Der große Mischvorgang beeinträchtigt die Wolken und den Einfall des Sonnenlichts, und die Menschen nennen den Mischvorgang – *Sturm*, und sie gehen nach vorn gebeugt gegen ihn an. Der Sturm setzt Dinge in Bewegung, die ihren festen Platz hatten: Alte Baumblätter und Papier fliegen umher, lockere Steine fallen aus Mauern, trockenes Gezweig fällt aus Baumkronen, und die Äste mit jungen Blättern, die sonst auf der Stelle stehen und aufnehmen, was die Luft ihnen zuträgt, sie pendeln und pendeln.

Bäume am Meer und Bäume im Gebirge sind ständig vom Sturm bedrängt; sie verwandeln ihre Haltung, sie verwandeln ihre Form und sind nicht mehr sie selbst, sondern das, was der Sturm aus ihnen macht.

Oh, ich werde schon jemand finden, sagte die fünf-undfünfzigjährige B., die sich von ihrem Mann hat schei-den lassen, weil er ihr entlief. Jeder Mensch findet noch je-mand, der zu ihm paßt, und den zweiten Teil des Satzes sagte sie, weil sie fürchtete, der *alte Mann* könnte sie für eitel halten.

Aber gesagt war gesagt. Sie hatte sich verraten und ge-zeigt, daß sie sich ihres *Charmes* bewußt ist. Hätte sie ihre Aussage mit dem zweiten Teil angefangen, wäre sie nicht in den *Verdacht* geraten, *eitel* zu sein.

So wichtig kann die Reihenfolge von Aussagesätzen sein. Freilich hat der *alte Mann* in seiner Prosa-Schriftstelle-rei diese Reihenfolge des öfteren praktiziert, aber so be-wußt, wie in diesem Augenblick, ist ihm die Tatsache nie gewesen.

Vor dem Badehaus mit dem Mädchennamen Irma strahlt ein Rondell, das mit gelben Stiefmütterchen bepflanzt ist, den Sonnenschein wider. Honigduft schwirrt umher, und er trifft auch die Nase des *alten Mannes*, obwohl er doch wohl den Hummeln und Bienen zugedacht ist.

Und wieder ists wie beim ersten Kuckucksruf, über den der alte Mann schrieb, bevor er in die Badekur fuhr, mit dem Kuckucksruf, der dem Kuckucksweibchen gilt, der aber auch das Ohr des *alten Mannes* traf, unter dem auch die gelben Blütenblättchen des Löwenzahns zitterten.

Es ist wohl so, daß alles für alle da ist, dachte der *alte Mann*, es gibt keine Grenzen. Aber die Wissenschaftler er-klären: Honiggeruch für Bienen und Hummeln, Kuckucks-männchenruf für Kuckucksweibchen, und sie ziehen Gren-zen, um überhaupt arbeiten zu können, und es wäre nichts dagegen zu sagen, wenn sie nicht behaupten würden, nur die von ihnen entdeckten Prozesse bestimmen das Leben.

IMMER MEHR GROSSSCHNÄUZIGE AUTOS werden vor dem Portal des Hotels abgestellt. Sie verdecken die goldgelben Stiefmütterchen, die Marmelblumen und sogar die Lebensbäume; nur die Platanen und die Linden überragen sie. Über ein Weilchen werden die Autos ihre Vorderbeine auf die unteren Treppenstufen des Portals stellen. Die Ein- und Ausgeher, die *Kurer*, die *Kranken*, sie müssen sich durch die Gäßchen schlängeln, die ihnen die Autobesitzer belassen. Die Hotelverwaltung muß es dulden, die Kurverwaltung muß es dulden, denn es sind die Autos derer, die das *wertbeständigere Geld* ins Land transportieren; sie sind es, die gleichzeitig anzeigen, daß die *Währung des Ländchens* nur wenig gilt.

DAS BEDÜRFNIS NACH IMMERWÄHRENDER RUHE wächst im *alten Manne* an, aber ist nicht auch sie eine *Illusion*? Lebt ein Atom ruhiger als der aus Milliarden Atomen zusammengesetzte Mensch? Der Mensch, der sich etwas wünscht, täuscht sich in der Regel; er kennt die Eigenschaft des Gewünschten noch nicht.

UNSERE KLEINEN FEINDE, die wir hilflos Bakterien und Viren nennen, gehen um, werden uns von hustenden Kellnerinnen auf Tabletts serviert, sind schon in den Speisen, die der infizierte Koch zurechtmacht; liegen auf den Ruhepritschen in den Badezellen auf Lauer und werden uns von Mitkurgästen niesend entgegengesprüht. Sie sind allüberall, sie sind wie die Heuschreckenschwärme, wie die Schwärme der Wanderratten, und sie ziehen weiter, wenn sie alles Packbare für eine Weile siech gemacht haben.

Auch der *alte Mann* war noch packbar. Jetzt geht er, geschwächt vom Überfall der Viren, umher. Die Mediziner haben diese primitiven Lebewesen *Grippe-Viren* benannt und meinen, das Benennen wäre schon die halbe Abwehr.

215

Aber siehe, die Viren erweisen sich als resistent und anpassungsfähig. Sobald die Ärzte ein Mittel gefunden zu haben glauben, das den Viren ans Leben geht, verwandeln sich diese Lebewesen, die nicht Tiere und nicht Pflanzen sind. Der Mensch kann sich nicht in einen Schrank, in eine Wand oder in einen Straßenstein verwandeln, wenn die Viren auf ihn losgehen, er muß stillhalten, bis die Viren durch ihn hindurchgegangen sind, und er muß zufrieden sein, wenn sie kein Nest in ihm hinterlassen, von dem aus zuletzt sein Körpergewebe zerstört wird. Er erträgt sie, und ihm ists dabei, wie wenn er im Flugzeug sitzt und denkt: Wirds gut abheben, wirds gut in der Luft hängen, wirds gut landen und ausrollen?

Werden die Viren, da sie sich so rasch gegen das, was ihnen den Tod bringen könnte, zu wehren wissen, indem sie sich rasch umstellen und sich als eine andere Art weiter vermehren, nicht doch eines Tages den Erdball beherrschen? Ist ihnen der Mensch vielleicht nur ein Sprungbrett in ihr kommendes Reich?

Kaum ist ein Wesen geboren, fängt sein Vergehen an. Auch die Blüte ist Teil seines Vergehens.

Wie die jährlich hier durchziehenden Knochenkranken auf die Badewärter und Kellner, auf die Masseure und Pförtner wirken, kann der *alte Mann* nur gedanklich ertasten. Alle, die ihn betreuen, kennen nicht genügend Wörter in seiner Sprache, und er kennt nicht genügend Wörter in ihrer Sprache, und selbst wenn einem Betreuer genügend Wörter zur Verfügung stünden, bliebe es ihm unmöglich, Empfindungen auszudrücken, die er beim Behandeln und Betreuen dieses oder jenes Kurgastes hat. Er muß, meint der *alte Mann*, ähnlich empfinden wie ein Schafscherer, der jährlich dieselben Betriebe bereist. Er erinnert sich, daß das

eine ein besonders sanftes Schaf ist, das sich ohne Wider-
stand scheren läßt; auf die Masseure und Kellner zurückge-
führt: für sie sind unzufriedene Kurgäste störrische Schafe,
die nicht stillhalten wollen, wenn man ihnen die Wolle
nimmt.

Das Wasser eines Sees ist zu meiner Lebzeit durch mich
hindurchgelaufen, Berge veredelter Erde sind durch mich
hindurchgegangen; ein Ignorant wäre ich, würde ich behaupten, sie hätten mich nicht verwandelt.

Aus dem Loch seiner Krankheit sieht der *alte Mann*
in den regenbedrohten Maientag vor dem Fenster, und die
Luft ist durchschwirrt von einem Gemisch aus gefiederten
Tieren.

Der alte Mann denkt: *Intuition* und *Verstand* haben
sich dein Leben lang in dir die Waage gehalten, aber je älter
du wirst, desto mehr bist du deiner Intuition verpflichtet.

Es kommt jetzt häufig vor, daß Leute den *alten Mann*
weise nennen, und das setzt den in Peinlichkeit. Daß ein
Mensch den anderen Menschen den *Weg weist*, also ein *Weiser* ist, hält der *alte Mann* für unrichtig. Einen anderen von
seinem Weg abzubringen und auf einen anderen Weg zu
verweisen, ist ein Ausdruck von Herrschsucht. Ich bin ein
Suchender, denkt der *alte Mann*, und die, die mich einen
Weisen nennen, beleidigen mich, ohne es zu wissen.

Im Speisesaal setzt sich eine Amerikanerin an den Tisch
des *alten Mannes*, eine kleine quecksilbrige Frau mit rot auf-
gefärbtem Grauhaar, intelligent und intrigant, berechnend-
charmant. Sie ist, erzählt sie, vor vierzig Jahren aus Europa
nach New York gegangen, und alljährlich treibt sie die

Sehnsucht für ein paar Wochen nach hier zurück. Sie scheint sich dieser Sehnsucht jedoch zu schämen, denn sie prahlt: Überall ist alles besser als hier im Lande, in das sie die Sehnsucht treibt. Wie herrlich ist es in New York, in Amerika überhaupt! Wie wunderbar lebt sichs in anderen Ländern! Waren Sie je in Las Vegas? kann sie fragen.

Der *alte Mann* schüttelt leise lächelnd den Kopf.

Schade, sagt die kleine flinke Dame, aber Sie werden Alaska kennen?

Auch das nicht.

Sie haben nie ein Känguruh in Freiheit umherhüpfen gesehen?

Nur noch leises Kopfschütteln des *Alten*.

Schade, daß Sie so wenig aus Ihrem Europa herausgekommen sind! sagt die rötlich aufgefärbte Dame, oder waren Sie doch in einem *Außenland*?

In Lübbenau im Spreewald, sagt der *alte Mann*, das werden Sie nicht kennen, und ich war in Bossdom in der Sorbei, das werden Sie auch nicht kennen, aber die meiste Zeit meines Lebens verbrachte ich auf der Insel Poesia, nach dorthin werden Sie nie kommen.

Und wo liegt diese Insel?

Es ist ein kleines Eiland im Lyrischen Meer.

Weshalb waren Sie gerade dort? fragte die Amerikanerin.

Ich war nach dorthin verbannt, sagte der *alte Mann*, mein Leben lang. Verbannt – das schien der Amerikanerin ein wenig zu imponieren.

Über eine Kettenbrücke gelangt man auf die Insel im Fluß. Der *alte Mann* geht hinüber. Es ist Vormittag, es ist windstill, die Wasseroberfläche ist leicht gewellt, jedes Wellchen spiegelt Sonnenlicht und glitzert vor sich her – Vorgewitter-Stimmung. Amselhähne singen und überdies singen Nachtigallen, singen am hellen Morgen beim Wellengeglitzer, hier eine und dort eine und ein Stück weiter noch eine. Die Füße des Mannes stehen in Wolfsmilchstauden, der Rainkohl blüht, der Rotklee blüht, Thymian und Salbei blühen, und die ersten Bocksbartblüten tun sich auf. Bienen fliegen summend hin und her. Der *alte Mann* steht in einem Geflecht von Amsel- und Nachtigallengesang und im Duftgeflecht der blühenden Kräuter.

Gerassel von der Kettenbrücke her: Eine Touristengruppe überquert sie. Deutsches Gerede nähert sich. Die Amselhähne singen weiter, die Nachtigallen lassen nicht nach. Die Touristen gehen vorüber. Sie hören die Amseln nicht, sie hören die Nachtigallen nicht, sie sehen die blühenden Kräuter nicht. Nach zwanzig Schritten kehren sie um. Nischt weider wie baar Püsche und Ungraut, heißt es sächsisch. Der *alte Mann* sinnt über die verschiedenen Erlebnisbereiche von Menschen nach, und daß die, die sich für Menschen mit normalem Erleben halten, sogleich dabei sind, einen, der mehr erlebt hat als sie, einen *Träumer* oder einen *Mystiker* zu nennen und zu einem *Außenseiter* zu machen.

OFT HAT DER ALTE MANN GETRÄUMT, er besucht seinen um zehn Jahre älteren *Dichterbruder* Laxness in *Island*. Er fühlt sich diesem Laxness verwandt. Der ein *Sucher* und er ein *Sucher*. Beide sind beim Suchen zu den gleichen Erkenntnissen gekommen, beider Bücher erscheinen im selben deutschen Verlag. Der deutsche Verleger kam, dem *alten Mann* zum sechzigsten Geburtstag zu gratulieren. Er fuhr auch nach Island, Laxness zum siebzigsten Geburtstag zu gratulieren. Wenn der deutsche Verleger den *alten Mann* eingeladen hätte, mit nach Island zu fahren und Laxness zum siebzigsten Geburtstag zu gratulieren, hätte er ablehnen müssen. Zu spät. Zwei alte Kerle. Sie werden sich nicht entschließen können, füreinander zu schwärmen.

Ich habe jedes Wort von Laxness gelesen, das ins Deutsche übersetzt ist, sagte der *alte Mann*. Laxness hat nicht ein Wort von mir gelesen, obwohl unser beider Bücher im selben Verlag erscheinen.

Aber Laxness liest und spricht Deutsch, sagte der Verleger.

Aber weshalb sollte er meine Bücher lesen oder gelesen haben? Er ist zehn Jahre älter als ich und hat die Erkenntnisse, die ich machte, immer zehn Jahre früher gemacht als ich.

Wie sollte sich das ausnehmen, wenn ich hinginge und sagte: *Kollege* Laxness, ich fühle mich Ihnen verwandt, Sie können es nachprüfen, lesen Sie meine Bücher! Und wenn ich ihn *Bruder* oder *Kollege* nennen würde, könnte es sein, daß er seine Zigarre aus dem Mund nähme und stotternd sagte: Sind Sie nicht etwas *zudringlich*, mein Herr?

Schließlich sah der Verleger ein, daß es keine Möglichkeit für zwei Schriftsteller gibt, sich einander zu nähern, ohne daß der, der die Werke seines Kollegen, im Gegensatz zu dem anderen, gelesen hat, sich zu einem *Nichts* macht. So hätte ich mich, sagte der *alte Mann*, auch vor *Hemingway*, vor *Faulkner* und vor *Steinbeck* zu einem Nichts machen müssen.

Und wieder sieht der alte Mann aus seinem Zimmer, in dem er krank liegt, hinunter. Diesmal sieht er in den Park und auf das Schwimmbecken. Er sieht den Badewärter hin- und herlahmen, der hat ihn vor ein paar Tagen freundlich begrüßt, als wären sie miteinander in die Schule gegangen, aber jetzt fällt ihm nicht auf, daß der *alte Mann* nicht unter den Badenden und Schwimmenden ist. Es fehlt dem hinkenden Badewärter nichts; er verteilt Klappstühle und Liegepritschen wie immer, und eben – es fehlt ihm nichts. So wirds auch dann sein, denkt der *alte Mann*.

Da gibt es im letzten Gedichtband der *lieblichen Gefährtin* ein Gedicht mit der Überschrift *Qual*. In ihm behauptet die *Liebliche*, der *alte Mann* würde sie *hassen*, und das wäre nun die Frucht ihres langjährigen Beieinanderlebens. Vergißt die *Liebliche* bei dieser Feststellung nicht, daß auch sie nicht jeden Tag gleichmäßig temperiert ist, daß nicht nur sie auf *Ideale* aus war, die sich scheinbar nicht erfüllten, und daß, wenn bei ihr oder beim *alten Manne* etwas auftauchte, was wie Haß aussah, es weder Größe noch Dauer hatte, und daß jeweils bei jedem von ihnen jene Gefühle für den Partner wieder aufblühten, mit denen sie einst verehrend aufeinander zugingen?

Variante einer Selbstermunterung
Der *alte Mann* dachte: Du kannst hingehen, wohin du willst, aber du kannst nicht von dir selber fortgehen, denn wo du auch hingehst, nimmst du dich mit, und du nimmst auch die Lebens-Ecken mit, an denen du dich stößt, es sei denn, du machst dich *geschmeidiger* und erreichst damit, daß dein Leben seinen *Sinn* verfehlt.

Der alte Mann stellt fest: Die *Mystiker* haben mir Millimeter um Millimeter die Augen für das geöffnet, was in dieser Welt *wirklich* geschieht. Aber in einem muß ich sie tadeln: Wie hoch die Kunst in der hierarchischen Ordnung der Erkenntnisse rangiert, wissen die wenigsten von ihnen. In dieser Hinsicht blieb in den meisten von ihnen etwas unerweckt. Und wenn sie sich in der Kunst versuchen, bleiben sie in der Regel Dilettanten: Angelus Silesius, Krishnamurti undsoweiter. Der *alte Mann* kennt nur drei Mystiker, die gleichzeitig wirkliche Dichter waren: Whitman, Tagore und Rilke; die *liebliche Gefährtin* sträubt sich, für eine *Mystikerin* gehalten zu werden, an ihren Erkenntnissen gemessen ist sie es aber.

Es kommt jetzt häufig und häufiger vor, daß der *alte Mann* den Sinn seiner Kunst-Ausübung anzweifelt, und manchmal zweifelt er nicht nur seine, sondern alle Kunstausübung an. Wenn der *alte Mann* diesen zersetzenden Fragen nach dem *Sinn der Kunst* stark und mutig entgegentritt, erweisen sie sich als Hexe und Teufel, als Abgesandte aus den *Tümpeln* der *Ökonomie* und der *Zivilisation*, die dem *Alten* sein Lebens-Ende vergällen möchten.

Hat er diese Hexen und Teufel besiegt, kommt ihm die alte Sicherheit zurück, und er weiß, die *Welt* ist *kein Zufall*, auch wenn pseudo-intellektuelle Herumklügler sie zu einem Zufall machen möchten.

Und er weiß: Auch das Leben des einzelnen Menschen ist kein Zufall, und wenn da eine Neigung im Menschen ist, das heißt, ein *Gefälle* zu einer besonderen Tätigkeit, so ist auch das kein Zufall. Es hat kurze Zeitläufte im Leben des *alten Mannes* gegeben, in denen er sich aus Gründen des profanen Broterwerbs seiner Neigung widersetzen mußte, aber es war niemals Kraft für eine lang andauernde Widersetzlichkeit in ihm.

Das war der grösste Irrtum deines Künstlerlebens, denkt der *alte Mann*, als du den ideologischen Schwadroneuren zur Hand und überzeugt warst (warst du wirklich überzeugt?), daß es nur möglich ist, Katastrophen wie den zweiten Weltkrieg, den du am eigenen Leibe erlebtest, für fernere Zeiten auszuschalten, wenn du deine Dichtung zur Magd der *Ideologie*, dieser glatten, unfruchtbaren *Hetäre*, machst. Gelobt seien alle geistigen Altvorderen, gelobt seien auch die wenigen Zeitgenossen, die dich aus diesem Irrtum herausholten, und manchmal warst dus auch selber, der sich herausholte.

Der *listige Augsburger* gehörte jedenfalls nicht zu denen, die dich lehrten, die *Täuscherin Ideologie* zu durchschauen.

AM FUSSSTEIG AUF DEM FLUSSDAMM wächst der Rainkohl, tausend mal tausend Stauden und mehr, weiß, fein
und durchsichtig, als hätte im Himmel jemand Gardinen
zerzupft und über die Erde verstreut. Rainkohl – Kohl, der
am Rain wächst. Ein Wort, eine Bezeichnung, mit der sich
die Menschen über eine bestimmte Pflanze verständigen.
Du, ich habe Rainkohl am Flußdamm gesehen! Der Rainkohl blüht. Was ist damit gesagt? Wenig. Was steckt wirklich hinterm Rainkohl? Stecken bestimmte Mineralien dahinter, die zu einer bestimmten Jahreszeit bei einer bestimmten Temperatur den Drang entwickeln, auf höherer
Ebene dem Auge des Gott-Vertreters auf Erden, dem Auge
des Menschen, gefällig zu sein? Fühlen sich jene Mineralien
damit in eine Sphäre gehoben, die für sie *paradiesisch* ist?

UND HIER WEITERE PFLANZENNAMEN: Odermennig,
Gänsefingerkraut, Quendel, Rotklee, Wolfsmilch, Weiß-
klee, Hasenklee, Gänseblume, Helmkraut, Wucherblume –
und sie alle blühen jetzt, und für alle scheint zu gelten, was
dem *alten Manne* über den Rainkohl *beifiel*.

IM PARK stößt der *alte Mann* auf den von ihm bewunder-
ten Barlach, nicht auf ihn selber, nicht auf ein Werk von seiner Hand, sondern auf das Werk eines schlechten Imitators,
dessen Talent nicht stark genug war, den Stein zu durch-
dringen und ihn, nach Art des Meisters, zu formen. Das
Werk eines *Unwissenden*, dem noch nicht aufging, daß es
besser ist, *der* zu werden, der man *ist*, als jemand zu werden, der man nicht werden kann.

WIND, WIND, TAGELANG, WOCHENLANG WIND. Er hat
den *alten Mann* krank gemacht und läßt ihn nicht wieder
ganz gesund werden.
Wind –. Wir nehmen die großen Winde hin, als wären sie

unabwendbarer Atem, von Göttern angerührt. Zu gern wäre der *alte Mann* einmal dort, wo die großen Winde zurechtgerührt werden. Bis nun ists ihm in seinem Leben nicht einmal geglückt, wenigstens die Geburt kleiner Winde mitzuerleben, die Geburt der Wirbelwinde. Sie stehen plötzlich wie etwas *Urgezeugtes* über blachen Feldern auf und geben sich durch das Mitführen von welken Blättern, Federn, Gewurzel, Stroh und Staub sichtbare Gestalt. Die Bauern sehen diesen kleinen Wundern nach und sagen mit hoffnungsvoller oder resignierender Stimme, je wie sie es für die Beschaffenheit ihrer Felder brauchen: Es wird zum Regen kommen.

BÜCHER, von ihren Verfassern *Dichtwerke* genannt, die sich dem *alten Manne* nicht aufschließen, kann er jetzt im Alter unbesehen *Denkwerke* nennen. Im *Fühlen* war der *Alte* stets stärker als im *Denken*. Manchmal hielten sich in ihm zwar die beiden Seinsweisen in der *Waage*, in der Regel aber überwog das *Gefühl*.

UND NOCHMALS: Romane, Gedichte, Novellen, Erzählungen sind für den *alten Mann Denkwerke*, sobald er spürt, daß sie in Absicht geschrieben sind oder um eine Ideologie einzukleiden. *Ideologien* – das meint auch *Religions-* und *Philosophie-Systeme*. Der *alte Mann* hat selber zu Zeiten in *Absicht* geschrieben: Es gibt Arbeiten von ihm, die solche *Denkwerke* sind. Wenig tröstlich für ihn, daß nicht nur er die Kunst auf diese Weise mißbrauchte. Unter anderen trieb das ganze *Bataillon sozialistischer Schriftsteller* diesen Mißbrauch. Es gab diese *Kunstvergewaltiger* zu allen Zeiten. *Altmeister Goethe* versuchte in seinem Roman *Wahlverwandtschaften* die Erklärung eines *chemischen Gesetzes* in Kunst zu kleiden. Auch der zweite Teil seines Faust-Gedichtes ist ein *Denkwerk*.

Vor zehn Jahren hatte der *alte Mann* manchmal Lust, sich über dies oder das, was ihm in seinem *Kurhotel* mißfiel, zu beschweren. Jetzt macht er nicht einmal mehr einen Versuch. Ob die Zimmer nicht geheizt sind, wenn die Eisheiligen mit ihren kalten Winden draußen umhergehen, ob die Badelaken übel riechen, weil sie nicht gut genug gespült wurden, oder ob die Massagen unsorgfältig ausgeführt werden. (Kürzlich vergaß ein Masseur, dem *alten Mann* die rechte Körperhälfte zu massieren, weil er sich mit seinem Kollegen über die letzten Fußballergebnisse unterhielt.) Der *Alte* beschwert sich nicht. Er weiß, jemand wird es für ihn tun, jemand, der sich gern beschwert, der Freude daran hat, sich zu beschweren, der Freude hat, wenn seine Beschwerde berücksichtigt wird. Es erscheint dem *alten Manne* nicht abwegig zu denken, daß er die Freuden seiner Mitmenschen vermehrt, wenn er sich nicht beschwert.

Da sind Badegäste, die der *alte Mann* jährlich wiedertrifft; da sind Einheimische, Badewärter, Masseure, Kellner und Zimmerfrauen, die er jährlich wiedertrifft. Er sieht ihnen in die Gesichter und stellt fest, was ein Jahr Menschenzeit in ihnen bewirkte. Es gibt Gesichter, die vergehen nach innen zu, sie trocknen aus. Es gibt Gesichter, hinter denen eine Ratte zu hausen scheint, die sich herausfressen möchte. Die Mienen dieser Gesichter sind verzerrt, als ob sie eine Gegenspannung gegen das Rattern der Ratte entwickeln. Gesichter von Menschen, denen der alte Mann wünscht, die Ratte aus nagenden Widersprüchen möge sich alsbald nach draußen gefressen haben, aber das tritt wohl erst ein, wenn der Tod einem solchen Menschen beweist, daß die Widersprüche, die er in sich umherträgt, *Produkte menschlichen Denkvermögens*, also *erdacht* sind.

ALLE MALE IM MAI, wenn der *alte Mann* im Bad der Mammute ankommt, schreibt er zwei Geburtstagsbriefe an alte Freunde. Er empfindet die Briefe als eine auferlegte Pflicht. Der erste Brief geht an einen Freund, der zwei Jahre jünger ist als der *alte Mann*. Der *Alte* und dieser *Freund* sind nach dem *großen Kriege* zusammen in die sogenannte *Friedenszeit* hineingegangen. Die Bedingungen des jüngeren Mannes waren günstiger als die des *Alten*. Der Jüngere war *unverheiratet* und lebte bei seiner Mutter, während der *alte Mann* bereits zwei Familien zu versorgen hatte. Beide Männer hatten den Wunsch, einmal Bücher zu schreiben. Der *alte Mann* ging dran und tat es, der jüngere Freund *zögerte* und *zögerte* bis zu seiner Pensionierung. Er wollte sein *erstes Buch* über *Kleist* schreiben. Das Buch wurde nie geschrieben. Du hast *Glück* gehabt, sagt der jüngere Freund zum *alten Manne*.

Der andere Freund ist drei Jahre älter als der *alte Mann*. Auch er war *Journalist* und kam tatsächlich zum *Bücherschreiben*, doch er fragte sich jeweils, ehe er ein Buch zu schreiben anfing: Was wird *gewünscht*? Er schrieb eine Anzahl *gewünschter Bücher* und jedes Mal, wenn er ein Buch fertig hatte, wurde es schon *nicht mehr gewünscht*. Du hast *Glück* gehabt, sagte auch *der* zum *alten Manne*, weil du *Bücher* schriebst, die *erst aktuell* wurden, nachdem sie eine Weile geschrieben waren.

Beide Freunde reden vom *Glück* des *alten Mannes*, und es klingt wie ein Vorwurf. Der *alte Mann* kann nicht genau erkennen, ob er wirklich Glück gehabt hat oder ob er fleißiger gewesen ist als seine Freunde; oder ob die Kraft, die ihn antrieb, seine Bücher zu schreiben, stärker war als die der Freunde, und er weiß nicht, ob er diese Kraft *empfangen* oder in sich *selber entwickelt* hat. Er schreibt seinen Freunden zu ihren Maigeburtstagen etwas Optimistisches, schreibt ihnen zum Beispiel: Wenn sie der Meinung seien, daß er *Glück* gehabt habe, müßte das *Glück* wohl einmal auch sie treffen, und er tröstet sie.

Die Freunde erwidern die Briefe, wenn der *alte Mann* Geburtstag hat. In diesen Briefen stehen Phrasen, die Menschen sich angewöhnt haben, für jemand hinzuschreiben, der Geburtstag hat. Wenn der *alte Mann* die Phrasen gelesen hat, denkt er: Du schreibst nicht wieder, wenn deine Briefe nicht mehr auszulösen vermochten als diese Phrasen, aber immer wieder, wenn die Maizeit herankommt, und wenn er ins Bad der Mammute reist, schreibt er seinen Freunden doch, weil er sich nicht sicher ist, ob ihn nicht irgendwo irgendwer irgendwas begünstigte.

DER *ALTE MANN* DENKT: Eigentlich hast du, wenn du ein Buch schriebst, nie gedacht: ich schreibe in der *ästhetischen Kategorie*, die von dir verlangt wird, in der Kategorie des *Sozialistischen Realismus.* Die *Pseudo-Literatur-Gelehrten* haben jedoch später jedes deiner Bücher, auch wenn es nicht ihren Vorstellungen vom *Sozialistischen Realismus* (wenn sie eine hatten) entsprach, mit viel Winkelzügen und Beredsamkeit in diese Kategorie eingereiht, nur bei einem Buch stutzten sie lange, das war der *Wundertäter.* Dieses Buch wurde viel gelesen, aber in den Aufstellungen der Werke, die nach Meinung der Literaten den Sozialistischen Realismus verkörpern, war es nie zu finden.

DEIN INSTINKT MUSS LANGE FÜHLER HABEN, wie jene schwarzen Holzkäfer, dachte der *alte Mann*, wenn du es bisher vermieden hast, dich in die *theoretischen Auslassungen* von *Tolstoi* über Wissenschaft und Kunst einzufressen. In jüngeren Jahren hätten sie dich verwirrt. Du hättest vergeblich nach der Kongruenz von Tolstois großen Romanen und seinen theoretischen Auslassungen über die Kunst gesucht. Es verhält sich mit ihnen ähnlich wie mit Brechts

Werken und der Theorie in seinem *Kleinen Organon*. Wo Brechts Genialität sichtbar wird, hat er seine eigenen theoretischen Auslassungen ignoriert. Wie gesagt, ähnlich bei Tolstoi mit seinen theoretischen Auslassungen über die Kunst.

Unseren Literaturtheoretikern hätte Tolstoi mit seiner Ansicht, die Kunst müsse die *Erkenntnisse* der Wissenschaft ins *Gefühl* übertragen, eine Galionsfigur sein müssen. Wissenschaft mit Gefühl galvanisieren, das ist es, was marxistische Literaturtheoretiker vom *alten Manne* und seinen Kollegen verlangen. Wenn sie Tolstoi nicht zu ihrer Galionsfigur machten, dann hat sie gewiß sein Umgang mit dem Christentum verschreckt und zurückgehalten, ohne zu bemerken, daß ihre Oberen den *Marxismus* inzwischen zu einer *Religion* unter anderen Religionen gemacht haben.

Man muß Tolstois Frau eine Menge zugute halten. Sie hat, mit fraulichem *Instinkt* für die *Kunst*, genau zu unterscheiden vermocht, wo Tolstoi *Künstler* und wo er *Ideologe* und *Prediger*, *Sektengründer* und *Aspirant* auf den *Titel* eines *Heiligen* war. Sie wollte ihn von seinem Weg, der ihn weiter in die *Ideologie* hineinführte, zurückhalten. Sie erkannte den verderblichen *Einfluß* der *Tolstoi-Jünger* auf Tolstois literarische Leistungen. Sie erkannte den *Personenkult*, den diese *Sektenlungerer* mit dem *alten Leo* trieben.

HEUTE NACHT BRACHTE EIN TRAUM dem *alten Manne* eine Speise zurück, an die er seit seiner Kindheit nie mehr gedacht hat. Wenn er an sie gedacht hätte, so wäre sie wohl auch in seinem Roman *Der Laden* aufgetischt worden. Es handelt sich um eine Suppe, die im Hause der amerikanischen Großmutter *Sperlingssuppe* genannt wurde. Sie bestand aus saurer Milch, in der man Mehl aufkochte, das hernach in der Form kleiner, halbsauer schmeckender Mehlklumpen in ihr umherschwamm. Vielleicht hat die amerikanische Großmutter diese Suppe in ihrer hausfraulichen Hilflosigkeit selber erfunden, vielleicht aber hat sie ihr *Rezept* von Hamburg mitgebracht.

Der *alte Mann* mochte als Kind diese Suppe nicht. Er erroch beim Betreten der *Großmutter-Küche* sogleich, wenn *Sperlingssuppe* gekocht wurde und machte sich, noch bevor sie ausgetan wurde, unter einem Vorwand davon. Später begegnete er der Sperlingssuppe bei *Tante Magy* im Ausbau in den Feldern. Aber auch dort aß er die Sperlingssuppe nicht und flüchtete lieber in den Kirschbaum oder rannte nach Hause. Seine Mutter kochte diese Suppe nicht, sie rümpfte die Nase, wenn der Vater von ihr sprach. Der Vater hätte sie wohl dann und wann gern gegessen, um sich seiner Kindheit zu erinnern.

Kurz und gut, die Sperlingssuppe war aus dem Gedächtnis des *alten Mannes* verschwunden, aber nun kam sie ihm nachts im Traum zurück: Er half im Traum bei einem Bauern beim Kartoffelnlegen, und er wurde zum Mittagessen eingeladen. In der unsauberen Küche des Bauern lag Staub und Dreck in allen Winkeln. Der *alte Mann* erroch, daß es Sperlingssuppe geben würde, und er suchte nach einer Möglichkeit davonzukommen, bevor die Suppe aufgetischt wurde, und beim Suchen nach einer passenden Notlüge erwachte er, und er wunderte sich, daß die Sperlingssuppe wieder in sein Leben eingetreten war.

Wenn die Psychotherapeuten recht haben mit ihrer Einteilung der menschlichen Psyche in ein Ober- und Unterbewußtsein, müßte diese Sperlingssuppe im *Unterbewußtsein* des *alten Mannes* bis auf den Tag seines Traumes aufgehoben gewesen sein. Weshalb kam sie gerade in dieser Nacht in das *obere Bewußtsein*? Wozu wurde sie gebraucht? Das Zweckdenken des *alten Mannes* stellte sich ein. Ists nicht ebenso möglich, daß nichts zu nichts gebraucht wird, daß aber auch nichts verlorengeht, daß es weder Ober-

noch Unterbewußtsein gibt, sondern daß alles immer da ist, um da zu sein, zu keinem anderen Zweck, als um da zu sein?

Etwas anderes zu Träumen: Es heißt, sie steigen aus dem Unterbewußtsein auf und spiegeln Erlebnisfetzen aus dem bisher gelebten Leben eines Menschen. Der *alte Mann* hatte eine Freundin in Tirol. Am Ende des Krieges zerbrach diese Freundschaft. Der *alte Mann* träumte jedoch oft von der Freundin. Er sah sie im Traum an Orten und mit Menschen zusammen, die er nie gesehen hatte. Ein Psychotherapeut wird sagen, die Orte und die Menschen, die der *alte Mann* im Traume sah, waren ihm sehr wohl bekannt, nur waren sie nicht mehr in seinem *Bewußtsein*, sondern waren in sein *Unterbewußtsein* abgetaucht und kamen im Traum wieder herauf. Der *alte Mann* pflichtet dieser Theorie nicht bei; denn er hat einige dieser Träume nicht vergessen, und er hat auch die unbekannten Örtlichkeiten und Personen, die ihm im Traum erschienen, nicht vergessen. Sie blieben da als *Erinnerungen an Träume*, und sie wurden nie deckungsgleich mit Erinnerungen, die der *alte Mann* nach Meinung der Psychotherapeuten einmal gehabt haben mußte, um von ihnen träumen zu können.

Und wie stehts mit den *Träumen*, die sich *wiederholen*, die bei jeder Wiederholung in gleicher oder ähnlicher Weise ablaufen, und die bei jeder Wiederholung in gleichen Landschaften spielen, in Landschaften, die der *alte Mann* in der *Wirklichkeit* nie gesehen hat, wie er auch die Menschen, die in diesen Träumen agieren, nie gesehen hat, und die Handlungen, die er in diesen Wiederholungsträumen selber vollzieht, hat er im wirklichen Leben nie begangen. Wie kann etwas *gespeichert* sein, was nie erlebt wurde?

Mit dem *Unterbewußtsein*, meint der *Alte*, haben sich die Psychoanalytiker einen *Begriffs-Topf* geschaffen, in den sie alles hineintun, was sie nicht erklären können. Die *Zoologen* haben sich einen ähnlichen Begriffstopf geschaffen, er heißt – *Instinkt*.

WAS FÜR MERKWÜRDIGE BEZIEHUNGEN Wesen und Dinge zueinander eingehen können! Ein Flugzeug, das über den Fluß flog und dem örtlichen Flughafen zustrebte, veranlaßte den *alten Mann*, an alle Hunde zu denken, die seine Freunde waren. Ein Hund ist nicht wie der andere, es gibt Individualitäten bei ihnen, wie bei allen Lebewesen, ob wir sie erkennen oder nicht, in einer Hinsicht aber waren sich alle Hunde gleich: Sobald der *alte Mann* sich zum Ausgang oder zum Ausreiten fertigmachte, trippelten sie aufgeregt hin und her, und ihr Getrippel war wie ein Jubel, und sie sahen nach dem Türdrücker und forderten den *alten Mann* mit Blicken auf, die Klinke herunterzudrücken und dann hinaus, hinaus und fort vom Haus und fort von Liegedecke und Freßnapf! Heimzu gings dann allemal umgekehrt: Wenn der *alte Mann* sich noch vor der Haustür die Schuhe abputzte, ging von den Hundeaugen die Aufforderung aus, er möge auf die Klinke drücken und die Tür nach innen stoßen und dann hinein und hinein zu Freßnapf und Liegedecke.

Etwas Ähnliches wie in den Hunden war heute im *alten Manne* zugange, als er ein Flugzeug hörte. Es flog mit gleichmäßigem Gesumm, und das Gesumm war nicht stärker und nicht schwächer als das Gesumm, das man vernimmt, wenn man drinnen im Flugzeug sitzt. Bald wirst du wieder in einem Flugzeug sitzen, dachte der *alte Mann*, und es wird so summen wie das dort oben, und du wirst dich auf dein Zuhause freuen und hoffen, daß du dort vielleicht etwas vorfindest, was du nicht erwartest.

Der *alte Mann* mußte über sich lächeln. Beim Herflug hatte er etwas Ähnliches erhofft, denn er flog zu der kleinen

Stadt, die von *Urelefanten* gegründet wurde, in die kleine Stadt, die er seit einem Jahr nicht gesehen hatte, und es hätte möglich sein können, daß er dort etwas vorfinden würde, was er nicht erwartete. Aber er fand dort nichts Besonderes vor, und er würde auch daheim nichts Besonderes vorfinden; er würde immer nur *sich* vorfinden, seine Gedanken, und es würde auf ihn ankommen, ob ihm alles da oder dort zur Freude oder zum Ärger ausgehen würde.

Bei deinen Hunden, dachte der *alte Mann*, schlägt die Freude am Hinausrennen in die Freude aufs Nachhauserennen an der Stelle um, an der du auf deinem Spaziergang umkehrst. Der Wendepunkt der *Hundefreude* liegt also im Raum.

Der *Wendepunkt* meiner Freude, dachte der *alte Mann*, scheint in der Zeit zu liegen und scheint von zwei Faktoren abzuhängen: Vom Gebrumm des Flugzeugs und von dem *Zeitpunkt*, an dem du dich mit Fremde gesättigt hast; Flugzeuggebrumm und der rechte Zeitpunkt müssen aufeinandertreffen.

Du hattest dir vorgenommen, nicht mehr unzufrieden über das Wetter zu reden, weil dir der Einfluß drauf verwehrt ist, dachte der *alte Mann*. Nun ist der ganze Mai bei Regen und wenig Sonne dahingegangen, und du mußt, ob du wortbrüchig wirst oder nicht, doch feststellen, daß es dir nicht leichtfiel, die Blüten der Kastanien, des Flieders, des Spierstrauchs und des Bananenbaumes und schließlich die Blüten der Obstbäume dahinsiechen und dahinrosten zu sehen. Du mußt dir gestehen, daß dich jetzt etwas wie Mitleid anpackt, Mitleid, wie du es beim Dahinsiechen von Kindern empfindest.

Ein grauer Maimorgen war es. Der *alte Mann* ging ins Bad, um sich zu *klären*. Durch den Luftschacht hörte er das

Tipp-Tapp klappernder Holzsandalen, rasche Schritte, die Schritte eines jungen Mädchens, schloß der *alte Mann*, und er stellte sich das Mädchen vor, das ein oder zwei Etagen unter ihm wohnen mußte und das zur gleichen Zeit wie er in seinem Bad umherging, und er lauschte hinunterwärts, und er fand die Schritte sympathisch. Es sind die Schritte eines sympathischen jungen Mädchens, dachte der *alte Mann*, es muß kein *schönes Mädchen* sein, doch es liegt *Charme* in seinen *Schritten*. Der *alte Mann* fing an, sich zu waschen, und überdeckte die Frauenschritte mit dem Geplansch seiner Morgenwäsche. Die Schritte waren nicht für ihn bestimmt, er hatte sie sich *angeeignet*, er hatte in ein *fremdes Leben* hineingelauscht.

Damit hätte alles zu Ende sein können, aber es war nicht zu Ende, denn es hatte sich im *alten Manne* ein Blickwinkel aufgetan, den er bisher nicht benutzt hatte: Drunten in den Bädern hörte er zwei Badwärter, die er kannte, er sah sie nicht, doch sie formten sich aus ihren Zurufen, und er sah sie, ohne daß er sie sehen konnte.

Später ging der *alte Mann* diktierend im kleinen Park des Hotels umher. Von der Hotelküche her wehte der Geruch von angebratenem Hackfleisch und Zwiebeln zu ihm, und er formte aus diesem Geruch bratende Fleischklöße. Er sah sie in der Pfanne, umgeben von heißem Fett, liegen, von heißem Fett, das Bläschen schlug.

Dann hörte er Musik von einem Blasorchester über den Fluß klingen. In die Musik des Blasorchesters mischten sich Mädchenstimmen. Er saß auf einer Bank am Damm und sah die Musiker im Stadtpark in ihre Instrumente blasen, sah die Mädchen sich beim Gesang hin- und herwiegen, obwohl er Musik und singende Mädchen nur *hörte*.

Dann fuhr ein Last-Auto auf dem Damm entlang. Es war mit faustgroßen glattgeschliffenen Flußsteinen beladen. Schließlich entschwand es. Aber ein Weilchen später hörte der *alte Mann* das Klirren, das Flußsteine verursachen, wenn sie bewegt werden, und er wußte, daß das Auto entleert wurde. Er sah es nicht und wußte es doch.

Und so sah, hörte und roch er diesen Tag noch manche Dinge und war erstaunt, wie viele von ihnen er in ihrer *Gänze* wahrnahm, obwohl sich nur einer seiner Sinne an der *Wahrnehmung* beteiligt hatte, und es wurde ihm erklärlich, wieso Menschen mit feinem Gehör, Gespür, Geruch, Getast oder verfeinertem Ahnungsvermögen von Abergläubischen als *Hellseher* bezeichnet werden.

Nachwort

Aber wir haben es gehabt:

Das Leben im Mai, das Leben in Piešťany. Elf Mal gemeinsam Mai in Piešťany, ein Mal September in diesem Liebes-
Ort, was ein ganz anderes Leben war als im Mai. Im Mai:

Beginn von allem, Leben auf Sommer hin, Eröffnung des
Jahres, Entfaltung der Freude, der Farben, der Düfte. September dagegen: Kühle, Einkühlung der Gefühle, Dämp-
fung der Farben, Kürzung der Tage: dunkle Morgen, goldene Abende ins Dunkel der Wolken hinein. Gefühl von
Unbehaustsein, Verlangen nach Hause.

Ein Mal nur im September, weil im Frühjahr eine Grippe
den Mann geschwächt hatte und der Arzt von der Mai-Kur
abriet. Aber keinesfalls wollten wir diesen September-Auf-
enthalt wiederholen. Nur Mai in Piešťany war wirklich
Piešťany.

Aber wir haben es gehabt ...

Als wir dann nicht mehr nach Piešťany fuhren, nach 1986,
waren wir beide voll Trauer, es war ein so starkes Verlustgefühl. Erwin besonders fühlte sich beraubt. Und ich war,
wie so oft in unserem Leben, schuld. Ich war hartnäckig
krank in diesen Jahren. Und ich hatte eine Allergie gegen
Sonne plus Schwefelwasser entwickelt, ich konnte nicht
mehr ins Spiegelbad und ins Schlammbad hinein. Und so
verschleppte ich von Jahr zu Jahr die Bestellung der Kur.

Aber wir haben es gehabt ...

1974 war Erwin zum ersten Mal in P. Ich hatte die Reise auf die Schnelle bestellt und vorbereitet, weil Erwin nach dem Winter 73 auf 74 ganz schlecht dran war. Sein seit Jahrzehnten sich wiederholender *Hexenschuß* wollte diesmal nicht weichen. Scheußliche Schmerzen krümmten ihn, astkrumm. Er litt *Kreuzpein*, wie er es nannte. Es mußte ganz schnell etwas geschehen. Wir besannen uns, daß Bekannte von dem Ort Piešt'any in der Slowakei gesprochen hatten. Ich reiste nicht mit, weil ich zu den Puschkin-Poesie-Tagen in die Sowjetunion wollte im Mai ... Aber dann, von 1975 an, fuhren wir immer gemeinsam zur *Kur*.

Als wir das erste Mal zusammen einfuhren in Piešt'any, war *er* der *Hausherr*. Stolz zeigte er mir das Städtchen, den Fluß, die Berge, das Hotel. Aber wir wußten doch nicht an diesem lauen und leuchtenden Abend im Mai, was Piešt'any in unserem Leben bedeuten würde: das größte Glück, das Schönste, was wir je hatten.

Das kam von der rührenden Anmut des Städtchens her. Und von den erhabenen Bäumen des Parks auf der Insel, auf der unser *Thermia-Palace* als erstes Grandhotel Piešt'anys im Jahr 1912, in Erwins Geburtsjahr, erbaut worden war. Das Gefühl von Unvergängnis, von Glück kam von den Bäumen, den Riesen-Platanen zumal, von den Pappeln, den Weiden, Kastanien, den rotblühenden im Stadtpark, dem zweiten Park, in dem wir *lustwandelten*, unter der Musik aus dem *Muschel-Pavillon*, die uns überrieselte, wenn wir da *eingeärmelt*, wie Erwin es nannte, gemächlich spazierten, neben den Beeten mit Narzissen, *Tulipan* und Stiefmütterchen hin, die auf- und abblühten, rot, gelb und blau während *unserer* Zeit.

Aber woher dieses Innewerden von Freude, von Glück, von Schönheit vor allem kam, das war unser Zusammensein in Freiheit ohne Belastung, ohne *Druck*, ohne Inanspruchnahme durch andre, das Freisein von Pflicht. Wir, die von Anfang unserer gemeinsamen Zeit an im *Geschirr* gingen, immer überfordert von Lasten, die wir uns selbst auferlegten, wir waren in diesen zwölf Piešťany-Monaten, in diesem einen Piešťany-Jahr, frei von Pflichten, frei von Zeit.

Und dabei auch *das* Täuschung: Was hat er in diesem Piešťany-Jahr nicht gearbeitet! Er hat die *Nachtigall*-Geschichten *Zirkus Wind, Sulamith Mingedö, Meine Freundin Tina Babe* in Piešťany *abdiktiert*, er hat in den folgenden Jahren Teile des *Wundertäter III* auf Band gesprochen, und er hat, wie sich nach seinem Tode herausstellen sollte, ein ganzes Buch Notizen, eben diesen *Kalender ohne Anfang und Ende*, zusammengebracht, aufs Tonband gesprochen wie alle die anderen Sachen.

Nur einen kleinen Abschnitt daraus hatte er mir im ersten gemeinsamen Mai vom Band vorgespielt, und ich hatte ihn, Jammer und Schande, *verprellt* durch Nicht-Reaktion auf das Vorspiel vom *Erst-Diktat-Band*. Durch Nicht-Begeisterung hatte ich ihn verletzt. Zu meiner Entschuldigung bringe ich vor: Der Text war *technisch* schwer zu verstehen, durch das dauernde An- und Abschalten des Bandes. Mein Verhalten hatte ihn schmerzlich verstört. Trotz der Verstörung aber hat er weitergemacht mit seinen gesprochnen Notizen. Jahr für Jahr hat er Beobachtungen mit Erinnerungen verflochten zu einem *Lebensgeflecht*, zu einem *Divan*, einem Teppich mit vielerlei Mustern.

Ich bin nun viele Male durch dieses Buch, das Manuskript, hindurchgegangen. Es war ganz *roh*, es war die Erst-Abschrift vom Erstdiktat, die unsere Frau Zellner gemacht hatte. Er hat das *Konvolut* unberührt gelassen, hat mit keinem Federstrich daran gearbeitet. Die sechs Mappen lagen, mit einer Paketschnur zusammengebunden, in seinem Schreibsekretär, in dem auch die *Geschichten ohne Heimat* lagen. Im Laufe von Monaten habe ich die Druckfassung hergestellt, und *er* ist mir *leibhaftig* darin begegnet. Ich fühlte ihn nahe dabei, fühlte ihn mit großer Liebe, mit schmerzlicher Vertrautheit, mit schneidendem Verlustgefühl auch.

Aber: ich habe ihn gehabt! Wir haben uns gehabt! Wir haben es gehabt:

Unser gemeinsames Leben im Mai in Piešťany, bei den Lilienfeldern am *Balnea-Splendid*, bei den Bananensträuchern unter der Bäderbrücke, bei den Ölweiden am Ufer des wilden Flusses, der Váh – unter den schmelzenden Rufen des Tagvogels Nachtigall. Es war ein solcher Reichtum um uns, in uns. *Er* fühlte es so sehr, er preßte seinen Arm gegen meinen, unter meinen, wenn wir, *eingeärmelt*, da gingen. Er *erzitterte* vor der Empfindung von Einverständnis, von Glück.

Es gab *Belanglosigkeiten*, die *Bedeutung* gewannen, an die wir uns in den späteren Jahren immer erinnerten: Wie wir in der Nachmittagszeit in einem ganz einfachen Straßencafé (einem Backwarengeschäft mit ein paar Tischen und Stühlen) die Leute beobachteten und dabei aus winzigen Tassen Kaffee tranken. Das Leben der Einheimischen, ihr simples Leben, war uns so *spannend*, nicht das Leben der Kurgäste, sondern das Leben der Slowaken, die selbstverständlich ihrer Wege gingen und ihrer Tage Abende gemächlich verbrachten, es war uns vertraut. Wir glaubten die *Nachbarn* der *Einheimischen* zu sein. Wir durchwanderten die Straßen der kleinen Stadt bis an die Felderränder hinaus. Wir sahen die Leute zu Abend aus den Hoftoren treten und in die Ferne schaun über die Roggenfelder hinaus – das waren lange Wanderungen, die wir in den ersten Jahren machten.

Später wurden die Kreise enger, wir saßen bei den verschiedenen Brunnen der Stadt, nach denen wir uns jahrsüber sehnten. Sie begrüßten uns, wenn wir denn endlich angekommen waren nach diesem langen Sehnen von Juni des vergehenden bis April des entstehenden Jahres ...

Ach, alles war *irreal* und war *mystisch*. Wir hatten eine mystische Bindung an diesen Ort. Es war ein zweites Leben, das wir hatten, und eine zweite Liebe.

Wie schmerzlich ich es fühle, jetzt. Alles vergangen, was wir hatten.

Aber wir haben es gehabt.

Schulzenhof, am 25. Oktober 2003   *Eva Strittmatter*

Inhalt